HELLO 실전 파이썬 프로그래밍 WORLD

HELLO
실전 파이썬
프로그래밍
WORLD

초판 인쇄일 2022년 1월 7일
초판 발행일 2022년 1월 14일

지은이 조상철
발행인 박정모
등록번호 제9-295호
발행처 도서출판 혜지원
주소 (10881) 경기도 파주시 회동길 445-4(문발동 638) 302호
전화 031)955-9221~5 팩스 031)955-9220
홈페이지 www.hyejiwon.co.kr

기획 김태호
진행 김태호, 박주미
디자인 김보리
영업마케팅 김준범, 서지영
ISBN 979-11-6764-007-9
정가 22,000원

게임 개발

데이터 분석

인공지능 제어까지
학습하는

HELLO 실전 파이썬 프로그래밍 WORLD

조상철 지음

혜지원

머리말

코로나19와 같은 감염병 확산과 인공지능 기술의 발전은 우리 삶에 많은 도전 과제를 던지고 있습니다. 먼 미래의 일이라고 생각했던 인공지능 기술이 의료, 법률, 상담, 교육, 광고 등 많은 분야에서 실용화되고 있으며 새로운 삶의 양식을 만들고 있습니다. 소프트웨어 교육과 인공지능 교육은 학생들의 미래 역량 함양을 위해 중요한 위치에 올라섰습니다.

미래학자 엘빈 토플러는 우리나라를 방문했을 때 '한국의 학생들은 하루 15시간 동안 학교나 학원에서 미래에 필요하지도 않을 지식과 존재하지도 않을 직업을 위해 시간을 낭비하고 있다'고 했습니다. 폭발적으로 증가하는 지식과 정보를 단순히 반복하여 암기하는 것은 미래에서 요구하는 역량을 함양하는 데 한계가 있음을 지적하는 말입니다. 현재 중요한 것은 문제 해결 역량과 창의 융합 역량입니다. 이러한 역량을 함양하기 위해서는 프로그래밍만큼 훌륭한 것이 없다고 생각합니다. 복잡한 문제를 논리적으로 해결하는 역량과 다양한 지식을 융합하는 힘이야말로 미래의 불확실한 문제들을 해결하는 데 필요한 가장 큰 디딤돌이기 때문입니다.

대표적 프로그래밍 언어인 파이썬은 문법이 간결하고 풍부한 라이브러리를 제공하기 때문에 웹 개발뿐만 아니라 데이터 분석, 머신러닝, 게임 등 여러 분야에서 활용되고 있습니다. 이러한 파이썬은 프로그래밍 인기 순위에서 항상 1, 2위를 굳건하게 지켰던 java와 c언어를 제치고 2021년 10월 TIOBE index 프로그래밍 순위에서 1위를 차지했습니다. 또한 현재 하버드대, 예일대를 비롯한 다수의 대학에서 교양 수업으로 선택되어 활용되고 있습니다. 파이썬 언어 공부의 시작과 활용에 대한 독자들의 고민을 덜기 위해 이 책을 출간하게 되었습니다. 이 책은 여러분이 파이썬을 어떻게 사용해야 하는지에 대한 작은 해답을 제시할 것입니다.

이 책은 다음과 같은 측면에서 독자들에게 큰 도움이 될 것입니다. 첫째, 배운 문법을 실제 맥락 속에서 활용할 수 있도록 했습니다. 파이썬 문법을 익히고 실제 상황에서 활용할 수 있도록 이론보다도 다양한 예제 중심으로 구성했습니다. 여러분이 생활 속에서 해결하고 싶은 문제를 파이썬을 활용하여 해결해 보는 데 도움이 될 것입니다.

둘째, 책 한 권에 실제로 만들어 보고 싶은 많은 내용을 실었습니다. 프로그래밍 언어를 학습하는 독자라면 누구나 게임을 만들어 보고 싶어 할 것입니다. 이 책으로 간단한 게임과 채팅 프로그램을 만드는 방법부터 데이터를 분석하여 인공지능 프로그래밍을 해 보는 것까지 접할 수 있습니다. 이러한 재미있는 소재들 덕분에 프로그래밍 언어 학습을 포기하지 않고 멋지고 아름다운 프로그래밍 세상에 빠져들게 될 것입니다.

셋째, 다른 사람의 도움 없이 독학으로 파이썬 언어를 이해하고 활용할 수 있도록 했습니다. 필수 개념을 학습한 다음 실제 예를 바로 다루기 때문에 학습의 효과를 높이고 학습자 주도성을 신장하게 될 것입니다. 어디부터 어떤 내용을 어떻게 학습해야 할지 막막했던 독자들의 마음을 살펴 학습자 중심의 책이 되도록 하였습니다.

이 책이 출판되기까지 열정과 정성으로 지원을 해 준 혜지원 출판사 직원 분들께 감사의 말씀을 드립니다.

조상철 드림

추천사

4차 산업혁명을 이끄는 핵심 기술인 인공지능, 사물 인터넷, 로봇 등 기술의 발달은 미래뿐만 아니라 현재 우리들의 삶을 바꾸고 있으며 미래 시대에 대응하는 역량을 요구하고 있습니다. 이러한 기술 변화의 중심에 파이썬 언어는 미래 역량을 함양하는 데 꼭 필요한 언어입니다. 이 책은 파이썬 언어의 체계적인 기본 문법부터 활용까지 다양한 예제를 통해 학습을 이어갈 수 있도록 구성되었습니다. 파이썬에 대한 관심과 흥미가 있다면 이 책은 여러분의 훌륭한 지침서가 될 것입니다.

한국폴리텍대학 인천 캠퍼스 메카트로닉스공학과 교수 **우재우**

파이썬은 인간의 사고와 유사한 언어이면서 문법이 간결하여 다른 언어보다 적은 양의 코드로도 동일한 성능의 프로그램을 쉽게 만들 수 있습니다. 또한 파이썬은 대부분의 운영체제에서 작동이 가능하며 수많은 라이브러리를 제공합니다. 이 책은 파이썬 언어에 대해 체계적으로 학습할 수 있도록 구성되어 있습니다. 함께 환상적인 파이썬 여행을 시작해 보면 어떨까요?

신창초등학교 교사 **권오준**

4차 산업혁명 시대에 프로그래밍 역량과 학습자 주도성은 필수입니다. 이 책은 파이썬 문법 수준을 넘어서서 다양하고 재미있는 프로그램을 제작하는 데에 초점을 맞추었습니다. 파이썬을 배우고 싶거나 프로그래밍 언어에 관심이 있는 독자라면 이 책을 여러분의 나침판으로 활용해 보기 바랍니다.

공주정보고등학교 교사 **박진**

파이썬은 문법이 간단하고 인공지능 등 다양한 분야에서 활용되기에 인기가 매우 높은 언어입니다. 프로그래머뿐만 아니라 비전공자에게도 인기가 높은 언어로 자리 잡고 있습니다. 이러한 시대 흐름에 맞춰 저자는 수 년간의 강의 경험을 통해 축적된 노하우를 이 책에 담았습니다. 이 책을 통해 파이썬 언어에 대한 튼튼한 기초를 쌓으면서 인공지능에 대한 이해와 구현 원리를 쉽게 이해하게 될 것이라고 생각합니다.

한국로봇교육연합회 부회장 **송은석**

목차

머리말 4
추천사 6

Chapter 01 파이썬 설치하기

파이썬 프로그램 설치하기 15
파이썬 실행하기 - IDLE 셸(Shell) 창 16
파이썬 실행하기 - 에디터 창 17

Chapter 02 파이썬 기본 정복하기

변수 21
기본 자료형 : 숫자형, 문자형 22
자료 구조 : 리스트, 튜플, 딕셔너리 23
1. List
2. 튜플
3. dictionary(딕셔너리)
출력문과 입력문 35
1. 출력문
2. 입력문
들여쓰기, 주석, 세미콜론 38

Chapter 03 제어문

- 조건문 if ······ 42
- 반복문 for ······ 50
- 반복문 while ······ 57

Chapter 04 함수

- 사용자 정의 함수 ······ 64
- 내장함수 ······ 68
- 람다함수 ······ 74
- 코루틴함수 ······ 77

Chapter 05 클래스

- 클래스 ······ 79
- 상속 ······ 85
- 클래스 self ······ 89
- 클래스 네임스페이스 ······ 95

Chapter 06 모듈(Module)

- 모듈 만들기 ······ 103
- 클래스와 함수가 들어간 모듈 만들기 ······ 106
- turtle 모듈 활용하기 ······ 108

Chapter 07 Tkinter

- Tkinter 기본 익히기 ······ 115
- 그림판 만들기 ······ 126
- 컬러 사진을 흑백 사진으로 만들기 ······ 132
- 전자 앨범 만들기 ······ 135

Chapter 08 pygame으로 게임 만들기1

----- 슈팅 게임 만들기

- 게임 창 띄우기 ······ 143
- 우주선 움직이기 ······ 144
- 미사일 발사 처리하기 ······ 147
- 적군 우주선 만들기 ······ 151
- 플레이어 우주선과 적군 우주선 충돌 처리하기 ······ 152
- 미사일과 적군 충돌 처리하기 ······ 153
- 점수 표시하기 ······ 158
- Sound 처리하기 ······ 158

- 애니메이션 ········ 161
- 폭발 애니메이션 처리하기 ········ 170
- 플레이어 우주선 에너지 감소 처리하기 ········ 171
- 전체 코드 ········ 173

Chapter 09 pygame으로 게임 만들기2
----- 핑퐁 게임 만들기

- 패들(paddle)과 공 이미지 준비하기 ········ 181
- 패들 클래스로 구현하기 ········ 181
- Ball을 클래스로 구현하기 ········ 182
- 관련 변수 선언하기 ········ 183
- 게임 초기 화면 ········ 183
- 패들과 볼 객체 만들기 ········ 184
- 패들 움직이기 ········ 185
- 서브 구현하기 ········ 186
- 공이 움직이고 있는 중에 실행되는 코드 ········ 187
- 전체 코드 ········ 188

Chapter 10 네트워크 프로그래밍

- 네트워크 이해하기 ········ 195
- TCP 채팅 프로그램을 위한 함수 ········ 198
- 실전 프로그램 - thread를 사용한 TCP 채팅 프로그램 ········ 200
- 합격자 TCP 서버 프로그램 만들기 ········ 204

실전 프로그램 - GUI를 사용한 TCP 채팅 프로그램 ······ 207
UDP 채팅 프로그램 만들기 ······ 217

Chapter 11 예외 처리, 파일 입출력

예외 처리하기 ······ 221
파일 입력 처리하기 ······ 224
파일 출력 처리하기 ······ 231
엑셀 파일 다루기 ······ 233
Matplotlib 모듈을 활용한 차트 만들기 ······ 236
DataFrame 엑셀 파일에 저장하기 ······ 239

Chapter 12 데이터 분석

Matplotlib ······ 242
Numpy ······ 254
Pandas 패키지 ······ 265
folium 라이브러리 ······ 287
JSON(JavaScript Object Notation) 이해하기 ······ 297

Chapter 13 인공지능(머신러닝과 딥러닝)

K-최근접 이웃 알고리즘을 활용한 머신러닝 프로그램 만들기 ······ 301
1. 데이터 불러오기
2. 사이킷런 활용하여 머신러닝 프로그램 만들기

3. pandas 활용하기
훈련 세트와 테스트 세트 나누기 315
K-최근접 이웃 회귀 327
선형 회귀 335
비지도 학습(Unsupervised Learning) 353
1. K-means 알고리즘과 클러스터
2. 클러스터 활용하기
로지스틱 회귀로 확률 예측하기 363
퍼셉트론 366
딥러닝 알아보기 370
iris 품종 딥러닝 설계하기 372

Chapter 14 파이썬으로 EV3 제어하기

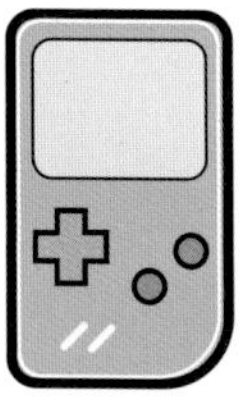

EV3 코딩 준비하기 379
비주얼 스튜디오 코드(Visual Studio Code) 설치하기 382
EV3 파이썬으로 제어하기 386
로보틱스 모듈을 활용하여 EV3 제어하기 393

인덱스 400

Chapter

01

파이썬 설치하기

1 파이썬 프로그램 설치하기

2 파이썬 실행하기 – IDLE 셸(Shell) 창

3 파이썬 실행하기 – 에디터 창

Chapter 01

파이썬 설치하기

파이썬 언어로 프로그램을 만드는 방법에는 여러 가지가 있다. 여러 가지 편리한 기능을 제공하는 파이참(pycharm)도 있지만 본 책에서는 파이썬이 제공하는 IDLE(통합개발학습환경)를 사용하도록 한다.

파이썬 프로그램 설치하기

(1) www.python.org에 접속하여 Downloads를 클릭한다.

(2) Download Python 3.9.6 버튼을 클릭하여 최신 버전의 파이썬을 설치한다.

파이썬 실행하기 – IDLE 셸(Shell) 창

(1) 설치된 파이썬 프로그램을 사용하기 위해 IDLE를 실행한다. IDLE는 Intergrated Development Learning Environment의 약어이며 통합개발학습환경을 의미한다.

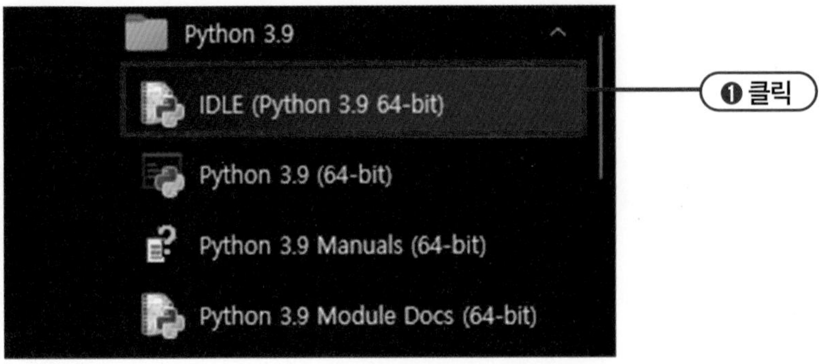

(2) IDLE 셸(Shell) 창이 나타난다. 대화형 인터프리터로 실행 결과를 바로 확인할 수 있다.

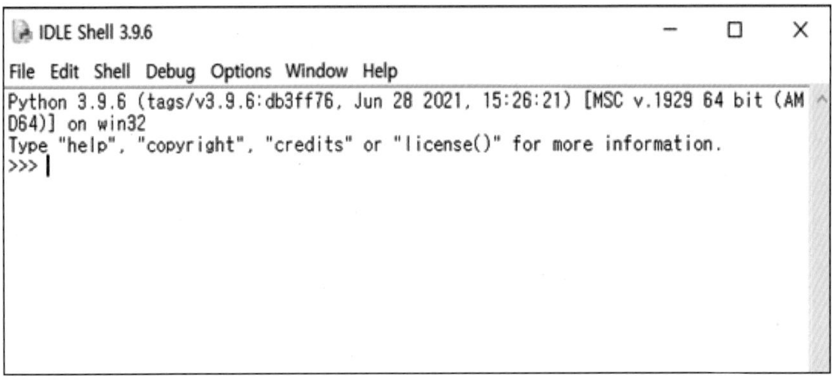

(3) 다음과 같이 a=100을 입력하고 Enter 키를 누른다.

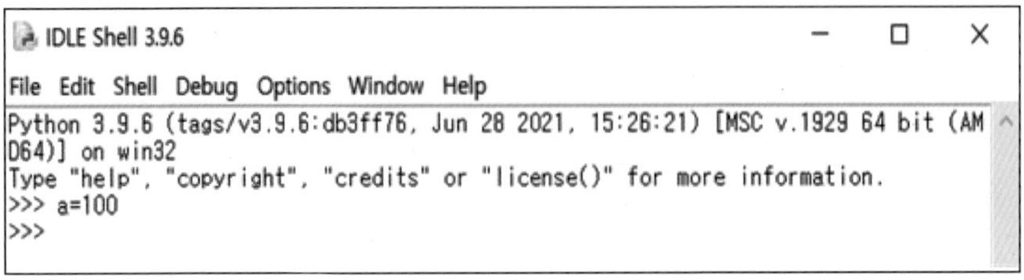

(4) 다음과 같이 b=200을 입력하고 [Enter] 키를 누른다.

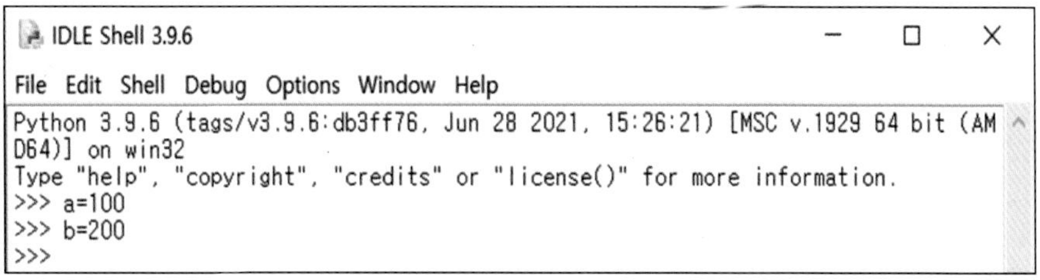

(5) a+b를 입력하고 [Enter] 키를 누르면 두 수의 합을 확인할 수 있다.

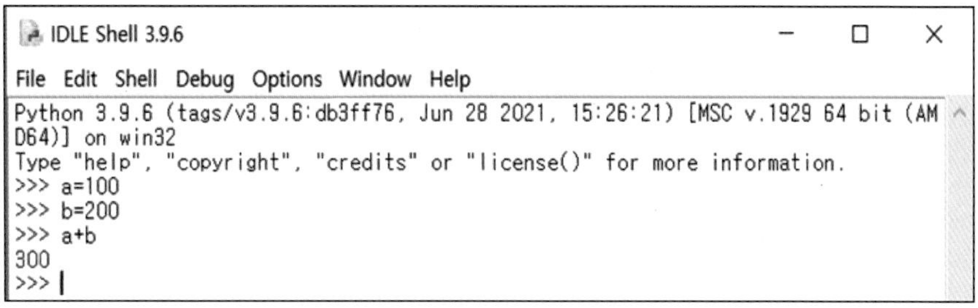

여기서 사용한 a와 b는 변수라고 한다. 변수는 숫자 또는 문자를 저장하는 공간이다. 대화형 인터프리터는 간단한 예제를 풀 때는 편리하지만 여러 줄의 복잡한 소스 코드를 가진 프로그램을 만들 때는 불편하다. 또한 프로그램을 종료하면 입력한 코드들이 사라지기 때문에 다시 사용하지 못한다는 단점이 있다.

파이썬 실행하기 – 에디터 창

이전 소스를 저장하고 다음에 수정하여 사용하기 위해서는 에디터를 사용해야 한다. 에디터를 사용하는 방법은 간단하다.

(1) 메뉴에서 [File]을 클릭하고 [New File]을 선택하여 에디터 창을 연다.

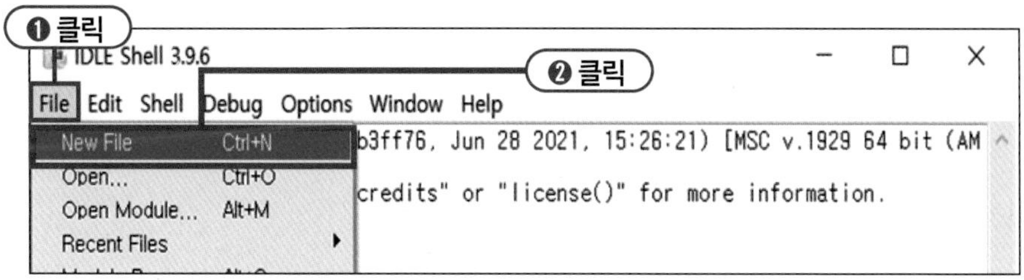

(2) 에디터 창에 다음 코드를 입력한다.

코드 내역

```
a=100
b=200
print(a+b)
```

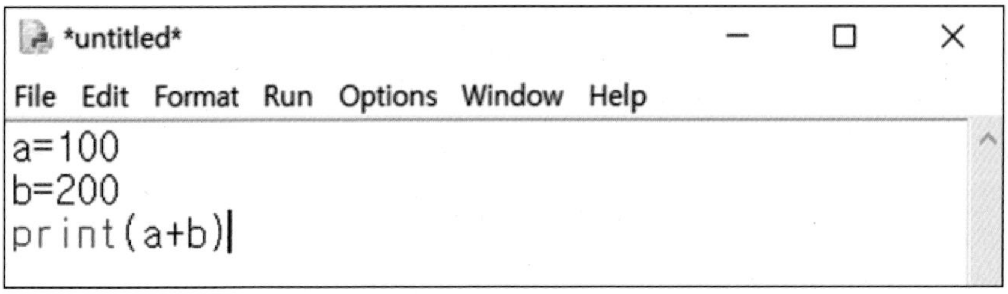

인터프리터 방식과는 다르게 화면에 결과를 나타내도록 하기 위해서는 print 함수를 사용해야 한다. print 함수는 문자와 숫자를 화면에 표시하는 역할을 수행한다.

(3) F5 키를 눌러서 프로그램을 실행한다. 소스 코드가 파일로 먼저 저장되어야 하기 때문에 다음과 같은 창이 뜨면 [확인] 버튼을 클릭한다.

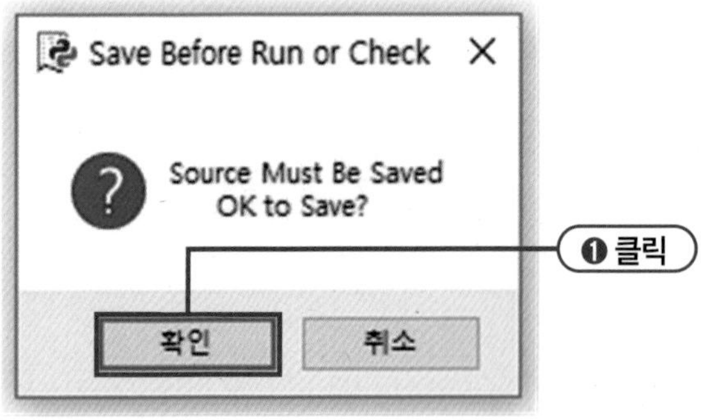

(4) 저장할 파일 이름을 적고 [저장] 버튼을 클릭한다.

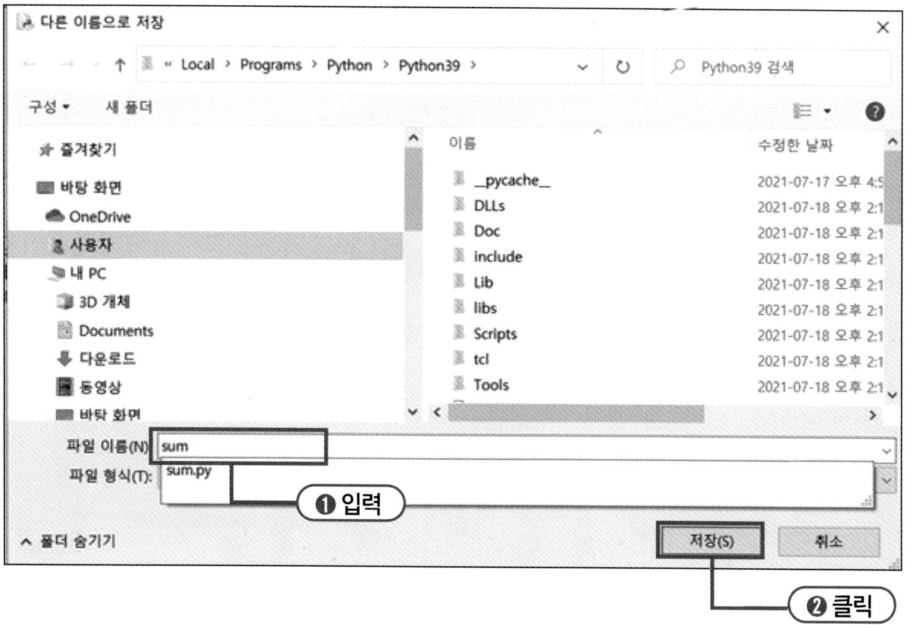

(5) 파이썬 셸(Shell) 창을 통해 코딩 결과를 확인할 수 있다.

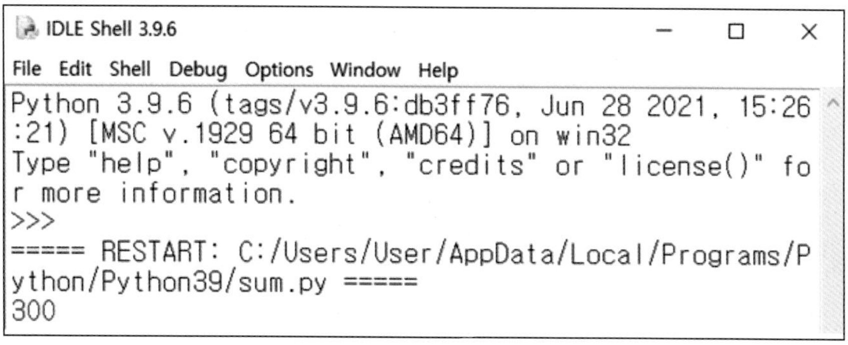

Chapter

02

파이썬 기본 정복하기

1 변수
2 기본 자료형 : 숫자형, 문자형
3 자료 구조 : 리스트, 튜플, 딕셔너리
4 출력문과 입력문
5 들여쓰기, 주석, 세미콜론

Chapter 02

파이썬 기본 정복하기

이번 챕터에서는 파이썬 프로그래밍을 위한 기본적인 사항들을 학습한다. 변수와 기본 자료형, 리스트, 튜플, 딕셔너리, 출력문과 입력문 등을 살펴보도록 하자.

변수

컴퓨터에서 처리되는 숫자와 문자 같은 데이터는 메모리의 어딘가에 존재한다. 다음과 같이 코드를 작성해 보자.

코드 내역

```
a=100
b=a
print(a)
print(b)
print(id(a))
print(id(b))
```

a=100을 살펴보자. 변수 a는 100이 저장된 곳의 주소값을 가지고 있다. 즉, 변수 a는 100이 저장되어 있는 곳의 위치를 가리키고 있다. 두 번째 줄의 b=a를 통해 변수 b도 변수 a가 가지고 있는 객체 100의 주소값을 가지고 있다. 메모리에 할당된 숫자 100이라는 객체의 주소를 알기 위해서는 id() 함수를 사용한다.

실행 결과

```
100
100
3038265497040
3038265497040
```

그럼 a 변수에 101을 넣어 주면 어떻게 될까? a 변수는 이전에 100을 가리키던 주소값을 버리고 새로운 데이터 101을 가리키는 주소값을 가지게 된다. 변수 b는 여전히 처음 a가 가지고 있던 주소값을 가지고 있음을 유의하자. 다음 코딩을 통해 확인해 보자.

코드 내역

```
a=100
b=a
print(id(a))
print(id(b))

a=101
print(id(a))
print(id(b))
```

실행 결과

```
2397286258128
2397286258128
2397286258160
2397286258128
```

기본 자료형 : 숫자형, 문자형

type() 내장함수를 사용하여 자료형(type)을 확인할 수 있다. 파이썬은 java나 c언어와 달리 변수 앞에 자료형을 사용하지 않고 변수를 만들 수 있다.

데이터 타입(=자료형)	예	type
정수	61	int
실수	0.5	float
문자열	'홍길동' 또는 "홍길동"	str(=string)

자료 구조 : 리스트, 튜플, 딕셔너리

1. List

리스트를 사용하면 여러 개의 값을 하나로 관리할 수 있다. 숫자, 문자 등 다양한 자료를 하나의 리스트로 관리할 수 있다. 리스트는 대괄호([])로 작성하며 원소는 콤마(,)로 구분한다. 리스트는 원소들의 값을 추가, 삭제, 수정할 수 있다.

1 List 생성 방법

첫 번째 방법 : []를 사용한다.

코드 내역

```
a=[1,2,3,4,5]
print(a)
```

실행 결과

```
[1, 2, 3, 4, 5]
```

두 번째 방법 : list()를 사용한다.

range() 함수에 숫자를 하나 넣을 경우 0부터 넣은 숫자보다 1 작은 수까지를 만들어 준다. 예시처럼 숫자 10을 range() 함수에 넣고 0부터 9까지 만들어지는 것을 확인해 보자.

코드 내역

```
a=list(range(1, 10))
print(a)
```

실행 결과

```
[1, 2, 3, 4, 5, 6, 7, 8, 9]
```

2 인덱싱과 슬라이싱

인덱싱 : 인덱싱(Indexing)은 '색인, 가리킨다'라는 의미이다. 여러 원소 중에서 특정 원소를 지정하여 가리킬 수 있다. 다음은 여러 원소를 가지고 있는 list형 heroes를 보여 준다. 여기서 heroes[0]은 리스트 a의 첫 번째 원소값을 말한다. 즉 '이순신'을 의미한다.

코드 내역

```
heroes= ['이순신', '윤봉길', '안중근', '이회영']
print(heroes[0])
```

실행 결과

```
이순신
```

코드 내역

```
heroes= ['이순신', '윤봉길', '안중근', '이회영']
print(heroes[1])
```

실행 결과

```
윤봉길
```

코드 내역

```
heroes= ['이순신', '윤봉길', '안중근', '이회영']
print(heroes[2])
```

실행 결과

```
안중근
```

코드 내역

```
heroes= ['이순신', '윤봉길', '안중근', '이회영']
print(heroes[3])
```

실행 결과

```
이회영
```

슬라이싱 : 슬라이싱(Slicing)은 '조각, 얇게 베다, 나누다'라는 의미이다. 슬라이싱 형식은 다음과 같다. 주의할 점은 마지막 인덱스는 포함되지 않는다는 점이다.

```
리스트명[시작 인덱스:마지막 인덱스]
```

코드 내역

```
numbers = [1, 2, 3, 4, 5, 6, 7, 8, 9, 10]
numbers[0,5]
numbers[:5]
numbers[5:]
```

실행 결과

```
[1, 2, 3, 4, 5]
[1, 2, 3, 4, 5]
[6, 7, 8, 9, 10]
```

3 리스트를 활용한 평균 구하기

코드 내역

```
numbers = [1, 2, 3, 4, 5, 6, 7, 8, 9, 10]
ave = sum(a) / len(a)
print(ave)
```

실행 결과

```
5.5
```

4 원소 추가하기

1) append( ) 사용하기

append() 함수를 사용하여 원소를 리스트에 추가할 수 있다. 기존 리스트 마지막에 새로운 값이 추가된다. 다음과 같이 리스트 numbers에는 1부터 10까지의 숫자가 들어 있다. append를 사용하여 11을 추가해 보자.

코드 내역

```
numbers = [1, 2, 3, 4, 5, 6, 7, 8, 9, 10]
numbers.append(11)
print(numbers)
```

실행 결과

```
[1, 2, 3, 4, 5, 6, 7, 8, 9, 10, 11]
```

2) insert() 사용하기

insert(인덱스, 원소)를 사용하면 특정한 인덱스에 원소를 추가할 수 있다. 첫 번째 인자로 1부터 10까지 숫자를 가지고 있는 리스트 numbers 중간에 5.5를 넣어 보도록 하자. 아래에서 insert 함수에 사용된 첫 번째 인자 5는 리스트 numbers의 여섯 번째 원소인 6을 의미한다. 즉 리스트 numbers의 여섯 번째 원소인 6의 자리에 5.5를 추가하고 여섯 번째 원소였던 6은 일곱 번째 원소가 되는 것이다.

코드 내역

```
numbers = [1, 2, 3, 4, 5, 6, 7, 8, 9, 10]
numbers.insert(5, 5.5)
print(numbers)
```

실행 결과

```
[1, 2, 3, 4, 5, 5.5, 6, 7, 8, 9, 10]
```

5 원소 삭제하기

1) del 명령어를 사용하여 특정 원소 삭제하기

del 명령어를 사용하여 리스트 numbers 여섯 번째에 있는 숫자 6을 삭제해 보자. 숫자 5를 넣으면 여섯 번째 원소가 삭제된다.

코드 내역

```
numbers = [1, 2, 3, 4, 5, 6, 7, 8, 9, 10]
del numbers[5]
print(numbers)
```

실행 결과

```
[1, 2, 3, 4, 5, 7, 8, 9, 10]
```

2) remove() 사용하기

remove( ) 함수를 사용하면 해당 값을 직접 삭제할 수 있다. 함수 안에 해당 값을 직접 넣으면 그 값이 삭제된다. 숫자 8을 삭제하기 위해서는 remove(8)을 입력하면 된다.

코드 내역

```
numbers = [1, 2, 3, 4, 5, 6, 7, 8, 9, 10]
numbers.remove(8)
print(numbers)
```

실행 결과

```
[1, 2, 3, 4, 5, 6, 7, 9, 10]
```

6 리스트로 알아보는 비교 연산자

비교 연산자 ==는 값을 비교하고 is는 메모리 주소를 비교한다. 비교 결과가 같은 경우 True를 리턴하고 다를 경우 False를 리턴한다.

코드 내역

```
a = [1, 2, 3, 4, 5]
b = a
if(a is b) :
   print("True")
else:
   print("False")

if(a == b) :
   print("True")
else:
   print("False")
```

실행 결과

```
True
True
```

변수 a, b는 같은 객체 주소를 가지고 있기 때문에 2개 모두 True가 나왔다. 다음과 같이 리스트 a에 다시 [1, 2, 3, 4, 5]를 입력해 보자. 추가한 후에 결과를 확인해 보자. 다른 공간 메모리에 [1, 2, 3, 4, 5]를 만들게 된다. 즉 메모리에 값이 같은 리스트가 2개 존재하게 된다.

코드 내역

```
a = [1, 2, 3, 4, 5]
b = a
a = [1, 2, 3, 4, 5]
if(a is b) :
  print("True")
else:
  print("False")
```

```
if(a == b) :
  print("True")
else:
  print("False")

print(id(a))
print(id(b))
```

실행 결과

```
False
True
2513650475456
2513655384768
```

7 2차원 리스트

리스트는 원소로 리스트를 넣어 2차원 리스트를 만들 수 있다.

a=[[1, 2], [3, 4], [5, 6]]

len( ) 함수를 사용하여 원소의 수를 확인해 보자.

코드 내역

```
a=[[1, 2], [3, 4], [5, 6]]
print(len(a))
```

실행 결과

```
3
```

2. 튜플

튜플(tuple)은 소괄호(())로 작성하며 원소는 쉼표(,)로 구분한다. 리스트는 원소의 추가, 삭제, 수정이 가능하지만 튜플은 한 번 생성되면 값을 변경할 수 없는 immutable 구조이다. 리스트처럼 순서가 있으며 인덱싱과 슬라이싱을 할 수 있다.

1 튜플을 활용한 인덱싱 작업

코드 내역

```
이순신 = (1545, 1598,'거북선', '노량해전')
print(이순신[0])
```

실행 결과

```
1545
```

2 튜플을 활용한 슬라이싱 작업

코드 내역

```
이순신 = (1545, 1598, '거북선', '노량해전')
print(이순신[2:])
```

실행 결과

```
('거북선', '노량해전')
```

3 원소가 1개인 튜플 만들기

다음과 같이 소괄호를 사용하여 변수에 넣으면 튜플이 아닌 그냥 숫자를 담게 된다.

코드 내역

```
a=(10)
print(a)
```

실행 결과

```
10
```

원소가 1개인 튜플을 만들기 위해서는 다음과 같이 숫자 다음에 콤마(,)를 써 주어야 한다.

코드 내역

```
a=(10,)
print(a)
```

실행 결과

```
(10,)
```

4 range를 사용하여 튜플 만들기

range(숫자)를 사용하여 쉽게 튜플을 만들 수 있다. range(5)를 사용하여 0, 1, 2, 3, 4를 생성하고 tuple() 함수를 사용하여 튜플로 변환한다.

코드 내역

```
a = tuple(range(5))
print(a)
```

실행 결과

```
(0, 1, 2, 3, 4)
```

5 리스트를 튜플로 만들기

tuple() 함수를 사용하여 리스트를 튜플로 변경해 줄 수 있다. tuple() 인자에 리스트값을 넣고 결과를 확인해 보자.

코드 내역

```
a = [1, 2, 3, 4, 5]
a = tuple(a)
print(a)
```

실행 결과

```
(1, 2, 3, 4, 5)
```

6 튜플 원소를 변경할 경우

튜플의 원소를 변경할 경우에는 에러가 발생한다. 앞에서 말한 것처럼 튜플의 원소값은 변경이 불가능하다. 값을 변경해서는 안 될 경우에 튜플을 사용한다.

코드 내역

```
a = (1, 2, 3, 4, 5)
a[0] = 10
print(a)
```

실행 결과

```
TypeError: 'tuple' object does not support item assignment
```

3. dictionary(딕셔너리)

1 dictionary(딕셔너리)의 특징

•딕셔너리 타입은 immutable한 키(key)와 mutable한 값(value)으로 매핑되어 있는 순서가 없는 집합이다.
•각각의 원소는 Key : Value 형태로, 중괄호({ })로 둘러싸여 있다.

2 영한사전 만들기

key에는 영어 단어를, value에는 한국어를 입력하여 영한사전을 만들어 보자.

코드 내역

```
eng_kor_dict={'story':'이야기', 'tell': '말하다', 'develop':'개발하다'}
print(eng_kor_dict)
```

실행 결과

```
{'story': '이야기', 'tell': '말하다', 'develop': '개발하다'}
```

3 get 함수를 사용하여 Value 찾기

type() 함수를 사용하여 딕셔너리 eng_kor_dict의 자료형을 살펴보겠다. 딕셔너리는 클래스형이며 함수를 포함하고 있음을 알 수 있다.

코드 내역

```
eng_kor_dict={'story':'이야기', 'tell': '말하다', 'develop':'개발하다'}
print(type(eng_kor_dict))
```

실행 결과

```
<class 'dict'>
```

get() 함수를 사용하여 특정 키값에 대한 value를 얻어 올 수 있다.

코드 내역

```
eng_kor_dict={'story':'이야기', 'tell': '말하다', 'develop':'개발하다'}
a=eng_kor_dict.get('story')
print(a)
```

실행 결과

```
이야기
```

4 단어 추가하기

[ ] 안에 키를 넣고 값을 대입하여 사전에 낱말을 추가할 수 있다.

코드 내역

```
eng_kor_dict={'story':'이야기', 'tell': '말하다', 'develop':'개발하다'}
eng_kor_dict['environment']='환경'  #단어 추가하기
print(eng_kor_dict)
```

실행 결과

```
{'story': '이야기', 'tell': '말하다', 'develop': '개발하다', 'environment': '환경'}
```

5 영한사전에서 단어 찾기

if문과 예약어 in을 사용하여 해당 Key가 딕셔너리 안에 있는지 조사할 수 있다.

코드 내역

```
eng_kor_dict={'story':'이야기', 'tell': '말하다', 'develop':'개발하다'}
word=input('Input your word!')

if word in eng_kor_dict:
    print(eng_kor_dict[word])
else:
    print('사전에 등록되어 있지 않습니다')
```

실행 결과

```
Input your word!story
이야기
```

6 딕셔너리 원소 삭제하기

del 명령어를 사용하여 딕셔너리의 특정 원소 또는 딕셔너리 전부를 삭제할 수 있다. 먼저 원소 하나를 지정해서 삭제하도록 하겠다.

코드 내역

```
eng_kor_dict={'story':'이야기', 'tell': '말하다', 'develop':'개발하다'}
del eng_kor_dict['story']
print(eng_kor_dict)
```

실행 결과

```
{'tell': '말하다', 'develop': '개발하다'}
```

del 명령어 다음에 딕셔너리 변수명을 적으면 eng_kor_dict 객체를 완전히 삭제할 수 있다.

코드 내역

```
eng_kor_dict={'story':'이야기', 'tell': '말하다', 'develop':'개발하다'}
del eng_kor_dict
print(eng_kor_dict)
```

eng_kor_dict 객체를 삭제하고 나서 print( ) 함수를 통해 eng_kor_dict 객체에 접근했기 때문에 다음과 같은 에러 메시지가 제시된다.

실행 결과

```
NameError: name 'eng_kor_dict' is not defined
```

출력문과 입력문

1. 출력문

파이썬은 print( ) 함수를 사용하여 자료를 화면에 나타낸다.

1 숫자와 문자 출력하기

문자의 경우 ‘ ’ 또는 “ ”를 사용하여 출력한다.

코드 내역

```
a=100
b='홍길동'
print(a)
print(b)
print('나는 홍길동입니다.')
```

실행 결과

```
100
홍길동
나는 홍길동입니다.
```

2 출력문 포맷팅 방식 활용하기

format( ) 함수를 사용하여 출력할 문자열의 형식을 설정할 수 있으며 { }를 통해서 format( ) 함수 안에 인자로 입력이 있을 것이라는 것을 명시해 준다.

코드 내역

```
print('저는 {}입니다'.format('홍길도'))
print('나이는 {1} 살이고 사는 곳은 {0}입니다.'.format('대한민국', 30))
```

실행 결과

```
저는 홍길도입니다
나이는 30 살이고 사는 곳은 대한민국입니다.
```

3 출력 길이와 정렬 설정하기

{:숫자}를 이용한다. 콜론(:) 다음에 숫자를 적으면 문자열의 자릿수를 설정할 수 있다.

코드 내역

```
print('Python is [{:10}]'.format('Korea'))
```

실행 결과

```
Python is [Korea     ]
```

왼쪽으로 문자열을 정렬하기 위해서는 기호 '<'를 사용하고 오른쪽으로 문자열을 정렬하기 위해서는 기호 '>'를 사용한다. 가운데 정렬을 위해서는 기호 '^'를 사용하면 된다.

코드 내역

```
print('Python is [{:<10}]'.format('Korea'))
print('Python is [{:>10}]'.format('Korea'))
print('Python is [{:^10}]'.format('Korea'))
```

실행 결과

```
Python is [Korea     ]
Python is [     Korea]
Python is [  Korea   ]
```

2. 입력문

input 함수를 통해 키보드로부터 문자열을 입력받는다. 숫자로 변환하기 위해서는 int()를 사용해야 한다.

1 이름과 나이 입력하고 출력하기

문자의 경우 ' ' 또는 " "를 사용하여 출력한다.

코드 내역

```
print('이름을 입력하세요!')
name = input();

print('나이를 입력하세요!')
age = int(input());

print('이름은 {0}이고 나이는 {1}살 입니다.'.format(name,age))
```

실행 후 홍길동을 입력하고 20을 입력한 결과이다.

실행 결과

```
이름을 입력하세요!
홍길동
나이를 입력하세요!
20
이름은 홍길동이고 나이는 20살입니다.
```

들여쓰기, 주석, 세미콜론

1 들여쓰기

코딩을 할 때는 보통 가독성을 위해 들여쓰기를 한다. 하지만 다른 언어와는 달리 파이썬은 들여쓰기가 문법적인 강제 사항이다. 코드 블록을 구성하기 위해 if, for, class, def 등을 작성하면서 나오는 : 다음 아랫줄은 들여쓰기를 해야 한다.

들여쓰기 방법에는 한 칸, 두 칸, 네 칸, 탭 등 여러 가지 방식이 있다. 중요한 것은 같은 블록 내에서는 들여쓰기 칸 수가 같아야 한다는 점이다. 공백과 탭을 섞어 쓰면 안 된다.

코드 내역

```
for i in range(5):
    print(i)
    print(i + 1)
```

실행 결과

```
0
1
1
2
2
3
3
4
4
5
```

만약 이를 지키지 않으면 unexpedcted indent와 같은 에러 구문을 보게 된다. indent는 들여쓰기를 의미한다.

코드 내역

```
for i in range(5):
    print(i)
      print(i + 1)
```

실행 결과

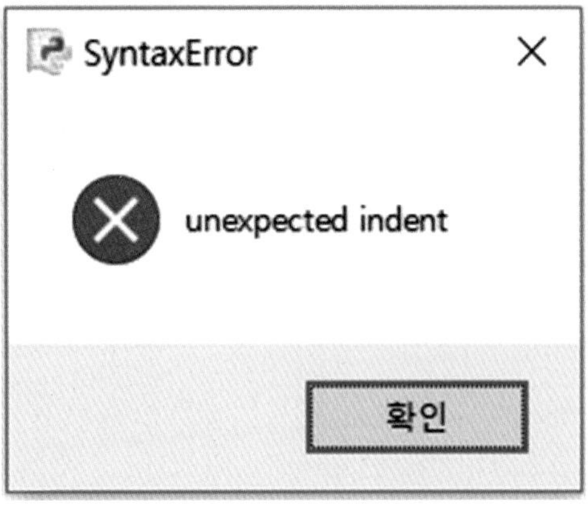

2 주석

프로그래밍 언어에는 사람만이 알아볼 수 있도록 코드의 여러 정보를 기록하는 주석이 있다. 파이썬에서 한 줄 주석의 경우에는 #로 표시를 한 다음 원하는 내용을 적는다. 다음과 같이 문장의 첫 부분에 주석을 달 수도 있고 문장 중간에 주석을 달 수도 있다.

코드 내역

```
#프리트 출력 구문입니다.
print('Hello, world!')
print('Hello, world!') #프리트 출력 구문입니다.
```

실행 결과

```
Hello, world!
Hello, world!
```

여러 줄의 주석을 달고자 할 경우에는 """ ~ """를 사용한다. 만약 한 줄의 코드가 길어 아랫줄로 내려서 써야 할 때는 ₩를 사용한다(책의 코드 중에 ₩ 표시가 된 부분은 코드가 길어서 다음 줄에 이어서 작성했음을 의미한다. 실제는 한 라인이다).

코드 내역

```
print(1)

"""
print(2)
print(3)
print(4)
"""
print(5)
```

실행 결과

```
1
5
```

3 세미콜론

여타 많은 언어들이 구문이 끝날 때(세미콜론(;))을 적는다. 하지만 파이썬은 구문이 끝나고 다음 줄로 내려갈 때 세미콜론이 필요 없다. 세미콜론을 붙여도 에러는 나지 않는다. 여러 구문을 이어 쓸 때는 세미콜론을 쓰기도 한다.

코드 내역

```
a= 3; b=5
print(a+b)
```

실행 결과

```
8
```

Chapter

03

제어문

1 조건문 if

2 반복문 for

3 반복문 while

Chapter 03

제어문

제어문이란 프로그램의 흐름을 지시하는 데 사용하는 문장에 따라 조건문과 반복문으로 구분된다. 조건문 if문을 사용하여 프로그램의 수행 순서를 제어하거나 반복문 for와 while문을 사용하여 수행 횟수를 조정한다.

조건문 if

if문은 주어진 조건이 참이냐 거짓이냐에 따라 어떤 명령을 처리하도록 만든 제어문이다. 영어로 '만약 ~라면'이라는 뜻을 가진 if를 사용하여 조건문을 만든다.

1 if만 사용한 경우

if 다음에 조건식을 사용한다. 조건식 다음에 콜론(:)을 사용하여 다음 줄부터 들여쓰기를 시작한다. 조건식이 참일 경우 들여쓰기한 부분이 실행되며 조건식이 거짓인 경우 들여쓰기한 부분이 실행되지 않는다.

숫자를 입력받아 홀수와 짝수를 구별하는 프로그램을 작성해 보자. % 연산자는 나머지를 반환한다.

코드 내역

```
a = int(input('숫자를 입력하세요'))

if a%2 == 1:
    print('홀수를 입력했습니다.')

if a%2 == 0:
    print('짝수를 입력했습니다.')
```

실행 후에 11을 입력했다.

실행 결과

```
홀수를 입력했습니다.
```

TIP

파이썬 콜론(:)

콜론(:)을 if, else, while, for, 함수 클래스에 사용하여 영역을 나타낸다. 콜론(:) 다음 줄부터는 들여쓰기를 사용하여 범위를 나타낸다.

기존 java, c, c# 등의 언어들은 영향을 미치는 범위를 나타내기 위해 중괄호({})를 사용하고 하나의 명령어 코드가 끝났다는 의미로 세미콜론(;)을 사용했다. 하지만 파이썬은 콜론(:)과 들여쓰기를 사용하여 범위를 나타내고 세미콜론(;)을 사용하지 않는다.

2 if ~ else 구문

if 다음에 나오는 조건식이 참일 경우 다음 줄에 있는 들여쓰기한 문장이 실행되고, 거짓일 경우에는 else 다음 줄에 있는 들여쓰기한 문장이 실행된다.

사용자로부터 숫자를 입력받아 홀수인지 짝수인지 알려주는 프로그램을 만들어 보자.

코드 내역

```
a = int(input('숫자를 입력하세요'))
if a%2 == 1 :
    print('홀수를 입력했습니다.')
else :
    print('짝수를 입력했습니다.')
```

실행 후에 숫자 10을 입력한 결과이다.

실행 결과

```
숫자를 입력하세요10
짝수를 입력했습니다.
```

3 if ~ elif ~ else ~ 구문

선택할 분기가 많을 경우 사용하는 구문이다. elif는 else if의 줄임 표현이다. 좋아하는 색을 고르는 프로그램을 만들어 보자.

코드 내역

```
car = int(input("좋아하는 색을 고르세요!    1.파란색   2.노란색  3.빨간색" ))

if car == 1:
  print("파란색을 선택했습니다.")
elif car == 2:
  print("노란색을 선택했습니다.")
elif car == 3:
  print("빨간색을 선택했습니다.")
else:
  print("선택한 차가 없습니다.")
```

실행 후에 2를 입력했다.

실행 결과

```
좋아하는 색을 고르세요!  1.파란색  2.노란색  3.빨간색2
노란색을 선택했습니다.
```

4 점수에 따른 학점 부여하기

if문을 사용하여 점수에 따른 학점을 부여하는 프로그램을 만들어 보자.

코드 내역

```
score = int(input('Input your score!'))
if score >= 90 :
    uGrade = 'A'
if score < 90 and score >= 80 :
    uGrade = 'B'
if score < 80 and score >= 70 :
    uGrade = 'C'
if score < 70 and score >= 60  :
    uGrade = 'D'
if score < 60 :
    uGrade = 'F'

print('당신의 성적 :', uGrade)
```

실행 후에 85를 입력했다.

실행 결과

```
Input your score!85
당신의 성적 : B
```

if ~ elif ~ else ~ 구문을 사용하여 동일한 기능의 프로그램을 만들어 보자. if문만 사용하는 것보다 조건식을 줄일 수 있다는 장점이 있다.

코드 내역

```
score = int(input('Input your score!'))
if score >= 90 :
    uGrade = 'A'
elif score >= 80 :
    uGrade = 'B'
elif score >= 70 :
    uGrade = 'C'
elif score >= 60  :
    uGrade = 'D'
else:
    uGrade = 'F'

print('당신의 성적 :', uGrade)
```

실행 후에 85를 입력했다.

실행 결과

```
Input your score!85
당신의 성적 : B
```

5 숫자 맞히기 게임

임의의 숫자를 정하고 그 숫자를 맞히는 게임을 만들어 보자. 본 예제에서는 임의의 숫자를 23으로 했다. 사용자가 입력한 값이 23이면 Right을 출력하고 23이 아닌 경우 Wrong을 출력하는 간단한 코드이다.

코드 내역

```
number = 23
guess = int(input('Enter an integer : '))

if guess == number:
   print("Right!")
else:
   print("Wrong!")
```

실행 후에 10을 입력했다.

실행 결과

```
Enter an integer : 10
Wrong!
```

6 and, or, not을 활용한 if 구문

예약어 and를 사용하면 여러 개의 조건을 모두 만족한 경우에 참이 되는 조건식을 만들 수 있다. or를 사용하면 여러 개의 조건 중에서 하나라도 거짓이면 조건식을 거짓으로 설정할 수 있다. 키와 몸무게 값을 입력받아 병역 면제 판정 프로그램을 작성해 보자. 본 예제에서는 군 복무 조건을 키가 150cm 이상이고 몸무게가 50kg 이상으로 설정하였다.

코드 내역

```
height = int(input('키를 입력하세요!'))
weight = int(input('몸무게를 입력하세요!'))

if  height >=150 and weight >= 50:   #첫 번째 조건문
    print('군대에 가야 합니다.')

else:
    print('군면제')
```

실행 결과

```
키를 입력하세요!149
몸무게를 입력하세요!60
군면제
```

or를 사용하여 군 복무 조건을 키가 150cm 이상이거나 몸무게가 50kg 이상으로 설정해 보자.

코드 내역

```
height = int(input('키를 입력하세요!'))
weight = int(input('몸무게를 입력하세요!'))


if  height >=150 or weight >= 50:   #첫 번째 조건문
    print('군대에 가야 합니다.')

else:
    print('군면제')
```

실행 결과

```
키를 입력하세요!149
몸무게를 입력하세요!60
군대에 가야 합니다.
```

부정을 나타내는 not을 살펴보자. not은 !와 의미가 동일하다. 다음과 같이 변수 result는 값이 0이며 not result는 1이 된다. 0은 거짓이고 1은 참이므로 if문 안에 있는 코드가 실행된다.

코드 내역

```
result = 0

if not result:
    print("result 값은 0 입니다")
```

실행 결과

```
result 값은 0 입니다
```

7 특정 값이 시퀀스 자료에 있는지 확인하기

리스트, 튜플, 문자열, range와 같이 연속적으로 이어진 자료형을 시퀀스 자료라고 한다. 시퀀스(sequence)는 '연속, 차례를 배열하다'라는 의미를 가지고 있다. 이러한 시퀀스 자료들은 특정 값이 존재하는지 if ~ in 구문을 사용하여 확인할 수 있다.

1) 리스트

원소 1, 2, 3, 4, 5가 들어 있는 리스트 a를 만들고 리스트 a 안에 3이라는 숫자가 있는지 확인하는 코드를 만들어 보자.

코드 내역

```
a=[1, 2, 3, 4, 5]
if 3 in a:
  print('Yes')
else:
  print('NO')
```

실행 결과

```
Yes
```

2) 튜플

튜플은 리스트와는 다르게 수정이 불가능하다. if ~ in 구문을 사용하여 특정 원소가 튜플에 들어 있는지 확인하는 코드를 만들어 보자.

코드 내역

```
a=(1, 2, 3, 4, 5)
if 3 in a:
  print('Yes')
else:
  print('NO')
```

실행 결과

```
Yes
```

3) 문자열

문자열로 리스트나 튜플처럼 if ~ in 구문을 사용하여 해당 글자가 있는지 확인할 수 있다.

코드 내역

```
a="python"
if 'p' in a:
  print('Yes')
else:
  print('NO')
```

실행 결과

```
Yes
```

4) range()

range() 함수 안에 숫자를 인자로 넣게 되면 0부터 인자로 넣은 그 숫자보다 1이 작은 숫자까지의 정수가 담겨 있는 리스트를 만들어 준다. range(5)는 0, 1, 2, 3, 4 원소가 들어 있는 객체를 생성해 준다.

코드 내역

```
a=range(5)
print(list(a))
if 3 in a:
  print('Yes')
else:
  print('NO')
```

실행 결과

```
[0, 1, 2, 3, 4]
Yes
```

8 if not 구문을 활용하여 리스트에 원소 추가하기

if not 구문을 활용하여 리스트에 값이 없는 경우에만 값을 추가하도록 해 보자. 원소 1, 2, 3, 4가 들어 있는 리스트 a 안에 원소 5가 없는지 if not ~ in 구문을 사용하여 체크하고 없을 경우 append() 함수를 사용하여 리스트 a에 숫자 5를 추가하는 코드이다.

코드 내역

```
a = [1,2,3,4]
if not 5 in a:
    a.append(5)
print(a)
```

실행 결과

```
[1, 2, 3, 4, 5]
```

반복문 for

반복문은 특정 문장들을 여러 번 반복할 수 있도록 하는 제어문이다. 일반적으로 반복문으로는 for와 while 구문이 많이 활용된다. 먼저 for 구문을 살펴보도록 하겠다.

1 for 변수 in range(반복할 횟수)

for문 맨 마지막에는 반드시 콜론(:)을 사용해야 한다. 콜론을 사용하면 다음 줄부터 들여쓰기를 통해 반복할 범위를 지정할 수 있다. range() 안에 숫자를 하나만 쓸 경우 변수값은 0부터 시작한다.

코드 내역

```
for i in range(5):
    print(i)
```

실행 결과

```
0
1
2
3
4
```

2 for 변수 in range(시작, 끝)

range에 2개의 숫자를 사용하면 변수는 시작하는 숫자부터 끝나는 숫자보다 1 작은 수만큼 반복하여 실행한다. 다음 예시에서 변수 i의 시작 값은 1이고 마지막 값은 5이다. 따라서 변수 i는 1부터 4까지 실행된다.

코드 내역

```
for i in range(1,5):
    print(i)
```

실행 결과

```
1
2
3
4
```

3 for 변수 in range(시작, 끝, 증감)

range 함수에 2개의 숫자를 넣어 주면 첫 번째 숫자 이상, 두 번째 숫자 미만까지의 숫자 목록(리스트)을 반환한다. 예를 들어, range(1,5)는 리스트 [1, 2, 3, 4]를 반환하는 것을 확인했다. 기본적으로 range는 1씩 증가하는 숫자의 리스트를 반환한다. 그러나 range에 세 번째 숫자를 입력하면, 이 세 번째 숫자만큼씩 변수를 증가하거나 감소시킬 수 있다. print() 함수 안에 end=''를 사용하여 한 줄에 결과값을 출력하도록 하였다.

1부터 10 사이의 숫자 중에 홀수를 출력해 보도록 하자.

코드 내역

```
for i in range(1,10,2):
    print(i, end=' ')
```

실행 결과

```
1 3 5 7 9
```

4 for ~ in 구문을 활용하여 리스트 출력하기

in 다음에 iterable 객체가 사용되면 하나씩 차례로 원소를 꺼내어 반복 작업을 할 수 있다. 다음은 for ~ in ~ 구문과 iterable인 리스트를 사용하여 리스트가 가지고 있는 원소들을 차례로 꺼내 color에 담아 print() 함수로 출력하는 코드이다.

코드 내역

```
mColor = ['yellow', 'blue', 'pink', 'green']

for color in mColor:
    print(color)
```

실행 결과

```
yellow
blue
pink
green
```

5 list() 함수를 사용하여 리스트를 만들고 for문으로 리스트 내용 출력하기

list() 함수를 사용하면 쉽게 리스트를 만들 수 있다. 첫 번째 인자는 리스트의 시작 값이고 두 번째 인자는 리스트의 마지막 값이다. 이때 유의할 점은 두 번째 인자보다 1이 작은 수까지 리스트가 만들어진다는 점이다. 다음 예제는 숫자 1부터 45까지의 숫자를 담고 있는 리스트를 만들고 for ~ in ~ 구문을 사용하여 리스트에 있는 원소값들을 하나씩 꺼내어 출력하는 코드이다.

코드 내역

```
import random
numbers = list(range(1,46))

for i in numbers:
 print(i, end = ' ')
```

실행 결과

```
1 2 3 4 5 6 7 8 9 10 11 12 13 14 15 16 17 18 19 20 21 22 23 24 25 26 27 28 29 30 31 32 33
34 35 36 37 38 39 40 41 42 43 44 45
```

6 List를 활용한 로또 프로그램 만들기

누구나 꿈꾸는 로또 당첨! 로또 번호를 랜덤으로 만들어 주는 프로그램을 만들어 보자. random 모듈이 가지고 있는 randint() 함수를 사용하기 위해 random 모듈을 import해 주어야 한다. 랜덤으로 뽑아진 로또 번호를 담을 빈 리스트 lotto를 만들어 준다. 그리고 for 구문을 사용해 여섯 번 반복하여 1부터 45까지의 숫자 중에서 랜덤으로 나온 숫자를 리스트 lotto에 담아 준다. 이 방법의 문제점은 동일한 숫자가 나올 수 있다는 점이다. 이 문제는 뒤에서 while문을 통해 해결해 보겠다.

코드 내역

```
import random

lotto = []
for i in range(1,7,1):
    a=random.randint(1,46)
    lotto.append(a)
print(lotto)
```

실행 결과

```
[19, 46, 30, 24, 34, 23]
```

7 for문과 딕셔너리 함께 사용하기

key와 value의 형태로 구성되는 딕셔너리도 iterable 객체이므로 for ~ in ~ 구문에서 유용하게 사용할 수 있다. 딕셔너리 원소가 가지고 있는 값이 93점 이상이면 합격이고 그렇지 않으면 불합격이 출력되도록 만들어 보자.

코드 내역

```
people = {'유비': 90, '조조':91, '여포':98, '관우': 93}

for dict in people :
   print(dict, people[dict])
   if people[dict] >= 93 :
       print(dict +' '+ '합격입니다.')
   else :
       print(dict +' '+ '불합격입니다.')
```

실행 결과

```
유비 90
유비 불합격입니다.
조조 91
조조 불합격입니다.
여포 98
여포 합격입니다.
관우 93
관우 합격입니다.
```

8 for를 사용하여 2차원 리스트 출력하기

리스트 안에 원소를 리스트 형태로 넣으면 2차원 리스트를 만들 수 있다.

코드 내역

```
a=[[1, 2], [3, 4], [5, 6]]
for x, y in a:
  print(x, y)
```

실행 결과

```
1 2
3 4
5 6
```

다음과 같이 이중 for 구문을 사용하여 동일한 결과를 얻을 수 있다.

코드 내역

```
a=[[1, 2], [3, 4], [5, 6]]
for i in range(len(a)):
  for j in range(len(a[i])):
    print(a[i][j], end=' ')
  print()
```

실행 결과

```
1 2
3 4
5 6
```

9 코드 한 줄로 for 반복문 사용하기

range(3)을 사용하면 변수 i는 차례로 0, 1, 2의 값을 가지게 된다. 이 값을 for 앞에 쓰인 계산식에 바로 대입해서 사용한다. 그러면 0, 10, 20이 결과값이 된다. 이 결과값들을 리스트로 묶으면 리스트 형태로 저장된다.

다음과 같이 for 구문 앞에 있는 변수 i에 직접 값을 넣어 처리할 수 있다.

코드 내역

```
a = [ i*10 for i in range(3)]
print(a)
```

실행 결과

```
[0, 10, 20]
```

다음과 같이 2차원 리스트를 한 줄로 만들 수 있다.

코드 내역

```
a = [ [0,i]  for i in range(3)]
print(a)
```

실행 결과

```
[[0, 0], [0, 1], [0, 2]]
```

10 continue문

continue를 만나면 더 이상 뒷부분을 실행하지 않고 반복문 처음으로 가서 실행을 하게 된다. 1부터 100 사이의 수 중에서 홀수만 출력이 되도록 만들어 보자. % 연산자를 사용하여 나머지가 0이면 continue를 만나게 되고 다음 코드인 print( ) 문장이 실행되지 않는다.

코드 내역

```
for i in range(1,101,1):

    if(i%2 == 0):
        continue
    print(i, end=' ')
```

실행 결과

```
1 3 5 7 9 11 13 15 17 19 21 23 25 27 29 31 33 35 37 39 41 43 45 47 49 51 53
55 57 59 61 63 65 67 69 71 73 75 77 79 81 83 85 87 89 91 93 95 97 99
```

반복문 while

for문과 함께 많이 사용되는 while문을 학습하도록 하자.

1 while문 구조

for문과의 가장 큰 차이점은 while을 사용할 경우 while문 시작 전에 초기값을 주어야 한다는 점이다. while 조건식 다음에는 반복문 범위를 설정하기 위한 콜론(:)을 반드시 적어야 한다. 들여쓰기를 사용하여 반복문의 범위를 정한다. 조건식이 참일 동안에는 반복문 안에 있는 코드가 계속 반복해서 실행된다.

```
i=1
sum=0            ← 초기식

while  i<11:     ← 조건식
  sum += i
  i += 1         ← 증감값
print(sum)
```

2 1부터 10까지 숫자 더하기

while문을 사용하여 1부터 10까지 숫자를 더하는 프로그램을 만들어 보자. while문을 시작하기 전에 시작점 변수 i와 합을 저장할 변수 sum을 지정해야 한다.

코드 내역

```
i=1
sum=0

while i<11:
    sum += i
    i+=1
print(sum)
```

실행 결과

```
55
```

3 break 명령어를 사용하여 while 구문 빠져나오기

사용자가 입력한 문자열의 길이를 구해 주는 프로그램을 만들어 보자. while문에 사용한 조건식이 True이므로 무한으로 반복 실행된다. 사용자가 입력한 값이 'quit'일 경우에 break 명령어가 실행되어 while문을 빠져나갈 수 있도록 하자.

코드 내역

```
while True:
    s = input('아무 말이나 입력하세요!')
    print (len(s))

    if s == 'quit':
       break
```

실행 결과

```
아무 말이나 입력하세요!안녕하세요
5
아무 말이나 입력하세요!헬로우
3
아무 말이나 입력하세요!nice to meet you!
17
아무 말이나 입력하세요!quit
4
```

4 숫자 맞히기 게임

while 구문을 사용하여 숫자 맞히기 게임을 만들어 보자. 숫자를 맞혀야만 while 구문을 빠져나가도록 해 보자. 이를 위해 Boolean형 변수 running값을 반복문 전에 True로 설정하여 무한 반복문을 만들게 된다. 반복문 안에서 사용자가 정답을 입력한 경우 running값을 False로 할당하여 반복문을 벗어나도록 한다.

코드 내역

```
num = 71
running = True

while running:
```

```
    guess = int(input('숫자를 입력하세요! '))
    if guess == num:
        print ('정답입니다!')

        running = False
    elif guess < num:
        print ('아닙니다. 좀 더 큰 수를 입력하세요!')

    else:
          print ('아닙니다. 좀 더 작은 수를 입력하세요!')

print ('반복문 끝')
```

실행 결과

```
숫자를 입력하세요! 50
아닙니다. 좀 더 큰 수를 입력하세요!
숫자를 입력하세요! 90
아닙니다. 좀 더 작은 수를 입력하세요!
숫자를 입력하세요! 80
아닙니다. 좀 더 작은 수를 입력하세요!
숫자를 입력하세요! 70
아닙니다. 좀 더 큰 수를 입력하세요!
숫자를 입력하세요! 71
정답입니다!
반복문 끝
```

5 while문과 randint()를 활용한 로또 만들기

앞에서 로또 프로그램을 만들어 보았다. 하지만 동일한 숫자가 나올 수 있다는 문제가 있었다. 여기서는 이 문제를 해결하기 위해 while문과 if not문을 사용하여 중복된 숫자가 나오지 않도록 만들어 보자. 먼저 랜덤으로 뽑아진 숫자 6개를 담을 리스트 lotto를 만든다. 그리고 리스트 lotto의 원소 개수가 6개가 될 때까지 while문을 실행하도록 한다. 1부터 45까지의 숫자를 랜덤으로 뽑고 그 숫자가 리스트 lotto에 담겨 있는지 확인한다. 담겨 있지 않을 경우 뽑은 숫자를 append() 함수를 사용하여 리스트 lotto에 추가한다. 만약에 뽑은 숫자가 이미 리스트 lotto에 있다면 숫자를 추가하지 않고 새로운 숫자를 뽑으면 된다.

코드 내역

```
import random

lotto = []

while len(lotto) < 6:
    selected_num = random.randint(1,46)
    if not selected_num in lotto:
        lotto.append(selected_num)

print(lotto)
```

실행 결과

```
[3, 15, 44, 28, 38, 45]
```

6 while문과 choice()를 활용한 로또 프로그램 만들기

choice() 함수를 사용하여 로또 프로그램을 만들어 보겠다. choice() 함수를 사용하면 리스트나 문자열에서 하나를 랜덤으로 뽑아 낼 수 있다. 이를 위해 먼저 list() 함수를 사용하여 리스트를 만든 다음 리스트 numbers에 바인딩해야 한다. 변수가 실제 데이터가 있는 위치를 가리키고 있는 것을 바인딩(binding)이라고 한다.

코드 내역

```
import random
numbers = list(range(1,46))
lotto = []

while len(lotto) < 6:
    selected_num = random.choice(numbers)
    if not selected_num in lotto:
        lotto.append(selected_num)

print(lotto)
```

실행 결과

```
[18, 13, 42, 37, 15, 10]
```

sort() 함수를 사용하여 리스트값들을 정렬할 수 있다.

코드 내역

```
import random
list1to45 = list(range(1,46))
lotto = []
while len(lotto) < 6 :
    selected_num = random.choice(list1to45)
    if not selected_num in lotto:
        lotto.append(selected_num)
lotto.sort()
print(lotto)
```

실행 결과

```
[10, 20, 28, 29, 30, 39]
```

7 for문과 while문을 함께 사용하여 로또 번호가 5회 출력되도록 하기

유의할 점은 1회에 6개의 숫자를 뽑고 출력한 후에 6개의 숫자가 들어 있는 리스트 원소들을 clear() 함수를 사용하여 빈 리스트로 만들어 주어야 한다는 점이다. 그렇지 않으면 리스트 lotto에 원소들이 계속 추가되기 때문이다.

코드 내역

```
import random
numbers = list(range(1,46))

lotto = []

for i in range(1,6,1):
  while len(lotto) < 7:
    selected_num = random.choice(numbers)
    if not selected_num in lotto:
        lotto.append(selected_num)

 lotto.sort()
 print(lotto)
 lotto.clear()
```

실행 결과

```
[3, 17, 19, 23, 39, 40, 41]
[4, 9, 13, 17, 21, 30, 31]
[5, 6, 17, 22, 25, 29, 43]
[7, 11, 12, 36, 37, 40, 45]
[5, 15, 18, 26, 28, 37, 42]
```

Chapter

04

함수

1 사용자 정의 함수

2 내장함수

3 람다함수

4 코루틴함수

Chapter 04

함수

특정한 일(역할)을 하는 명령어들의 묶음을 함수라고 한다. 함수를 사용함으로써 코드의 양을 줄이고 가독성을 높일 수 있다.

사용자 정의 함수

1 함수 이해하기

함수는 영어로 function으로, 기능이나 동작을 의미한다. 예를 들어 한글 프로그램에서 F1 키를 누르면 도움말 기능이 제시되고 F12 키를 누르면 영어사전 기능이 제공되는데 이도 함수의 의미를 활용한 것이다.

파이썬은 def 예약어를 사용하여 함수를 만들 수 있다. 콜론(:)을 사용하고 다음 줄부터 들여쓰기를 통해 함수의 영역을 설정한다. 다음 자료에서는 (1), (2) 부분이 함수가 호출될 때 실행되는 함수 영역이다. 함수 이름만 보아도 어떤 기능을 하는지 알 수 있도록 함수 이름을 정해서 사용하도록 한다. (1), (2) 부분이 함수가 호출될 때 실행되는 함수 영역이며 (3)은 함수의 영역이 아니다.

```
def 함수명(x, y):
  print(a)   ------- (1)
  print(b)   ------- (2)
print(c)     ------- (3)
```

TIP

예약어

예약어는 프로그래밍 언어가 문법을 위해 사용하기 위해 예약한 단어들이다. 파이썬 예약어는 다음과 같다.

```
['False', 'None', 'True', '__peg_parser__', 'and', 'as', 'assert', 'async',
'await', 'break', 'class', 'continue', 'def', 'del', 'elif', 'else', 'except',
'finally', 'for', 'from', 'global', 'if', 'import', 'in', 'is', 'lambda', 'nonlocal',
'not', 'or', 'pass', 'raise', 'return', 'try', 'while', 'with', 'yield']
```

2 매개변수(parameter)와 인수(arguments) 이해하기

함수에서 입력값으로 전달된 값을 받는 변수를 매개변수 또는 인자라고 한다. 인수는 함수를 호출할 때 전달하는 입력값을 의미한다.

코드 내역

```
def sum(a, b):    #a, b는 매개변수(=인자)
    return a+b
print(sum(10, 20))    #10, 20은 인수
```

3 함수 만들기

덧셈 기능을 하는 함수를 만들어 보겠다. **return**은 함수에서 결과값을 돌려주는 역할을 하는 명령어이다. 함수 안에서 **return**을 사용한 경우 반환값이 있다는 의미이다.

코드 내역

```
def sum(x, y):    #함수에 전달된 값을 받는 입력 변수 x, y를 매개변수(parameter)라고 한다.
  return x+y


print(sum(100, 200))    #함수를 호출할 때 전달하는 입력값을 인수(arguments)라고 한다.
```

실행 결과

```
300
```

함수 처리 과정을 그림으로 나타내면 다음과 같다.

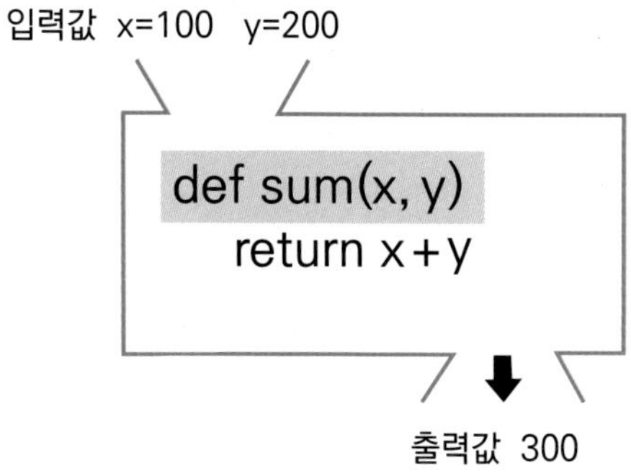

4 함수를 활용한 평균값 구하기

매개변수에 ***args**를 사용하면 복수의 매개변수를 한 번에 가져와서 처리할 수 있다. **for**문을 사용하여 전달받은 매개변수를 하나씩 가져와서 **result**에 더해 준다. 그리고 **len()** 함수를 통해 매개변수 개수를 구하고 평균을 얻기 위해서 **len()** 함수의 반환값으로 나누어 준다. 다음은 함수 안에 **return** 명령어를 사용하지 않았다. 즉, 반환값이 없는 함수이다.

코드 내역

```
def avg_calc(*args):
 result = 0
 for i in args:
     result += i
 print(result / len(args))

avg_calc(1, 9)
avg_calc(1,2,3,4,5)
```

실행 결과

```
5.0
3.0
```

5 전역변수와 지역변수

지역변수는 함수 안에서만 사용되거나 조건문, 반복문 안에서만 사용되는 변수를 의미한다. 전역변수는 코드 모든 곳에서 공용하는 변수를 말한다.

다음과 같이 power_inc() 함수를 만들고 호출해 보자. 변수 power는 함수 밖에서 선언했기 때문에 전역변수이다. 전역변수 power값인 0을 출력한다.

코드 내역

```
def power_inc():
    print(power)

power = 0
power_inc()
```

실행 결과 화면에 0이 표시된다.

실행 결과

```
0
```

이번에는 power_inc() 함수를 호출하면 변수 power값이 100 증가하도록 만들어 보자. 전역변수 power값에 0을 할당하고 power_inc() 함수를 호출하도록 한다. 실행을 해 보면 power_ince() 함수에 의해 power값이 100 증가하여 100이 출력될 줄 알았는데 0이 출력된다. 그 이유는 함수 안에서 사용한 변수 power는 지역변수이며 함수 밖에 있는 전역변수 power와는 다른 메모리에 새로운 객체를 만들고 그 값을 변경하기 때문이다. 이때 만들어진 새로운 객체는 값 100을 가지고 있으며 함수 안에서 사용한 지역변수 power는 이 객체의 주소를 가지고 있다. 함수 안에서 사용한 power는 지역변수이므로 함수가 실행된 후에는 사라지게 된다. 이러한 것을 값에 의한 호출이라고 한다. 함수에서 전달받은 매개변수 power는 복제된 값으로 메인 루틴에 있는 전역변수 power와는 다르다는 것을 기억하자.

코드 내역

```
def power_inc(power):
    power += 100

power = 0
power_inc(power)
print(power)
```

실행 결과

```
0
```

함수 밖에 선언된 전역변수의 값을 변경하기 위해서는 함수 안에서 예약어 global을 사용해야 한다. 다음과 같이 함수 안에서 변수 power 앞에 global을 적도록 한다. 실행을 통해 함수 안에서 global을 사용하여 전역변수값을 변경할 수 있다는 것을 확인할 수 있다.

코드 내역

```
def power_inc():
    global power
    power += 100

power = 0
power_inc()
print(power)
```

실행 결과

```
100
```

6 레퍼런스에 의한 호출

여러 개의 값을 가지고 있는 리스트의 경우에는 어떻게 처리될까 생각해 보자. 원소 1, 2, 3, 4, 5를 가지고 있는 list1을 만들자. 그리고 이 리스트를 함수 ref_call()의 매개변수 x로 넘겨준다. 이때 리스트가 저장된 주소가 매개변수 x로 넘어가기 때문에 매개변수 x와 list1은 동일한 주소를 가지게 된다.

코드 내역

```
def ref_call(x):
    x[0]=6
    x[1]=7

list1 = [1, 2, 3, 4, 5]
print(list1)
ref_call(list1)
print(list1)
```

실행 결과

```
[1, 2, 3, 4, 5]
[6, 7, 3, 4, 5]
```

내장함수

파이썬은 별도의 import 없이 사용할 수 있는 내장함수를 제공한다. 지금까지 사용했던 range(), print(), format() 함수 등이 내장함수이다. 대표적으로 많이 사용하는 내장함수에 대해서 살펴보도록 하자.

내장함수				
abs()	delattr()	hash()	memoryview()	set()
all()	dict()	help()	min()	setattr()
any()	dir()	hex()	next()	slice()
ascii()	divmod()	id()	object()	sorted()
bin()	enumerate()	input()	oct()	staticmethod()
bool()	eval()	int()	open()	str()
breakpoint()	exec()	isinstance()	ord()	sum()
bytearray()	filter()	issubclass()	pow()	super()
bytes()	float()	iter()	print()	tuple()
callable()	format()	len()	property()	type()
chr()	frozenset()	list()	range()	vars()
classmethod()	getattr()	locals()	repr()	zip()
compile()	globals()	map()	reversed()	_import_()
complex()	hasattr()	max()	round()	

1 eval(str)

매개변수로 문자열을 받아서, 실행(계산)한 후에 돌려주는 함수이다.

코드 내역

```
a = eval('12+4*6')
print(a)
```

실행 결과

```
36
```

2 map()

반복문 없이 iterable의 모든 항목에 function을 적용한 후 그 결과를 반환하는 함수이다. 첫 번째 매개변수로는 iterable에 적용할 함수를 사용하고 두 번째 매개변수로는 반복 가능한 자료형(리스트, 튜플 등)이 온다.

```
map(function, iterable)
```

TIP

iterable 객체

iterable 객체라는 것은 for 구문을 사용해서 값 1개씩 순차적으로 접근이 가능한 객체를 말한다. iterable 객체에는 list, dictionary, tuple 등이 있다.

*리스트는 next() 함수를 사용하여 하나씩 순차적 접근을 할 수 없다. 하지만 iter() 함수를 사용하여 iterator로 변환한 후에는 next() 함수로 접근하여 사용할 수 있다. for 구문의 경우 자동으로 iterator로 변환해서 실행해 준다.

map() 함수를 사용하여 리스트에 있는 숫자의 1부터 N까지의 합을 구해 보자. 먼저 매개변수로 하나를 받는 plusToX라는 함수를 만든다. plusToX 함수는 1부터 매개변수까지의 숫자를 더해 주는 함수이다. 그리고 숫자가 저장된 리스트 numlist를 만들어 준다. 여기서는 1부터 10까지의 합, 1부터 100까지의 합, 1부터 1000까지의 합을 map() 함수를 사용하여 구했다.

코드 내역

```
def plusToX(x):
    sum=0
    for i in range(1,x+1,1):
        sum += i
    return sum

numlist = [10,100,1000]
result = map(plusToX, numlist)

print(list(result))
```

실행 결과

```
[55, 5050, 500500]
```

3 iter()

iterable 객체를 iterator 객체로 변경해 준다. 다음과 같이 리스트 a1을 만들고 next() 함수를 사용하여 하나씩 순차적으로 접근해 보자.

코드 내역

```
a1=[1,2,3,4,5]
print(next(a1))
print(next(a1))
print(next(a1))
```

next() 함수는 iterator를 매개변수로 사용한다. 리스트 객체는 iterator가 아니기 때문에 다음과 같은 에러 메시지가 발생한다.

실행 결과

```
TypeError: 'list' object is not an iterator
```

이러한 에러를 피하기 위해서는 iter() 함수를 사용하여 iterator로 변경해 주어야 한다. 다음과 같이 수정하여 실행해 본다.

코드 내역

```
a1=[1,2,3,4,5]
a2 = iter(a1)
print(next(a2))
print(next(a2))
print(next(a2))
```

실행 결과

```
1
2
3
```

4 dir()

dir() 함수는 객체가 가지고 있는 변수나 함수를 보여 준다. 리스트 a1을 만들고 dir() 함수를 매개변수로 넣은 다음 실행 결과를 확인해 보자. append(), insert() 함수 리스트 객체의 변수나 함수를 볼 수 있다.

코드 내역

```
a1=[1,2,3,4,5]
print(dir(a1))
```

실행 결과

```
['__add__', '__class__', '__class_getitem__', '__contains__', '__delattr__',
'__delitem__', '__dir__', '__doc__', '__eq__', '__format__', '__ge__',
'__getattribute__','__getitem__','__gt__','__hash__','__iadd__', '__imul__',
'__init__', '__init_subclass__', '__iter__', '__le__', '__len__', '__lt__',
'__mul__', '__ne__', '__new__', '__reduce__', '__reduce_ex__', '__repr__',
'__reversed__', '__rmul__', '__setattr__', '__setitem__', '__sizeof__',
'__str__', '__subclasshook__', 'append', 'clear', 'copy', 'count', 'extend',
'index', 'insert', 'pop', 'remove', 'reverse', 'sort']
```

5 enumerate()

enumerate() 함수는 순서가 있는 자료형(리스트, 튜플, 문자열)을 입력으로 받아 인덱스값을 포함하는 enumerate 객체를 리턴해 준다. 보통 for 구문과 함께 사용하며 인덱스가 0부터 차례로 매겨진다. 다음은 리스트 heroes에 enumerate() 함수를 사용하여 인덱스와 함께 원소값을 출력하는 코드이다.

코드 내역

```
heroes = ['윤봉길', '이회영', '안중근','김구']
for i, name in enumerate(heroes):
    print(i, name)
```

실행 결과

```
0 윤봉길
1 이회영
2 안중근
3 김구
```

6 len()

len() 함수는 입력값의 길이 또는 원소의 전체 개수를 리턴하는 함수이다.

코드 내역

```
print(len("python"))
print(len("python is good."))
print(len([1,2,3,4,5]))
print(len((1, 'a', [1,2,3])))
```

실행 결과

```
6
15
5
3
```

7 zip()

2개 이상의 리스트에 있는 같은 인덱스끼리 잘라서 하나로 합쳐 주는 역할을 한다.

코드 내역

```
list1 = ['한국', '영국', '프랑스']
list2 = ['서울', '런던', '파리']
for l,w in zip(list1, list2):
    print(l,w)
```

실행 결과

```
한국 서울
영국 런던
프랑스 파리
```

2차원 리스트로 만들기 위해서는 다음과 같이 사용한다. 주석에 쓴 방식으로 사용해도 결과는 같다.

코드 내역

```
list1 = ['한국', '영국', '프랑스']
list2 = ['서울', '런던', '파리']

#zip_list = [ [x, y] for x, y in zip(list1, list2)]

zip_list =list( [x, y] for x, y in zip(list1, list2) )

print(list(zip_list))
```

실행 결과

```
[['한국', '서울'], ['영국', '런던'], ['프랑스', '파리']]
```

람다함수

함수를 간단히 정의할 때나 함수명을 사용하지 않고 함수를 만들 때 사용한다.

1 람다 사용하기

다음과 같이 람다 형식을 사용하여 한 줄에 함수를 코딩할 수 있다.

함수 이름 = lambda를 입력할 변수 : 함수가 하는 일

def를 사용하여 다음과 같이 사용자 일반 함수를 만들자.

코드 내역

```
def sum(x, y) :
   print(x+y)
sum(100,200)
```

실행 결과

```
300
```

똑같은 기능을 하는 함수를 람다를 사용하여 다음과 같이 만들 수 있다.

코드 내역

```
sum = lambda x, y : print(x+y)
sum(100,200)
```

실행 결과

```
300
```

2 함수명 없이 람다 사용하기

함수명을 사용하지 않고 다음과 같이 직접 람다함수를 만들 수 있다. 콜론(:) 다음에 함수가 수행할 동작을 적는다. 여기서는 print(x+y)이다. 그리고 마지막에 쓴 (100, 200)은 함수에 들어온 매개변수이다.

코드 내역

```
(lambda x,y : print(x+y))(100,200)
```

실행 결과

```
300
```

3 고차함수에 사용하기

고차함수란 함수를 인수 또는 반환값으로 사용하는 함수를 말하며 map 함수와 함께 자주 사용된다. map 함수는 객체에 있는 모든 원소에 함수를 적용시키는 기능을 한다. map을 사용하는 형식은 다음과 같다.

map(객체, 적용할 함수)

map() 함수를 사용하여 람다식을 활용해 보자.

예제 1

range( ) 함수를 사용하여 1부터 10까지의 리스트를 만든다. 함수는 입력받은 값을 반지름으로 하여 원의 넓이를 구하도록 구성했다.

코드 내역

```
a=range(1,10)
print(list(a))
a=map(lambda x:x*x*3.14, a)
print(list(a))
```

실행 결과

```
[1, 2, 3, 4, 5, 6, 7, 8, 9]
[3.14, 12.56, 28.26, 50.24, 78.5, 113.04, 153.86, 200.96, 254.34]
```

예제 2

radius 리스트에 있는 값을 가지고 원의 넓이를 구하는 코드를 작성해 보자.

코드 내역

```
radius = [10,20,30]
result = map(lambda x : 3.14 * x * x, radius)
print(list(result))
```

실행 결과

```
[314.0, 1256.0, 2826.0]
```

코루틴함수

지금까지 학습한 함수는 return을 만나거나 함수 안에 있는 내용을 모두 실행한 후에 함수를 빠져나왔다. 코루틴함수는 조금 특이한 함수로, yield 명령어를 사용하여 실행을 멈추고 함수를 빠져나간다. next()를 사용하면 좀 전에 멈추었던 곳에서 다시 실행이 된다.

코드 내역

```
def coroutine_test(i):
    print('start test1 coroutine')
    while True:
    yield i
        i += 1
        print(i)

a = coroutine_test(0)                    #코루틴을 시작한다.

next(a)
next(a)
next(a)
next(a)
```

실행 결과

```
start test1 coroutine
1
2
3
```

Chapter

05

클래스

1. 클래스
2. 상속
3. 클래스 self
4. 클래스 네임스페이스

Chapter 05

클래스

객체 지향 언어의 가장 큰 특징은 클래스를 통한 객체 생성이다. 객체는 데이터(변수)와 메소드(기능, 동작)로 구성되며 프로그래밍에서 실제 처리되는 대상이다. 클래스는 객체를 만들기 위해 필요한 설계도이다. 클래스를 기반으로 생성된 것을 인스턴스 또는 객체라고 한다. class 키워드를 사용하여 클래스를 만든다.

클래스

1 객체(Object)

객체는 변수(속성, 상태)와 함수(기능, 동작)를 가진 집합이다. 생물, 무생물, 추상적인 사물까지 객체로 표현할 수 있다. 예를 들어 우주선을 객체로 생각해 보자. 우주선은 속도, 방어력, 미사일 개수 같은 속성을 가지고 있다. 또한 우주선은 공격한다, 날아간다 등의 기능(동작)을 가지고 있다. 이러한 객체는 클래스를 통해 만들 수 있다.

변수	속성(상태)	속도, 공격력, 방어력, 미사일 개수, 색
함수	동작(기능)	공격한다, 날아간다

2 클래스 구조

클래스는 객체 생성을 위한 설계도이며 변수와 함수를 가지고 있다. 클래스가 가지고 있는 함수를 특별히 메소드라고 부른다. 다음은 2개의 power, name 변수와 1개의 incPower() 메소드를 가진 Robot 클래스를 구현해 보았다.

코드 내역

```
class Robot:
    power = 0
    name =""

    def incPower(self):
        self.power+=100
```

3 객체 생성

설계도인 클래스를 바탕으로 실제 활용할 수 있는 객체를 생성해야 한다. 객체 생성 방법은 다음과 같다.

```
r1 = Robot()
```

r1은 사용자가 임의로 지정하여 만든 객체명이다. Robot()은 Robot 클래스의 생성자를 의미한다. 두 번째 로봇을 만들기 위해서는 다음과 같이 하면 될 것이다.

```
r2 = Robot()
```

4 객체의 변수와 함수 사용하기

객체가 가지고 있는 변수와 함수를 사용하기 위해서는 객체명.변수, 객체명.함수 형식을 사용한다. 즉, 객체가 가지고 있는 함수를 사용하기 위해서는 객체의 이름을 적고 온점(.)을 쓴 후에 함수의 이름을 적으면 된다. 참고로 파이썬에서는 list도 객체이다. 리스트 객체가 가지고 있는 함수를 사용할 때도 리스트명.함수를 사용하면 된다.

코드 내역

```
r1.name = "짱가"
r1.incPower()

print(r1.name)
print(r1.power)
```

5 클래스 만들기 1

클래스에서 사용되는 변수를 필드, 클래스에서 사용되는 함수를 메소드라고 부른다. 파이썬에서 메소드는 일반 함수와 다르게 최소한 **self**라는 매개변수를 설정해 줘야 한다.

코드 내역 robot_class.py

```
class Robot:
    power = 0
    name =""

    def incPower(self):     #만약 r1.incPower의 경우 r1 객체가 self에 넘어오게 된다.
        self.power+=100
r1 = Robot()
r1.name = "짱가"
r1.incPower()

print(r1.name)
print(r1.power)
```

실행 결과

```
짱가
100
```

6 클래스 만들기 2

incPower() 메소드에 매개변수 power를 추가해 보겠다.

코드 내역 robot_class2.py

```
class Robot:
    power = 0
    name =""

    def incPower(self, power):
        self.power+=power

r1 = Robot()
r1.name = "짱가"
r1.incPower(500)

print(r1.name)
print(r1.power)
```

실행 결과

```
짱가
500
```

7 생성자 사용하기

생성자(contructor)는 객체 생성 시에만 호출되어 메모리 생성과 동시에 객체의 데이터를 초기화하는 역할을 한다. 파이썬에서는 __init__()을 사용하여 생성자를 만들 수 있다.

코드 내역 robot_class3.py

```
class Robot:
    power = 0
    name =""
```

```
    def __init__(self, name):
        self.name = name

    def incPower(self, power):
        self.power+=power

r1 = Robot("마징가")    #객체를 생성할 때 name 변수에 "마징가"라는 값을 입력한다.

r1.incPower(500)

print(r1.name)
print(r1.power)
```

실행 결과

```
마징가
500
```

생성자 매개변수를 추가하여 다음과 같이 코드를 작성해 본다.

코드 내역 robot_class4.py

```
class Robot:

    def __init__(self, speed, power):
        self.speed = speed
        self.power = power
        print(self.speed, self.power)

#인수 100은 생성자 매개변수 speed에, 인수 200은 생성자 매개변수 power에 값이 전달된다.
r1 = Robot(100,200)
```

실행 결과

```
100 200
```

8 클래스변수와 객체변수

필드에는 클래스변수와 객체변수가 있다. 각각은 그것을 소유하고 있는 대상이 클래스인지 객체인지에 따라 구분된다. 클래스변수는 객체들 사이에서 공유된다. 즉, 그 클래스로부터 생성된 모든 객체들이 접근할 수 있다. 클래스변수는 1개만 존재하며 어떤 객체가 클래스변수를 변경하면 모든 다른 객체들에 변경 사항이 적용된다. 객체변수는 클래스로부터 생성된 각각의 객체에 속해 있는 변수이다. 각각의 객체별로 객체변수를 하나씩 따로 가지고 있으며, 서로 공유되지 않고 간섭하지도 않는 독립된 변수이다.

코드 내역 robot_class5.py

```
class Robot:

    number = 0         #class variable

    def __init__(self, name):
        Robot.number = Robot.number + 1
        self.name = name    #instance variable


r1 = Robot('짱가')
print(r1.number)    #모든 로봇이 공유
print(r1.name)      #r1만 공유
r2 = Robot('마징가')
print(r2.number)
print(r2.name)
print(r1.number)
print(Robot.number)
```

실행 결과

```
1
짱가
2
마징가
2
2
```

상속

1 상속 개념과 구조

상속(Inheritance)이란 부모가 자식에게 재산 등을 물려주는 것을 의미한다. 부모 클래스는 자식 클래스에 변수와 함수를 사용하도록 할 수 있다. 이를 상속이라고 하며 자식 클래스에서 클래스 매개변수로 부모 클래스 이름을 사용하면 된다.

```
class 부모 클래스():
    생략

class 자식 클래스(부모 클래스명):
    생략
```

2 상속 학습하기

move() 함수를 가지고 있는 Robot 클래스를 만든다. 그리고 Robot 클래스를 상속한 DroneRobot 클래스를 만든다. DroneRobot 클래스의 객체 r1을 만들고 부모 클래스의 move() 함수를 호출해 보자. DroneRobot 클래스는 move() 함수를 가지고 있지 않지만 부모 클래스를 상속했기 때문에 부모 클래스가 가지고 있는 move() 함수를 사용할 수 있음을 확인하자.

코드 내역 robot_class6.py

```
class Robot():
    def move(self):
        print('움직입니다')

class DroneRobot(Robot):
    def take_photos():
        print('촬영합니다')

r1 = DroneRobot()
r1.move()
```

실행 결과

```
움직입니다
```

3 메소드 오버라이딩

부모 클래스가 가지고 있는 메소드를 자식 클래스에서 동일한 이름으로 다시 만드는 것을 메소드 오버라이딩(Overriding)이라고 한다. 부모 클래스 Robot이 가지고 있는 move() 함수를 자식 클래스 DroneRobot에서 다시 정의하여 사용하였다. 이럴 경우 부모 클래스가 아닌 자식 클래스의 메소드가 실행된다.

코드 내역 robot_class7.py

```
class Robot():
    def move(self):
        print('움직입니다')

class DroneRobot(Robot):
    def take_photos():
        print('촬영합니다')
  def move(self):
        print('날아다닙니다')

r1 = DroneRobot()
r1.move()
```

실행 결과

```
날아다닙니다
```

4 super()

부모 클래스와 자식 클래스가 동일한 메소드를 가지고 있을 때 부모 클래스의 메소드를 사용하고 싶은 경우 사용하는 함수이다.

코드 내역 robot_class8.py

```
class Robot():
    def move(self):
        print('움직입니다')

class DroneRobot(Robot):
    def take_photos():
        print('촬영합니다')
  def move(self):
        print('날아다닙니다')
    def super_move(self):
        super().move()

r1 = DroneRobot()
r1.move()
r1.super_move()
```

실행 결과

```
날아다닙니다
움직입니다
```

5 다중 상속

java는 다중 상속을 금지하지만 파이썬은 다중 상속을 허용한다. 즉, 자식 클래스는 부모 클래스를 2개 이상 상속받아 사용할 수 있다.

코드 내역 robot_class9.py

```
class Robot():
    maker = 'SY company'
    def move(self):
        print('움직입니다')
```

```python
class Plane():
    wings = 4
    def rise(self):
        print('상승하다')
    def descend(self):
        print('하강하다')

class DroneRobot(Robot, Plane):
    def take_photos():
        print('촬영합니다')
    def move(self):
        print('날아다닌다')
    def super_move(self):
        super().move()

r1 = DroneRobot()
r1.move()
r1.descend()
print(r1.maker)
print(r1.wings)
```

실행 결과

```
날아다닌다
하강하다
SY company
4
```

클래스 self

1 클래스 메소드에서 self를 사용하지 않는 경우

코드 내역 robot_class10.py

```
class Robot:
    power=100
    def showPower(self, x):
        power = x
        print(power)


r1 = Robot()
r1.showPower(200)
print(Robot.power)
print(r1.power)
```

r1.showPower(200)을 실행한 후에는 매개변수 x값인 200이 power에 전달되어 200이 출력된다. 하지만 showPower() 메소드 안에 사용된 power는 지역변수로 메소드 실행 후에는 값이 사라진다. print(r1.power) 구문을 실행할 경우 객체변수가 존재하지 않으면 클래스변수인 power값 100이 출력된다.

실행 결과

```
200
100
100
```

2 메소드에서 self를 사용한 경우

메소드 안에 self를 사용하여 매개변수를 받으면 self.power는 인스턴스변수가 되어 메소드 실행이 끝난 후에도 값이 남아 있게 된다.

코드 내역 robot_class11.py

```
class Robot:
    power=100

    def showPower(self, x):
        self.power = x
        print(self.power)

r1 = Robot()
r1.showPower(200)
print(Robot.power)
print(r1.power)
```

실행 결과

```
200
100
200
```

3 self가 없는 클래스 메소드 변수 접근 오류

Robot의 객체 r1을 생성하고 showPower() 메소드에 있는 power에 접근하게 될 경우 에러가 발생한다. Robot 클래스의 showPower() 메소드 안에 있는 변수 power는 앞에 self를 적지 않는 경우 메소드 안에서만 사용되는 지역변수이다. 이를 클래스 밖에서 r1.power로 접근하면 power는 존재하지 않는 지역변수이기 때문에 에러가 발생하게 된다.

코드 내역 robot_class12.py

```
class Robot:
    def showPower(self, x):
        power = x
        print(power)

r1 = Robot()
r1.showPower(200)
print(r1.power)
```

실행 결과

```
200
Traceback (most recent call last):
  File "C:/python/self more.py", line 10, in <module>
    print(r1.power)
AttributeError: 'Robot' object has no attribute 'power'
```

4 클래스에서 메소드 직접 접근하기

다음과 같이 객체에서 self가 없는 func1() 메소드에 접근하면 에러가 발생한다.

코드 내역 robot_class13.py

```
class Robot:
        def func1():
                print("function 1")

        def func2(self):
                print("function 2")



f1 = Rob ot()
f1.func1()
```

클래스 안에서 self 인자가 없는 func1() 메소드를 정의할 수는 있다. 하지만 객체를 생성하고 func1() 메소드를 실행하면 다음과 같은 에러가 발생한다.

실행 결과

```
Traceback (most recent call last):
  File "C:/python/classtest.py", line 10, in <module>
    f1.func1()
TypeError: func1() takes 0 positional arguments but 1 was given
```

클래스 안에 있는 메소드에서는 self 매개변수를 사용해야 한다고 했다. 하지만 반드시 사용해야 하는 것은 아니다. 다음 클래스처럼 클래스명을 사용하여 메소드에 접근하면 self 매개변수가 없는 func1() 함수를 사용할 수 있다.

코드 내역 robot_class14.py

```
class Robot:
        def func1():
                print("function 1")
        def func2(self):
                print("function 2")
f1 = Robot()
Robot.func1()
```

실행 결과

```
"function 1"
```

5 클래스 메소드 공유하기

func2() 함수에 클래스 이름과 인스턴스를 통해 접근해 보겠다. Robot 클래스를 통해 f1, f2 객체를 생성한다. 그리고 각 객체별로 func2() 클래스를 호출해 보자. id() 내장함수를 사용하여 변수가 가지고 있는 주소를 가져올 수 있다. 결과를 통해 f1.func2()와 f2.func2()는 동일한 주소값을 가지고 있음을 확인할 수 있다. 즉, 같은 공간을 공유하여 사용하는 것이다.

코드 내역 robot_class15.py

```
class Robot:
        def func1():
                print("function 1")

        def func2(self):
                print("function 2")
```

```
f1 = Robot()
f2 = Robot()

print(id(Robot.func2(Robot)))
print(id(f1.func2()))
print(id(f2.func2()))
```

실행 결과

```
function 2
140717248519384
function 2
140717248519384
function 2
140717248519384
```

이를 그림으로 나타내면 다음과 같다.

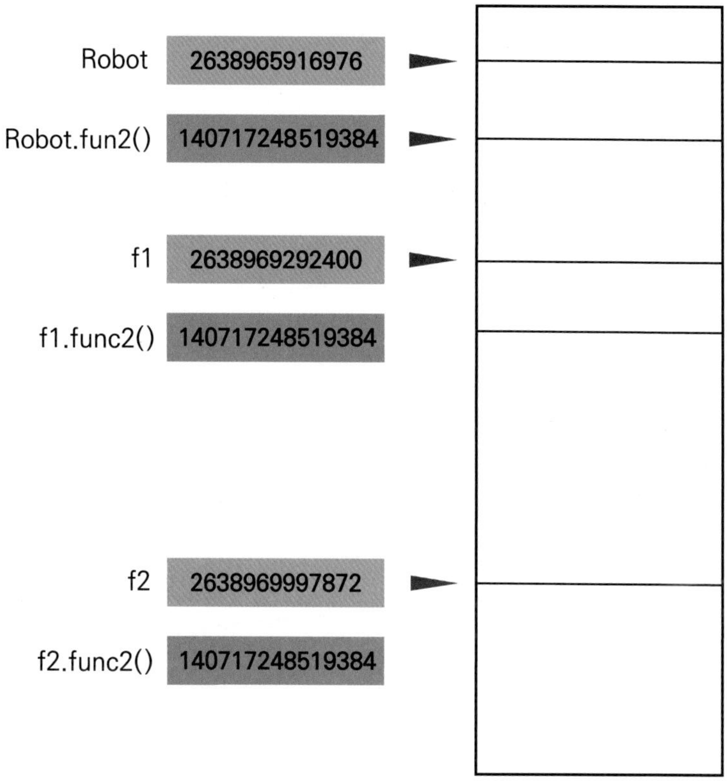

6 변수와 함수 메모리 구조

클래스의 함수는 객체가 공유하여 사용한다. 하지만 객체의 변수들은 클래스변수와는 다른 메모리 공간을 차지한다는 것을 기억하자.

코드 내역

robot_class16.py

```
class Robot:
    power = 0
    name =""

    def __init__(self, name):
        self.name = name

    def incPower(self, power):
        self.power+=power

    def showMe(self):
        print(self.power)

r1 = Robot("마징가")

r1.incPower(500)

r1.showMe()     #500이 출력된다.


print(id(r1.incPower(100)))

print(id(Robot.incPower(Robot, 100)))

print(Robot.name)     #빈 내용이 출력된다.

print(r1.name)     #마징가가 출력된다.
```

```
print(id(Robot.name))


print(id(r1.name))
```

실행 결과

```
500
140717248519384
140717248519384

마징가
1492613547632
1492652706672
```

클래스 네임스페이스

1 클래스 네임스페이스

네임스페이스는 변수와 객체 간의 관계를 저장하고 있는 공간이다. power=100인 경우 power 변수는 100이라는 값이 저장된 주소를 가지고 있다. 이러한 정보를 가지고 있는 공간이 네임스페이스이며 딕셔너리 형태로 구성되어 있다.

네임스페이스라는 것은 변수가 객체를 바인딩할 때 그 둘 사이의 관계를 저장하고 있는 공간을 의미한다. 예를 들어, 'a = 2'라고 했을 때는 a라는 변수가 2라는 객체가 저장된 주소를 가지고 있는데, 그러한 연결 관계가 저장된 공간이 바로 네임스페이스이다. 클래스를 정의하면 하나의 독립적인 네임스페이스가 만들어진다. 그리고 클래스 내에 정의된 변수나 메소드는 네임스페이스 안에 딕셔너리 타입으로 저장된다.

다음과 같이 Robot 클래스를 만들고 변수 power를 만들어 보겠다. 키워드 __dict__를 사용하여 클래스와 인스턴스의 네임스페이스를 확인할 수 있다.

코드 내역

```
class Robot:
  power = 100
print(Robot.__dict__)
```

Robot이라는 네임스페이스가 만들어진다. 네임스페이스 안에 딕셔너리 형태인 키와 값으로 'power': 100이 포함되어 있는 것을 확인할 수 있다.

실행 결과

```
{'__module__': '__main__', 'power': 100, '__dict__': <attribute '__dict__'
of 'Robot' objects>, '__weakref__': <attribute '__weakref__' of 'Robot'
objects>, '__doc__': None}
```

TIP

리스트, 튜플, 딕셔너리 기호 정리

딕셔너리는 {} 기호를 사용하고 리스트는 [] 기호를 사용하며 튜플은 () 기호를 사용한다.

2 인스턴스 네임스페이스

클래스를 기반으로 생성된 객체를 인스턴스라고 한다. 인스턴스의 네임스페이스를 알아보자.

코드 내역

```
class Robot:
  power = 100

r1 = Robot()
print(Robot.__dict__)
print(r1.__dict__)
```

r1 인스턴스를 생성하면 다음과 같이 r1 네임스페이스가 만들어지지만 딕셔너리가 비워져 있게 된다. r1 인스턴스도 독립적인 네임스페이스를 가지게 되지만 아무런 값도 가지고 있지 않다.

실행 결과

```
{'__module__': '__main__', 'power': 100, '__dict__': <attribute '__dict__'
of 'Robot' objects>, '__weakref__': <attribute '__weakref__' of 'Robot'
objects>, '__doc__': None}
{ }
```

이 상태에서 print(r1.power)를 추가하고 실행을 해 보자.

코드 내역

```
class Robot:
  power = 100


r1 = Robot()
print(r1.power)
print(r1.__dict__)
```

실행 결과

```
100
{}
```

print(r1.power)값으로 100이 출력된다. 즉 출력하고자 하는 변수 power가 인스턴스 네임스페이스에 없는 경우 클래스 네임스페이스 바에 있는 값을 가져와 사용하게 된다. 이후에도 r1 네임스페이스는 비워져 있는 상태이다.

r1 객체의 power 변수에 값으로 200을 대입해 보겠다. 그리고 나서 r1 인스턴스의 네임스페이스를 확인해 보자. r1 인스턴스의 네임스페이스에 'power': 200이 추가된 것을 확인할 수 있다.

코드 내역

```
class Robot:
  power = 100

r1 = Robot()
print(r1.power)
print(r1.__dict__)

r1.power = 200
print(r1.__dict__)

print(Robot.power)
```

실행 결과

```
100
{}
{'power': 200}
100
```

클래스와 인스턴스의 네임스페이스 상태를 그림으로 나타내면 다음과 같다.

__dict__를 사용하면 클래스와 인스턴스의 네임스페이스를 확인할 수 있다. 클래스변수 power와 인스턴스변수인 self.name의 네임스페이스를 확인해 보자.

코드 내역

```
class Robot:
  power = 100

  def __init__(self, name):
          self.name = name

r1 = Robot('짱가')
print(r1.__dict__)
```

실행 결과

```
{'name': '짱가'}
```

실행 결과 r1 인스턴스 네임스페이스에 'name': '짱가'가 포함된 것을 확인할 수 있다. Robot 네임스페이스에는 'power': 100이 들어 있다. 이를 표현하면 다음과 같다.

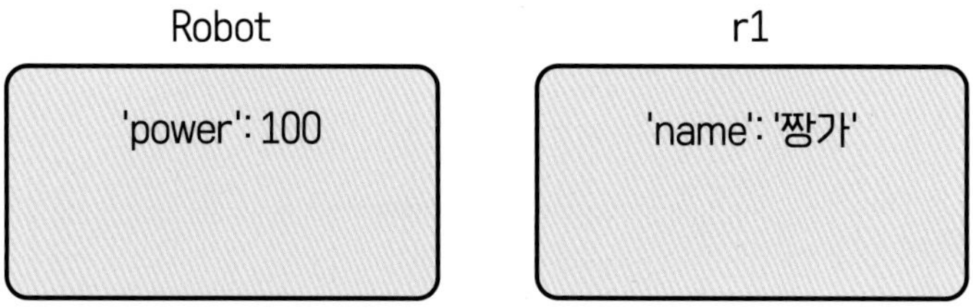

클래스 내부에 선언된 변수 power를 클래스변수라고 하며 self.name과 같이 self가 붙어 있는 변수를 인스턴스변수라고 한다. 클래스변수와 인스턴스변수는 서로 다른 네임스페이스에서 관리된다. 즉, 클래스변수는 Robot 클래스의 네임스페이스에 위치하며 self.name과 같은 인스턴스변수는 r1 인스턴스의 네임스페이스에 위치하게 된다.

클래스변수는 전역변수로 사용할 수 있다. 로봇을 몇 대 만들었는지 Robot 인스턴스가 만들어질 때마다 누적된 수를 저장할 변수가 필요하다. 이때 전역변수를 사용하면 된다. 여기서는 전역변수 robot_numbers를 사용하여 로봇이 생산된 개수를 저장하도록 할 것이다. r1, r2 객체를 생성할 때 자동으로 생성자를 통해 robot_numbers값이 1씩 증가하도록 했다.

코드 내역

robot_class17.py

```
class Robot:
  power = 100
  robot_numbers = 0

  def __init__(self, name):
        self.name = name
        Robot.robot_numbers +=1

r1 = Robot('짱가')
r2 = Robot('마징가')
print(Robot.robot_numbers)
```

실행 결과

```
2
```

네임스페이스를 그림으로 나타내면 다음과 같다.

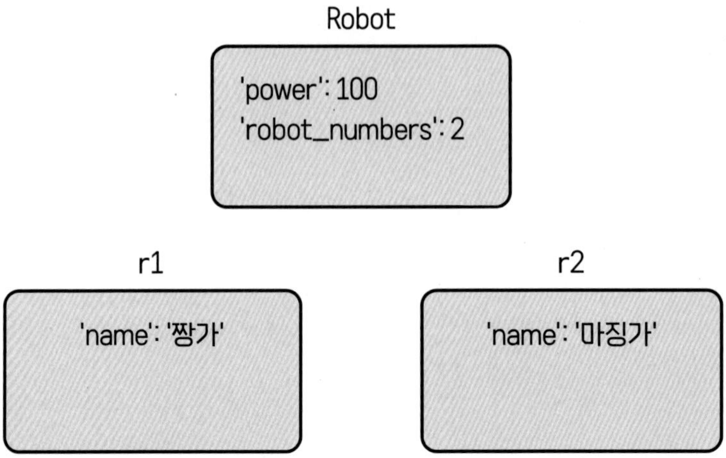

다음 코드를 추가하여 네임스페이스를 확인해 보도록 한다.

```
print(Robot.__dict__)
print(r1.__dict__)
print(r2.__dict__)
```

코드 내역

robot_class18.py

```
class Robot:
  power = 100
  robot_numbers = 0

  def __init__(self, name):
        self.name = name
        Robot.robot_numbers +=1

r1 = Robot('짱가')
r2 = Robot('마징가')
print(Robot.robot_numbers)

print(Robot.__dict__)
print(r1.__dict__)
print(r2.__dict__)
```

실행 결과

```
2
{'__module__': '__main__', 'power': 100, 'robot_numbers': 2, '__init__':
<function Robot.__init__ at 0x000002544E623670>, '__dict__': <attribute
'__dict__' of 'Robot' objects>, '__weakref__': <attribute '__weakref__' of
'Robot' objects>, '__doc__': None}
{'name': '짱가'}
{'name': '마징가'}
```

Chapter

06

모듈 (Module)

1. 모듈 만들기
2. 클래스와 함수가 들어간 모듈 만들기
3. turtle 모듈 활용하기

Chapter 06 모듈(Module)

모듈은 많이 사용하는 변수, 함수, 클래스들을 저장한 곳이다. 사용자는 파이썬 전문가들이 만들어 놓은 다양한 모듈들을 사용하여 쉽게 다양한 프로그램을 제작할 수 있다. 또한 우리가 직접 모듈을 만들고 사용할 수도 있다.

모듈 만들기

1 나의 모듈 만들기

다음과 같이 2개의 함수를 가진 간단한 모듈을 만들고 nameage.py로 저장한다.

코드 내역

```
def print_name():
    print("My name is Cho Sang Chul.")

def print_age():
    print("30")
```

2 import로 모듈 불러오기

import는 '가져오다, 수입하다'라는 의미를 가지고 있다. 새로운 파일을 열고 다음과 같은 코드를 넣는다.

코드 내역

```
import nameage
nameage.print_name()
nameage.print_age()
```

그다음 module_test.py 파일로 저장한다. import 명령어를 사용하여 nameage 모듈을 가져온다. 모듈에 있는 함수를 사용하기 위해서는 모듈명.함수명으로 함수에 접근하여 사용한다.

실행 결과

```
My name is Cho Sang Chul.
30
```

3 import ~ as 사용하기

nameage 모듈을 사용하는 데 as를 사용하여 별칭으로 사용할 수 있다. 여기서는 na로 지정하여 사용하겠다.

다음과 같이 2개의 함수를 가진 모듈을 만들고 nameage.py로 저장한다.

코드 내역

```
def print_name():
    print("My name is Cho Sang Chul.")

def print_age():
    print("30")
```

다음 코드를 입력하고 moduleTest2.py 파일로 저장한다.

코드 내역

```
import nameage as na

na.print_name()
na.print_age()
```

실행 결과는 module_test.py와 같다.

실행 결과

```
My name is Cho Sang Chul.
30
```

import a.b.c처럼 import할 때 가장 마지막에 온 c는 반드시 모듈 또는 패키지여야만 한다. 즉 c 자리에 함수가 오면 안 된다.

4 from ~ import ~ 사용하기

다음과 같이 2개의 함수를 가진 모듈을 만들고 nameage.py로 저장한다. from을 사용하여 디렉터리 및 모듈까지 가져오는 방법이다.

코드 내역

```
def print_name():
    print("My name is Cho Sang Chul.")

def print_age():
    print("30")
```

다음 코드를 입력하고 ModuleTest3.py 파일로 저장한다. from을 사용하여 nameage 모듈을 가져온다. *을 사용하면 모든 함수를 다 가져와서 사용하겠다는 의미이다. 특정 함수만 적게 되면 특정 함수만 사용할 수 있다. from을 사용하면 모듈명은 적지 않고 함수명을 직접 적을 수 있다.

코드 내역

```
from nameage import print_name #특정 함수만 사용하기
from nameage import * #nameage 모듈의 모든 함수 사용

print_name()
print_age()
```

실행 결과

```
My name is Cho Sang Chul.
30
```

5 time 모듈 사용하기

time 모듈을 사용하여 1부터 100까지 합을 구하는 데 걸리는 시간을 측정해 보자.

코드 내역 time_module.py

```
import time

sum =0
start_time = time.time()

for i in range(1,10001):
  sum = sum + i;
end_time = time.time()
gap = end_time - start_time
print('1에서 10까지의 합을 구하고 출력하는 시간 :{:7.4f}초'.format(gap))
print(sum)
```

실행 결과

```
1에서 10까지의 합을 구하고 출력하는 시간 :  0.0010초
50005000
```

클래스와 함수가 들어간 모듈 만들기

1 모듈 만들기

다음과 같이 클래스와 함수가 들어가도록 코딩하고 robot_module.py로 저장한다.

코드 내역 robot_module.py

```
class Robot:
    power=0
    name=""

    def incPower(self):
        self.power +=100

def print_name():
    print("My name is Cho Sang Chul.")

def print_age():
    print("30")
```

메인 파일을 다음과 같이 작성하고 main.py로 저장하고 실행해 보자.

코드 내역 main.py

```
import robot_module
robot_module.print_name()
robot_module.print_age()

r1 = robot_module.Robot()
r1.incPower()
r1.incPower()

print(r1.power)
```

실행 결과

```
My name is Cho Sang Chul.
30
200
```

2 import ~ as ~ 사용하기

import robot_module as robot을 사용해서 이전에 만든 코드를 변경해 보자. 모듈명 robot_module 대신에 robot을 사용한다는 의미이다.

코드 내역

```
import robot_module as robot
robot.print_name()
robot.print_age()

r1 = robot.Robot()
r1.incPower()
r1.incPower()

print(r1.power)
```

실행 결과

```
My name is Cho Sang Chul.
30
200
```

turtle 모듈 활용하기

turtle 모듈은 커서가 지나가는 자리에 그림을 그리도록 지원한다. 파이썬을 설치할 때 자동으로 설치되기 때문에 따로 설치할 필요가 없다.

1 turtle과 for 구문을 활용하여 원 그리기

코드 내역 turtle_ex1.py

```
import turtle as t

t.setheading(90)
for i in range(1, 11):
    t.circle(10*i)
```

```
t.color("red")

t.setheading(90)
for i in range(1, 11):
    t.circle(10*i+5)

t.done()
```

실행 결과

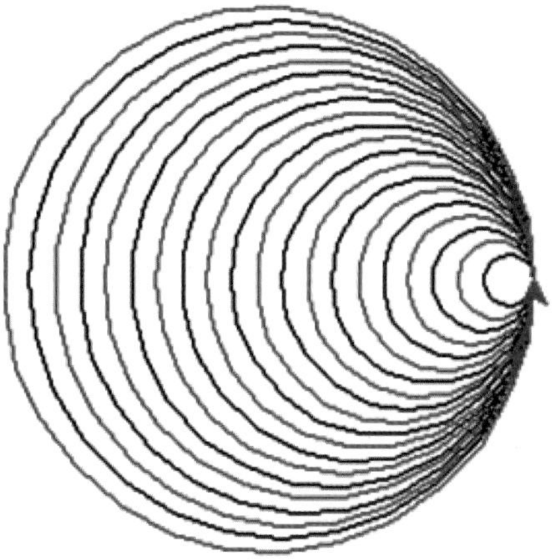

2 직선으로 예쁜 모양 코딩하기

코드 내역 turtle_ex2.py

```
import turtle as t

colors = ['red', 'yellow', 'blue', 'orange', 'green']
t.width(3)

for i in range(30):
    t.color(colors[i % 5])
    t.forward(i*10)
    t.left(60)
t.done()
```

실행 결과

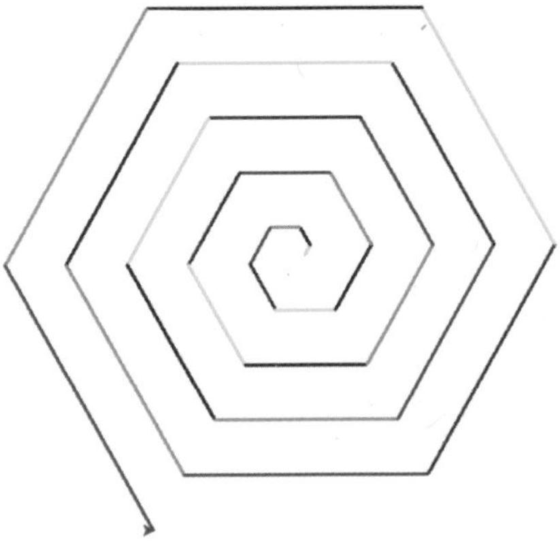

3 그림판 만들기

turtle 모듈이 가지고 있는 함수들을 사용하여 그림판을 코딩해 보자. 키보드 상하좌우 키를 눌러서 커서를 움직이면 그림이 그려지는 코드이다. Q 키를 누르면 penup() 함수를 통해 그림이 그려지지 않도록 했다. 다시 그림을 그릴 때는 A 키를 누르면 pendown() 함수가 실행되어 그림이 그려진다.

코드 내역

turtle_ex3.py

```
import turtle as t
t.shape("turtle")

def mforward():
 t.forward(10)

def mback():
 t.back(10)

def mleft():
 t.left(5)

def mright():
 t.right(5)
```

```
def mpenup():
 t.penup()

def mpendown():
 t.pendown()

def colorBlue():
  t.pencolor("blue")
def colorYellow():
  t.pencolor("yellow")
def colorRed():
  t.pencolor("red")
t.onkeypress(colorBlue, "1")
t.onkeypress(colorYellow, "2")
t.onkeypress(colorRed, "3")

t.onkeypress(mforward , "Up")
t.onkeypress(mback , "Down")
t.onkeypress(mleft , "Left")
t.onkeypress(mright , "Right")
t.onkeypress(mpenup, "q")
t.onkeypress(mpendown, "a")

t.listen()
t.done()
```

실행 결과

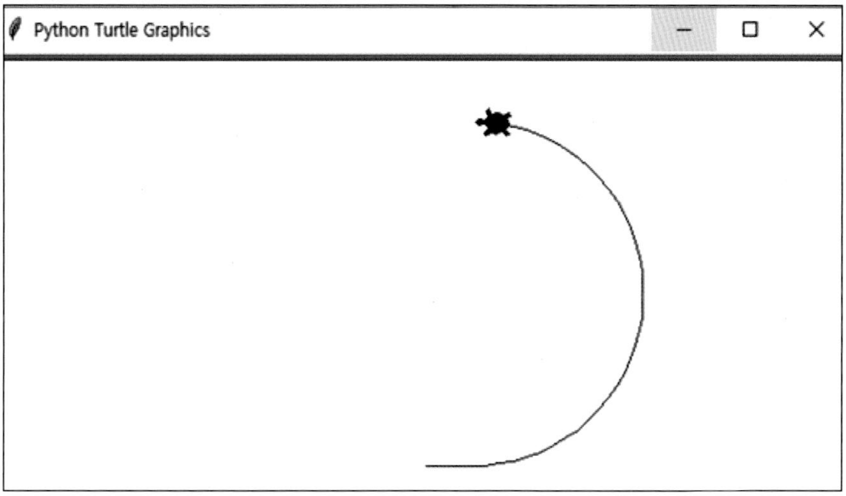

4 turtle 선 크기 조절

turtle 모듈의 pensize() 함수를 사용하여 펜의 크기를 조절할 수 있도록 해 보자.

코드 내역

turtle_ex4.py

```
import turtle as t
t.shape("turtle")
global ps
ps=3

t.pencolor("#F361DC")

def mforward():
 t.forward(10)

def mback():
 t.back(10)

def mleft():
 t.left(5)

def mright():
 t.right(5)

def mpenup():
 t.penup()

def mpendown():
 t.pendown()

def incPen():
 global ps
 ps+=1
 t.pensize(ps)

def decPen():
 global ps
 ps -=1
 if(ps<1):
   ps=0
```

```
    t.pensize(ps)




t.onkeypress(mforward , "Up")
t.onkeypress(mback , "Down")
t.onkeypress(mleft , "Left")
t.onkeypress(mright , "Right")
t.onkeypress(mpenup, "q")
t.onkeypress(mpendown, "a")
t.onkeypress(incPen, "+")
t.onkeypress(decPen, "-")

t.listen()
t.done()
```

실행 결과

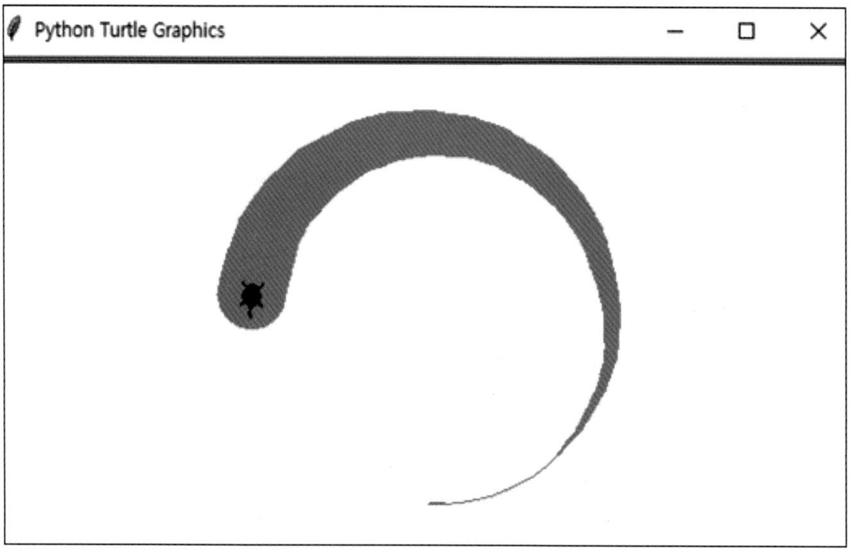

Chapter

07

Tkinter

1. Tkinter 기본 익히기
2. 그림판 만들기
3. 컬러 사진을 흑백 사진으로 만들기
4. 전자 앨범 만들기

Chapter 07

Tkinter

Tkinter는 파이썬의 표준 GUI(Graphical User Interface) 툴킷을 제공한다. tkinter 모듈은 파이썬을 설치할 때 자동으로 설치가 되므로 추가로 설치할 필요가 없다. tkinter 모듈을 사용하면 Button, Image, Label 같은 사용자 인터페이스를 쉽게 만들 수 있다.

Tkinter 기본 익히기

1 윈도우 창 띄우기

from ~ import를 사용하여 tkinter 모듈을 가져온다. Tk() 클래스의 윈도우 객체를 만든다.

코드 내역

```
from tkinter import *
window = Tk()
```

실행 결과

2 윈도우 창 제목, 크기 조절하기

tkinter 모듈의 title() 함수를 사용하여 윈도우 창의 이름을 정하고 geometry() 함수를 사용하여 윈도우 창의 크기를 설정할 수 있다. mainloop() 함수는 이벤트(키보드 및 마우스를 사용하는 것)가 발생하는 것을 기다리는 함수이다.

코드 내역

```
from tkinter import *
window = Tk()

window.title("나의 첫 윈도우 창")
window.geometry("300x300")

window.mainloop()
```

실행 결과

3 위젯(widget)

위젯(widget)은 '부품' 또는 '작은 장치'를 의미한다. 위젯의 종류에는 Button, Image, Label, RadioButton, Canvas 등이 있다. 버튼은 파이썬의 대표적인 위젯이다. pack() 함수를 사용하지 않으면 화면에 위젯이 보이지 않는다. pack() 메소드는 위젯을 상위 컨테이너에 부착하는 역할을 한다.

위젯	기능
Button	텍스트나 이미지를 포함하는 위젯으로, 눌렀을 때 액션을 수행한다.
Canvas	선, 원, 직사각형 등 그림 등을 표시할 수 있는 영역
Entry	사용자가 글을 입력할 수 있는 영역
Scrollbar	다른 위젯의 가시 영역을 조절
Frame	다른 위젯들을 담는 컨테이너(container) 역할
Label	텍스트나 이미지를 담는 역할

4 버튼 위젯 활용하기

Button 클래스를 사용하여 btn1, btn2 버튼 객체를 생성한다. command에는 이 버튼이 클릭될 경우 실행될 함수 이름을 적어 준다. config() 함수를 사용하여 버튼의 전경색과 배경색을 설정할 수 있다.

코드 내역 btn_widget.py

```
from tkinter import *
from tkinter import messagebox

def mFunc1():
    messagebox.showinfo("버튼1", "안녕하세요!")

def mFunc2():
    messagebox.showinfo("버튼2", "조상철입니다.!")

window = Tk()
window.title("나의 첫 윈도우 창")

btn1=Button(window, text="버튼1", command = mFunc1, font=("",20))
btn1.config(foreground = 'white', background = 'blue')

btn2=Button(window, text="버튼2", command = mFunc2, font=("",20))
btn2.config(foreground = 'white', background = 'blue')

btn1.pack()
btn2.pack()

window.mainloop()
```

실행 결과

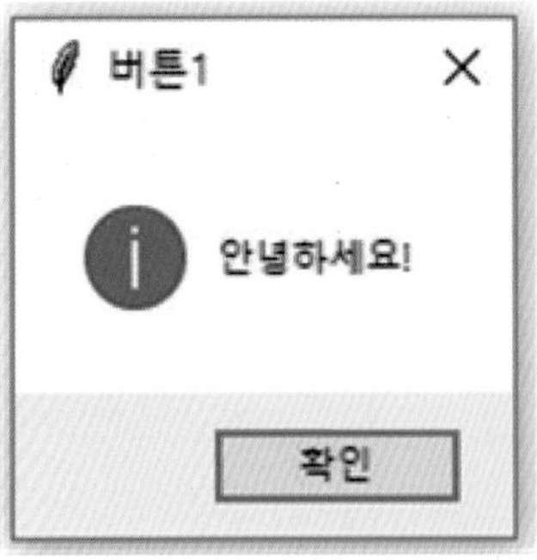

pack() 함수의 인자로 side값에 LEFT를 넣으면 위젯을 왼쪽으로 정렬할 수 있다.

코드 내역

```
btn1.pack(side=LEFT)
btn2.pack(side=LEFT)
```

실행 결과

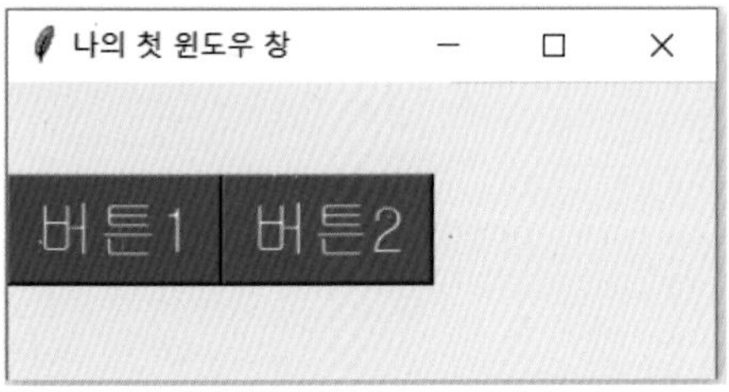

격자로 위젯을 배치하기 위해서는 grid()를 사용한다. 이때는 pack() 함수를 사용하지 않는다.

코드 내역

```
btn1.grid(row=0,column=0)
btn2.grid(row=1,column=0)
```

실행 결과

코드 내역

```
btn1.grid(row=0,column=0)
btn2.grid(row=0,column=1)
```

실행 결과

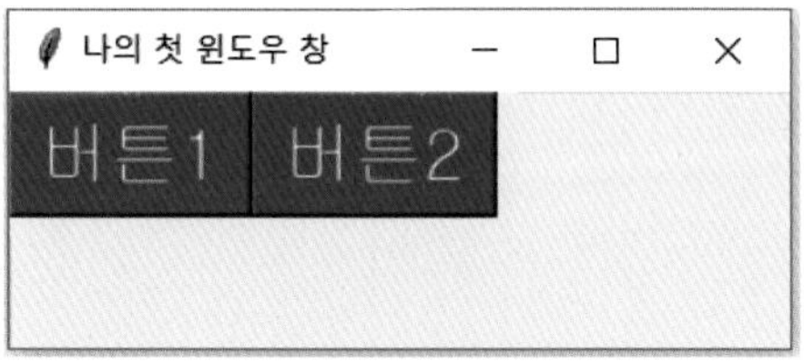

5 계산기 프로그램 만들기

Entry() 클래스를 사용하여 사용자로부터 숫자를 입력받는 위젯을 만든다. 그리고 '+' 버튼을 클릭하면 mFunc1() 함수를 호출하고 '-' 버튼을 클릭하면 mFunc2() 함수를 호출하도록 한다. Entry() 클래스의 delete(0, END) 함수 안에 첫 번째 인자로는 0을, 두 번째 인자로는 END를 지정하면 처음부터 마지막 글자를 모두 지워 준다. Entry() 클래스의 insert() 함수는 엔트리에 텍스트를 삽입하고 get() 함수를 사용하여 엔트리에 입력된 값을 가져올 수 있다.

코드 내역 basic_calc.py

```
from tkinter import *
from tkinter import messagebox

def mFunc1():
    entry3.delete(0, END)

    input1 = float(entry1.get())
    input2 = float(entry2.get())

    entry3.insert(0, input1+input2)
    messagebox.showinfo("버튼1", "덧셈입니다.")

def mFunc2():
    entry3.delete(0, END)

    input1 = float(entry1.get())
    input2 = float(entry2.get())
```

```
 entry3.insert(0, input1-input2)
    messagebox.showinfo("버튼2", "뺄셈입니다.")

window = Tk()
window.title("간단한 계산기")
window.geometry("300x300")

btn1=Button(window, text="  +  ", command = mFunc1)
btn2=Button(window, text="  -  ", command = mFunc2)

entry1=Entry(window)
entry2=Entry(window)
entry3=Entry(window)

entry1.grid(row=0, column=0)
entry2.grid(row=0, column=1)
btn1.grid(row=1,column=0)
btn2.grid(row=1,column=1)
entry3.grid(row=2, column=0)
```

실행 결과

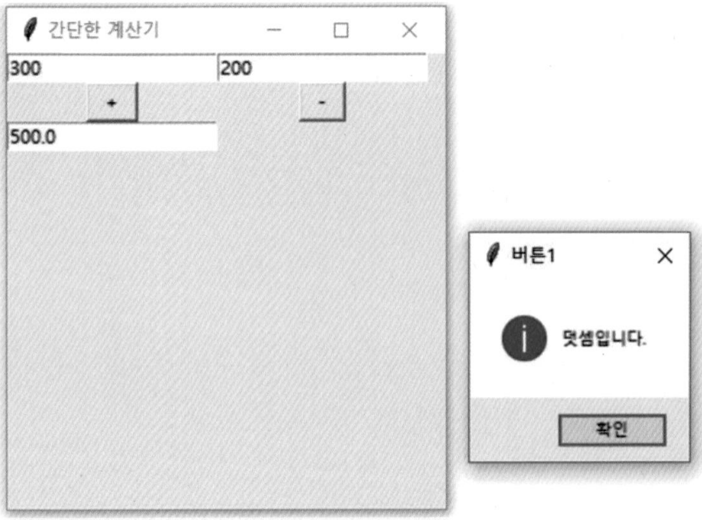

6 Button 클래스객체

Button 클래스객체를 생성할 때 인자로 버튼의 크기를 조절하기 위해서는 width값을 사용하면 된다. font값으로는 글씨체, 글자 크기, 글자 양식을 설정할 수 있다. basic_calc.py 파일에서 Button 클래스 객체 부분만 수정한 후 실행을 해 보도록 하자.

코드 내역

```
btn1=Button(window, text="+", command = mFunc1, width=5,₩
      font=('굴림체','20','bold'))
btn2=Button(window, text="  -  ", command = mFunc2, width=5,₩
      font=('굴림체','20','bold'))
```

실행 결과

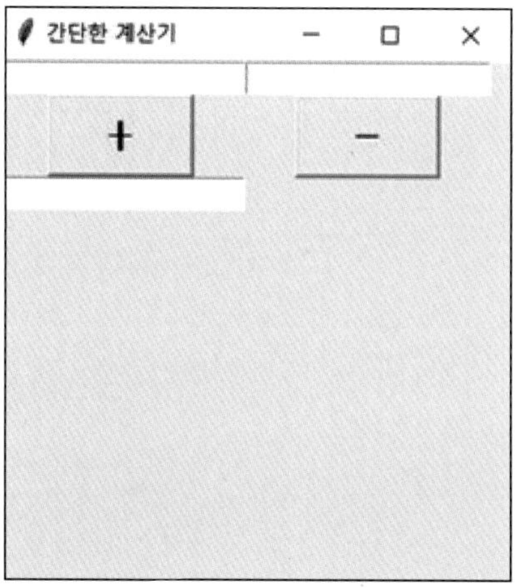

Button 클래스객체를 생성할 때 인자로 fg(전경색 글자색)와 bg(배경색)를 넣어 줄 수 있다. 이럴 경우에는 config() 함수를 따로 사용하지 않아도 된다.

코드 내역

```
btn1=Button(window, text="+", fg="blue", bg="yellow",command =₩
      mFunc1, width=5, font=("굴림체","20","bold"))
btn2=Button(window, text=" - ", fg="blue", bg="yellow", command =₩
      mFunc2, width=5, font=("굴림체","20","bold"))
```

실행 결과

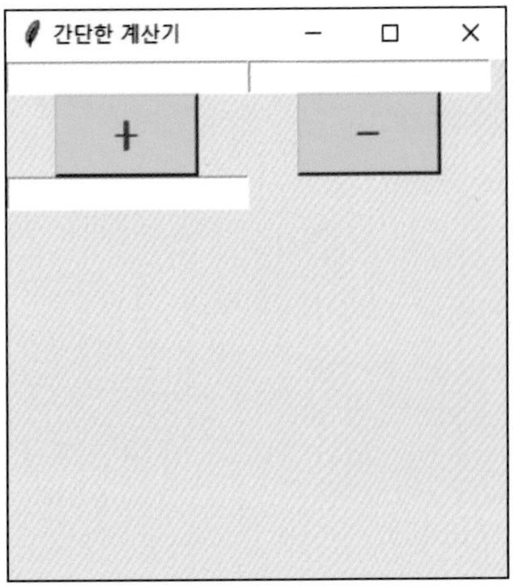

7 Frame

Frame은 위젯을 담을 수 있는 그릇이다. 속성 relief는 선 모양, bd는 경계선의 두께를 의미한다. 본 예제에서는 1개의 Frame 객체를 만들고 이 객체에 3개의 버튼 위젯을 담도록 한다.

코드 내역

```
from tkinter import *

window = Tk()
window.title("서버프로그램")
window.geometry("200x200")
window.resizable(1,1)

mFrame = Frame(window, relief="solid", bd=2)
mFrame.pack(fill = "both",expand = True)

btn1 = Button(mFrame, text="국어").pack()
btn2 = Button(mFrame, text="수학").pack()
btn3 = Button(mFrame, text="영어").pack()
window.mainloop()
```

실행 결과

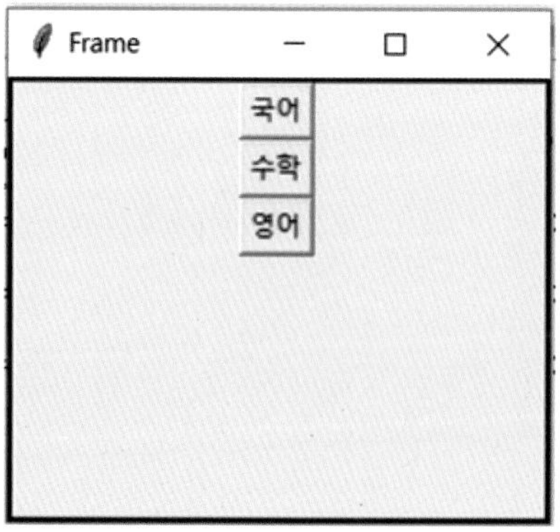

8 이벤트 바인딩

mainloop() 함수는 이벤트를 기다리는 함수이다. 이벤트는 사용자가 마우스와 키보드를 누를 때 발생한다. 마우스 이벤트 코드는 다음과 같다.

이벤트	설명
<Button>	버튼을 클릭할 경우
<ButtonRelease>	버튼 클릭 후 뗄 경우
<Double-Button>	더블 클릭
<B1-Motion>	드래그
<Enter>	위젯 위로 들어올 때
<Leave>	위젯을 떠날 때

Tkinter 위젯은 command의 클릭 속성 같은 기본적인 이벤트 핸들링 외에도 다양한 이벤트를 처리할 수 있도록 지원한다. "묶다"라는 뜻을 가지고 있는 bind는 위젯에 이벤트가 발생하면 이벤트와 이벤트를 실행할 이벤트 핸들러를 연결한다. bind() 함수는 위젯이 기본적으로 가지고 있는 함수이다. handler에는 이벤트가 발생할 때 처리할 함수명을 적어 준다.

```
위젯 객체.bind(event, handler)
```

이벤트를 처리하는 함수는 다음과 같이 만든다. 매개변수로 event를 반드시 적어 주어야 한다.

```
def 이벤트 처리 함수(event):
    ...
```

버튼을 하나 만들고 마우스 포인터가 버튼 위에 올라갈 경우 버튼 텍스트가 "마우스 포인터가 올라와 있어요."로 변경되도록 하자. 또한 마우스 포인터가 버튼에서 벗어나면 버튼 텍스트가 "마우스 포인터가 나갔어요."로 변경되는 프로그램을 만들어 보자. 버튼 객체를 만들고 바인딩을 처리한 후에 버튼 객체를 pack()해야 함에 유의한다.

코드 내역 mouse_pointer.py

```
from tkinter import *
from tkinter import messagebox

def mouseEnter(event):
    btn1.config(text="마우스 포인터가 올라와 있어요.")

def mouseLeave(event):
    btn1.config(text="마우스 포인터가 나갔어요.")

window = Tk()
window.geometry("300x300")

btn1 = Button(window, text="버튼")
btn1.bind("<Enter>", mouseEnter)
btn1.bind("<Leave> ", mouseLeave)

btn1.pack()
window.mainloop()
```

실행 결과

커서가 버튼 밖에 있는 경우

커서가 버튼 안에 있는 경우

9 place() 함수

place() 함수를 활용하면 위젯을 원하는 곳에 배치할 수 있다. place() 함수 인자로 배치할 위젯의 x좌표, y좌표 값을 넣어 주면 된다.

코드 내역 place_test.py

```
from tkinter import *

def place_button():
    btn1 = Button(win, text="버튼1")
    btn2 = Button(win, text="버튼2")
    btn3 = Button(win, text="버튼3")
    btn4 = Button(win, text="버튼4")
    btn5 = Button(win, text="버튼5")

    btn1.place(x=0, y=0)
    btn2.place(x=40, y=0)
    btn3.place(x=80, y=0)
    btn4.place(x=120, y=0)
    btn5.place(x=160, y=0)

win = Tk()
win.geometry("200x100")
place_button()

win.mainloop()
```

실행 결과

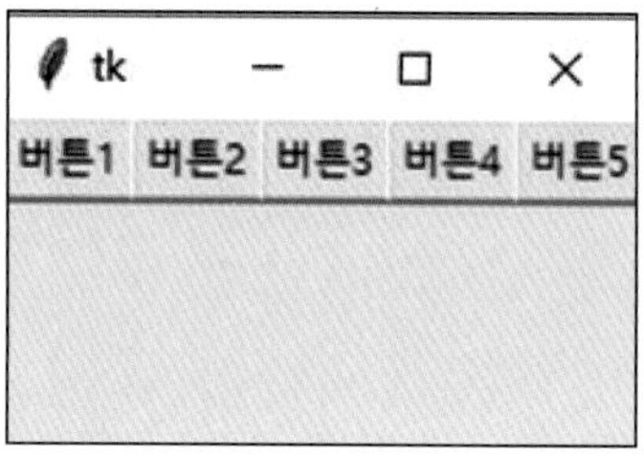

그림판 만들기

그림판은 이미지를 그리거나 색칠을 하는 등 간단한 작업을 할 수 있는 그래픽 소프트웨어이다. MS windows의 기본 프로그램이며 대부분의 사람들이 한 번쯤 사용해 보았을 것이다. 그림을 그리기 위해서는 tkinter에 포함되어 있는 캔버스라는 위젯을 먼저 만들어야 한다.

1 간단한 그림판 만들기

빨간색, 파란색, 노란색 버튼을 각각 만들고 해당 버튼을 클릭하면 붓의 색이 변경되도록 한다. 마우스를 드래그하면 그림이 그려지는 프로그램을 만들어 보자.

코드 내역 mybasicpainter.py

```
from tkinter import *

mColor = "red"
def draw(event):
      x1, y1 = event.x, event.y
      x1 = event.x-1
      y1 = event.y-1
      x2 = event.x+1
      y2 = event.y+1

      global mColor
      canvas.create_oval( x1, y1, x2, y2, fill=mColor,₩
      outline=mColor)

def red():
     global mColor
     mColor="red"

def blue():
    global mColor
    mColor="blue"

def yellow():
    global mColor
    mColor="yellow"

window = Tk()
canvas = Canvas(window)
canvas.pack(side=BOTTOM)
```

```
canvas.bind("<B1-Motion>", draw)

#LEFT, RIGHT를 사용하여 버튼을 수평으로 배치할 수 있다.
#TOP, BOTTOM을 사용하여 버튼을 수직으로 배치할 수 있다.

button = Button(window, text="red", bg="red", command=red)
button.pack(side=LEFT)
button = Button(window, text="blue", bg="blue", command=blue)
button.pack(side=LEFT)
button = Button(window, text="yellow", bg="yellow", command=yellow)
button.pack(side=LEFT)

window.mainloop()
```

실행 결과

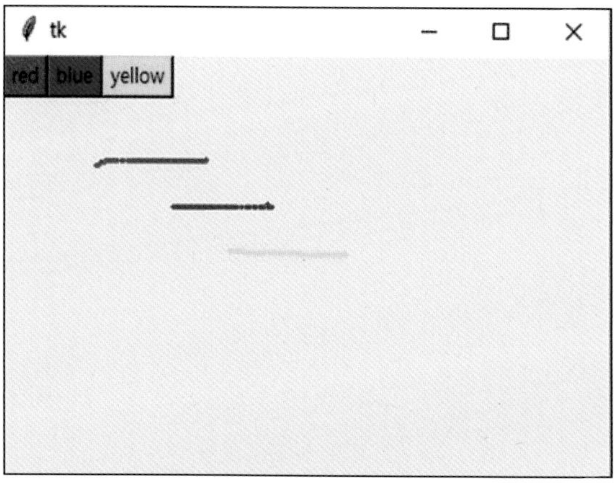

2 색상표 활용하기

Button 클래스 객체를 생성할 때 인자인 command값에 colorChoice를 적으면 버튼을 클릭할 경우 색을 선택할 수 있는 색상표가 나오게 할 수 있다.

코드 내역 mypainter_colorchoice.py

```
from tkinter import *
from tkinter.colorchooser import *

    mColor = "red"
```

```
def draw(event):
     x1, y1 = event.x, event.y
     x1 = event.x-1
     y1 = event.y-1
     x2 = event.x+1
     y2 = event.y+1

     global mColor
     canvas.create_oval( x1, y1, x2, y2, fill=mColor[1],outline=mColor[1])

def colorChoice():
    global mColor
    mColor = askcolor()

window = Tk()
canvas = Canvas(window)
canvas.pack(side=BOTTOM)
canvas.bind("<B1-Motion>", draw)


colorB = Button(window, text="색선택", command=colorChoice)
colorB.pack(side=RIGHT, anchor=N)

window.mainloop()
```

실행 결과

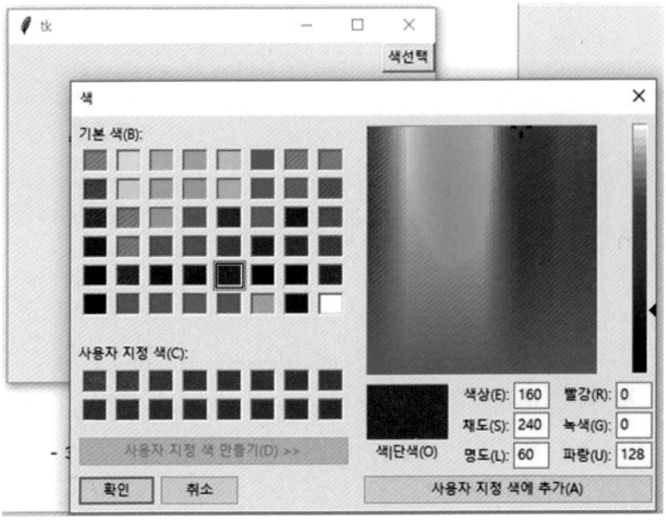

3 마우스 휠을 사용하여 펜 두께 조절하기

bind() 함수를 사용하여 이벤트를 설정할 수 있다. 마우스 휠을 올리면 펜의 두께가 두꺼워지고 내리면 펜의 두께가 얇아지도록 만들어 보자.

코드 내역 mypainter_mouse_wheel.py

```
from tkinter import *
from tkinter.colorchooser import *

mColor = "red"
width=1

def draw(event):
     x1, y1 = event.x, event.y
     x1 = event.x-1
     y1 = event.y-1
     x2 = event.x+1
     y2 = event.y+1

     global mColor
     global width
     canvas.create_oval( x1, y1, x2, y2, fill=mColor[1], outline=mColor[1],₩
            width=width)

def colorChoice():
    global mColor
    mColor = askcolor()

def setWidth(event):
    global width

    if event.delta == 120:
       width += 1
    if event.delta == -120:
       width -= 1


window = Tk()
canvas = Canvas(window)
```

```
canvas.pack(side=BOTTOM)
canvas.bind("<B1-Motion>", draw)
canvas.bind("<MouseWheel>", setWidth)

#LEFT, RIGHT를 사용하여 버튼을 수평으로 배치할 수 있다.
#TOP, BOTTOM을 사용하여 버튼을 수직으로 배치할 수 있다.


colorB = Button(window, text="색선택", command=colorChoice)
colorB.pack(side=RIGHT, anchor=N)

window.mainloop()
```

실행 결과

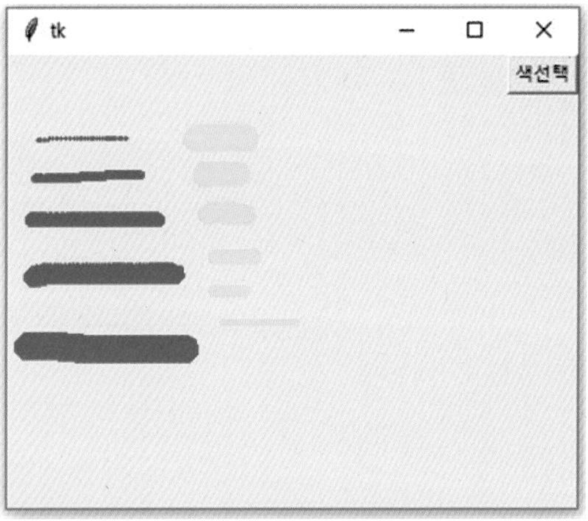

4 지우개 버튼 추가하기

그림판에 지우개 버튼을 추가해 보자. 다음과 같이 지우개 버튼을 클릭할 경우 실행되는 함수를 만든다. canvas의 delete() 함수를 사용하여 캔버스에 그려진 모든 그림을 한 번에 지울 수 있다.

```
def erase(self):
    canvas.delete("all")
```

```
from tkinter import *
from tkinter.colorchooser import *

mColor = "red"
width=1

def draw(event):
     x1, y1 = event.x, event.y
     x1 = event.x-1
     y1 = event.y-1
     x2 = event.x+1
     y2 = event.y+1

     global mColor
     global width
     canvas.create_oval( x1, y1, x2, y2, fill=mColor[1], outline=mColor[1],₩
            width=width)

def colorChoice():
    global mColor
    mColor = askcolor()

def setWidth(event):
    global width

    if event.delta == 120:
       width += 1
    if event.delta == -120:
       width -= 1
def erase(self):
    canvas.delete("all")

window = Tk()
canvas = Canvas(window)
canvas.pack(side=BOTTOM)
canvas.bind("<B1-Motion>", draw)
canvas.bind("<MouseWheel>", setWidth)
```

```
eraserB = Button(window, text="지우기", command=erase)
eraserB.pack(side=RIGHT)

colorB = Button(window, text="색선택", command=colorChoice)
colorB.pack(side=RIGHT, anchor=N)
```

실행 결과

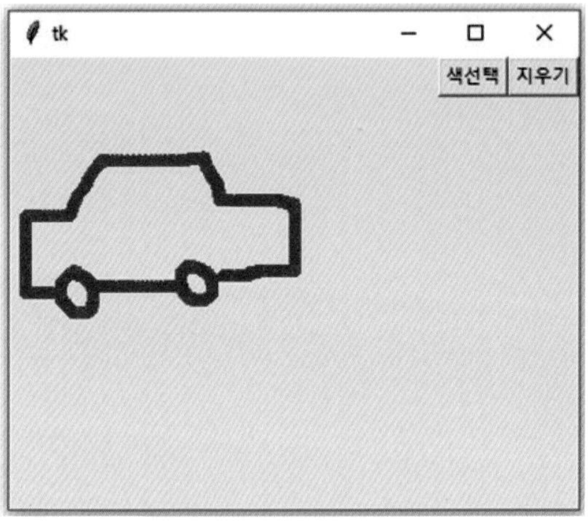

컬러 사진을 흑백 사진으로 만들기

1 이미지 가져오기

파이썬의 이미지 처리를 위해서는 pillow 모듈이 필요하다. 일단 pillow 모듈을 설치하도록 한다. cmd 창에서 pip install 명령어를 사용하여 pillow 모듈을 설치한다.

```
pip install pillow
```

모듈을 설치할 때는 pillow이지만 프로그램 내에서 import할 때는 PIL을 사용한다는 점에 유의하자. 이미지 객체를 생성하기 위해서는 Image.open() 함수를 사용한다. 생성된 이미지 객체를 화면에 보여 주기 위해서는 matplotlib.pylab 모듈의 imshow() 함수를 사용한다.

코드 내역

```
from PIL import Image
import matplotlib.pylab as plt

photo = Image.open('./photo/photo1.png')
plt.imshow(photo)
plt.show()
```

실행 결과

2 회색(흑백 사진) RGB

표에서 보는 것처럼 회색 계열의 특징은 R, G, B의 값이 동일하다는 점이다. 검정색은 RGB값이 (0, 0, 0)이고 흰색은 RGB값이 (255, 255, 255)이다.

(0, 0, 0) (25, 25, 25) (93, 93, 93) (189, 189, 189) (255, 255, 255)

컬러 사진을 흑백으로 변경하기 위해서는 컬러 사진 속 색의 RGB를 getpixel() 함수를 사용하여 가지고 와서 총합을 구한 후 3으로 나눈 값을 putpixel() 함수를 사용하여 RGB에 각각 넣어 주면 된다.

코드 내역

gray_convert.py

```
from PIL import Image
import matplotlib.pylab as plt

photo = Image.open('./photo/photo1.png')
plt.imshow(photo)
plt.show()

print(photo.size)
print(photo.size[0]) #가로 사이즈
print(photo.size[1]) #세로 사이즈

for i in range(0, photo.size[0]):
    for j in range(0, photo.size[1]):
        rgb = photo.getpixel((i,j))
        rgb_a = round((rgb[0]+rgb[1]+rgb[2])/3) #평균값 정수 만들기
        photo.putpixel((i,j),(rgb_a,rgb_a,rgb_a))

plt.imshow(photo)
plt.show()
```

실행 결과

컬러 사진

흑백 사진

전자 앨범 만들기

버튼을 사용하여 다른 사진을 보여 주고 사진의 확대와 축소가 가능한 전자 앨범을 제작해 보자.

1 화면 구성하기

아래 그림처럼 4개의 버튼과 이미지를 출력한 1개의 Label로 구성했다.

코드 내역

```
w = Tk()
w.geometry("800x600")
w.title("My Album")

btnPrev = Button(w, text="이전", command=btnPrev_func)
btnNext = Button(w, text="다음", command=btnNext_func)
btnDec = Button(w, text="축소", command=reduction_func)
btnInc = Button(w, text="확대", command=enlargement_func)

photo = PhotoImage(file="./photo/"+photo_list[0])
pLabel = Label(w, image=photo)

btnPrev.place(x=50, y=10)
btnNext.place(x=150, y=10)
```

```
btnDec.place(x=450, y=10)
btnInc.place(x=550, y=10)

pLabel.place(x=15, y=50)
plt.show()
```

2 [이전], [다음] 버튼 함수 만들기

본 예제에서는 6장의 사진을 사용했다. 6개의 사진을 준비하여 소스가 저장되는 디렉터리의 하위에 photo 디렉터리를 만들고 그 안에 넣어 둔다.

photo_index = 0

photo_index = 1

photo_index = 2

photo_index = 3

photo_index = 4

photo_index = 5

[다음] 버튼을 클릭하면 photo_index값이 1씩 증가하고 [이전] 버튼을 클릭하면 photo_index값이 1씩 감소한다. 만약 [다음] 버튼을 클릭하다가 photo_index값이 6이 될 경우 사진이 없기 때문에 값이 5를 넘을 경우 photo_index값을 다시 0으로 해 주어 처음 사진이 나오도록 해야 한다.

[다음] 버튼을 클릭할 때 처리되는 함수를 다음과 같이 코딩해 준다. PhotoImage( )에 이미지가 있는 경로를 매개변수로 넣어 준다. 여기서는 파일이 있는 경로와 photo_index값에 해당하는 이미지를 입력하여 원하는 이미지를 가져오고 configure( ) 함수를 사용하여 위젯의 이미지를 변경한다. 그리고 나서 Label 옵션인 image를 사용하여 화면에 실제적으로 나타나도록 한다.

코드 내역

```
def btnNext_func():
    global photo_index
    photo_index += 1
    if photo_index > 5:
        photo_index = 0

    photo = PhotoImage(file="./photo/"+photo_list[photo_index])
    pLabel.configure(image=photo)
    pLabel.image = photo
```

[이전] 버튼을 클릭하면 실행되는 함수는 다음과 같이 코딩한다.

코드 내역

```
def btnPrev_func():
    global photo_index
    photo_index -= 1
    if photo_index < 0:
        photo_index = 5

    photo = PhotoImage(file="./photo/"+photo_list[photo_index])
    pLabel.configure(image=photo)
    pLabel.image = photo
```

3 [축소], [확대] 버튼 함수 만들기

askinteger( ) 함수를 사용하여 창을 띄우고 정수를 입력받을 수 있다. 이를 통해 몇 배로 사진을 축소하거나 확대할 수 있다.

```
askinteger("제목","내용",옵션)
```

옵션에서 minvalue는 최솟값이고, maxvalue는 최댓값이다. subsample() 함수 인자에 축소할 배수의 숫자를 넣으면 그만큼 사진을 축소할 수 있다. 축소한 사진을 Label 객체에 넣으면 축소된 그림이 화면에 표시된다.

[축소] 버튼을 클릭하면 실행될 함수를 다음과 같이 코딩한다.

코드 내역

```
def reduction_func():
    value = askinteger("축소", "2~6", minvalue = 2, maxvalue = 6)

    photo = PhotoImage(file="./photo/"+photo_list[photo_index])

    photo = photo.subsample(value,value)
    pLabel.configure(image=photo)
    pLabel.image = photo
```

[확대] 버튼을 클릭하면 실행될 함수를 다음과 같이 코딩한다. zoom() 함수 인자에 확대할 배수의 숫자를 넣으면 그만큼 사진을 확대할 수 있다. 확대한 사진을 Label 객체에 넣으면 확대된 그림이 화면에 표시된다.

코드 내역

```
def enlargement_func():
    value = askinteger("확대", "2~5", minvalue = 2, maxvalue = 5)

    photo = PhotoImage(file="./photo/"+photo_list[photo_index])

    photo = photo.zoom(value,value)
    pLabel.configure(image=photo)
    pLabel.image = photo
```

4 전자 앨범 전체 코드

코드 내역

myAlbum.py

```
from tkinter import *
from time import *
from tkinter.simpledialog import *
from PIL import Image

photo_list = ["photo1.png", "photo2.png", "photo3.png",
         "photo4.png", "photo5.png", "photo6.png"]

photo_index=0

def btnNext_func():
    global photo_index
    photo_index += 1
    if photo_index > 5:
        photo_index = 0

    photo = PhotoImage(file="./photo/"+photo_list[photo_index])
    pLabel.configure(image=photo)
    pLabel.image = photo

def btnPrev_func():
    global photo_index
    photo_index -= 1
    if photo_index < 0:
        photo_index = 5

    photo = PhotoImage(file="./photo/"+photo_list[photo_index])
    pLabel.configure(image=photo)
    pLabel.image = photo

def reduction_func():
    value = askinteger("축소", "2~6", minvalue = 2, maxvalue = 6)

    photo = PhotoImage(file="./photo/"+photo_list[photo_index])

    photo = photo.subsample(value,value)
    pLabel.configure(image=photo)
    pLabel.image = photo
```

```
def enlargement_func():
    value = askinteger("확대", "2~5", minvalue = 2, maxvalue = 5)

    photo = PhotoImage(file="./photo/"+photo_list[photo_index])

    photo = photo.zoom(value,value)
    pLabel.configure(image=photo)
    pLabel.image = photo

w = Tk()
w.geometry("800x600")
w.title("My Album")

btnPrev = Button(w, text="이전", command=btnPrev_func)
btnNext = Button(w, text="다음", command=btnNext_func)
btnDec = Button(w, text="축소", command=reduction_func)
btnInc = Button(w, text="확대", command=enlargement_func)

photo = PhotoImage(file="./photo/"+photo_list[0])
pLabel = Label(w, image=photo)

btnPrev.place(x=50, y=10)
btnNext.place(x=150, y=10)
btnDec.place(x=450, y=10)
btnInc.place(x=550, y=10)
pLabel.place(x=15, y=50)

w.mainloop()
```

실행 결과

Chapter

08

pygame으로 게임 만들기1

슈팅 게임 만들기

1 게임 창 띄우기
2 우주선 움직이기
3 미사일 발사 처리하기
4 적군 우주선 만들기
5 플레이어 우주선과 적군 우주선 충돌 처리하기
6 미사일과 적군 충돌 처리하기
7 점수 표시하기
8 Sound 처리하기
9 애니메이션
10 폭발 애니메이션 처리하기
11 플레이어 우주선 에너지 감소 처리하기
12 전체 코드

Chapter 08

pygame으로 게임 만들기1 - 슈팅 게임 만들기

pygame은 게임을 만들기 위해 설계된 파이썬 모듈들의 집합이다. pygame은 사용자가 쉽게 게임과 멀티미디어 프로그램을 파이썬 언어로 만들 수 있도록 돕는다.
pygame을 사용하기 위해서 cmd 창에 pip install 명령어를 사용하여 pygame을 먼저 설치하도록 한다.

```
pip install pygame
```

게임 창 띄우기

```
pygame.display
```

display는 디스플레이 창과 화면을 제어하는 pygame 모듈이다.

```
pygame.display.set_mode(size)
```

set_mode() 함수는 표시할 창 또는 화면을 초기화한다. 인수 size는 튜플 형태로 화면의 가로와 세로 크기를 입력한다.

```
pygame.display.set_caption("슈팅 게임")
```

set_caption( ) 함수는 현재 창의 제목을 설정한다.

가로 600픽셀, 세로 800픽셀 크기의 창을 만들어 보자.

코드 내역

```
import pygame
import sys

from pygame.locals import *
```

```
pygame.init()      #파이게임 시작

display_width = 600
display_height = 800
DISPLAY = pygame.display.set_mode((display_width, display_height))
pygame.display.set_caption("슈팅 게임")
```

실행 결과

우주선 움직이기

키보드 왼쪽 방향키와 오른쪽 방향키를 누르고 있으면 우주선이 움직이도록 만들어 보자. pygame.event.get() 함수를 통해 키보드나 마우스 같은 이벤트를 감지한다. 감지된 이벤트 타입은 event.type에 저장된다. event.type이 키보드로부터 키가 눌린 경우에는 event.key를 통해 어떤 키가 눌렸는지를 확인할 수 있다. 만약 왼쪽 방향키가 눌릴 경우 우주선의 좌표를 왼쪽으로, 오른쪽 방향키가 눌릴 경우 우주선의 좌표를 오른쪽으로 가도록 설정해 준다.

```
if event.type == KEYDOWN:
            if event.key == K_LEFT:
                x -= player_speed
            if event.key == K_RIGHT:
                x += player_speed
```

다음과 같은 우주선 이미지를 ./images 폴더에 준비해 둔다.

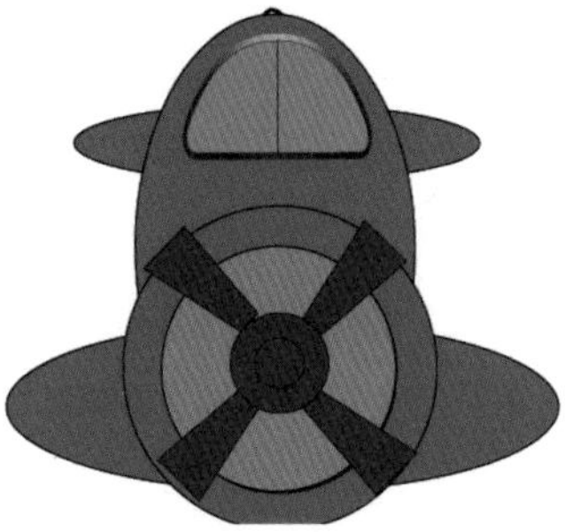

player.png

저장된 우주선 이미지를 사용하기 위해서는 pygame.image.load( ) 함수를 사용하여 이미지 객체를 만들어 주어야 한다.

blit() 함수를 사용하여 이미지를 창에 표시한다. 첫 번째 인자는 표시할 이미지, 두 번째 인자는 이미지를 표시할 위치이다.

```
Display.blit(이미지, (x, y))
```

창을 띄우고 우주선을 키보드로 제어하는 코드는 다음과 같다.

코드 내역 shootinggame_1.py

```
import pygame
import sys

from pygame.locals import *
```

```
pygame.init()
display_width = 600
display_height = 800

DISPLAY = pygame.display.set_mode((display_width, display_height))

pygame.display.set_caption("슈팅 게임")

FPS = 50
fpsClock = pygame.time.Clock()

playerImg = pygame.image.load('./images/player.png') #이미지 객체 생성
player_x = 100
player_y = 650
player_speed = 0.6

x=0
WHITE = (255,255,255) #배경색으로 사용하기 위해 흰색으로 설정하기
#background = pygame.image.load('./images/background.png')

def drawObject(obj, x, y):

    DISPLAY.blit(obj, (x, y))


while True :         #무한 반복을 통해 게임을 진행하는 곳
    DISPLAY.fill(WHITE)      #배경색을 흰색으로 칠하기

    for event in pygame.event.get():    #이벤트 발생 시 실행됨
        if event.type == QUIT:
            pygame.quit()
            sys.exit()
        if event.type == KEYDOWN:
            if event.key == K_LEFT:
                x -= player_speed
            if event.key == K_RIGHT:
                x += player_speed
        if event.type in [KEYUP]:
            if event.key == K_LEFT or event.key == K_RIGHT:
                x=0
    player_x += x
    drawObject(playerImg, player_x, player_y)
    pygame.display.update()
```

실행 결과

미사일 발사 처리하기

load() 함수를 사용하여 미사일 이미지 파일을 가져와서 missile 변수에 대입한다. 플레이어가 발사한 미사일을 관리하기 위해서 리스트형 missilePos를 만들어서 사용한다.

```
missile = pygame.image.load('missile.png')
missilePos = []
```

스페이스바를 누르면 미사일이 발사되도록 하겠다. missilePos_temp[1]은 미사일 좌표의 y값을 가지고 있다. 미사일을 발사할 때마다 append() 함수를 사용하여 missilePos 리스트에 추가하도록 한다. 미사일을 추가할 때 리스트 형태로 미사일의 x 좌표와 y 좌표를 저장한다. missilePos[i][0]에는 미사일의 x 좌표가 저장되고 missilePos[i][1]에는 미사일의 y 좌표가 저장된다.

```
if event.key == pygame.K_SPACE:
                    missileSound.play()
                    missileX = x + playerWidth/2
                    missileY = y - playerHeight
                    missilePos.append([missileX, missileY])
```

미사일이 화면 밖으로 사라지면 **missilePos** 리스트에서 제거해야 한다.

```
if len(missilePos) != 0:  #미사일이 리스트에 있으면
       for i, missilePos_temp in enumerate(missilePos):
          missilePos_temp[1] -= 2
          missilePos[i][1] = missilePos_temp[1]

          if missilePos_temp[1] <= 0: #화면 밖을 벗어나면
             try:
                missilePos.remove(missilePos_temp) #제거한다.
             except:
                pass
```

missilePos 리스트에 있는 미사일들의 좌표를 가지고 미사일을 화면에 배치한다.

```
if len(missilePos) != 0:
    for enemy_temp_x, enemy_temp_y in missilePos:
        drawObject(missile, enemy_temp_x, enemy_temp_y)
```

지금까지 전체 코드는 다음과 같다.

코드 내역 shootinggame_2.py


```
import pygame
import sys

from pygame.locals import *

pygame.init()
display_width = 600
display_height = 800

DISPLAY = pygame.display.set_mode((display_width, display_height))
pygame.display.set_caption("슈팅 게임")

FPS = 50 #초당 프레임 수
fpsClock = pygame.time.Clock()

playerImg = pygame.image.load('./images/player.png')
missile = pygame.image.load('./images/missile.png')

playerSize = playerImg.get_rect().size
playerWidth = playerSize[0]
playerHeight = playerSize[1]

missileSize = missile.get_rect().size
missileWidth = missileSize[0]

missilePos = []
player_x = 100
player_y = 500

player_speed = 0.6
x=0

WHITE = (255,255,255)


def drawObject(obj, x, y):

    DISPLAY.blit(obj, (x, y))
```

```
while True :        #무한 반복을 통해 게임을 진행하는 곳
    DISPLAY.fill(WHITE)  #배경색을 흰색으로 칠하기
    #DISPLAY.blit(background, (0, 0))
    #DISPLAY.blit(playerImg,(player_x,player_y))

    for event in pygame.event.get():
        if event.type == QUIT:
            pygame.quit()
            sys.exit()
        if event.type == KEYDOWN:
           if event.key == K_LEFT:
                x -= player_speed
           if event.key == K_RIGHT:
                x += player_speed
           if event.key == pygame.K_SPACE:
                    missileX = player_x + playerWidth/2 - missileWidth/2
                    missileY = player_y #- playerHeight
                    missilePos.append([missileX, missileY])

        if event.type in [KEYUP]:
           if event.key == K_LEFT or event.key == K_RIGHT:
                x=0

    if len(missilePos) != 0:
            for i, missilePos_temp in enumerate(missilePos):
                missilePos_temp[1] -= 2
                missilePos[i][1] = missilePos_temp[1]



                if missilePos_temp[1] <= 0:
                    try:
                        missilePos.remove(missilePos_temp)
                    except:
                        pass

    if len(missilePos) != 0:
            for enemy_temp_x, enemy_temp_y in missilePos:
                drawObject(missile, enemy_temp_x, enemy_temp_y)

    player_x += x
    drawObject(playerImg, player_x, player_y)
    pygame.display.update()
```

실행 결과

적군 우주선 만들기

적군의 위치를 랜덤으로 설정하기 위해 random 모듈을 import한다. 적군 우주선 이미지를 불러와서 변수 enemy에 대입한다. 기타 필요한 변수를 다음과 같이 설정한다.

```
import random

enemy = pygame.image.load('./images/enemy.png') #적군 우주선
enemy_x = 0  #적군 x 좌표
enemy_y = -10  #적군 y 좌표
enemy_speed = 1
```

적군 이미지의 크기를 구하여 가로 크기는 변수 enemyWidth에 넣고 세로 크기는 변수 enemyHeight에 넣는다.

```
enemySize = enemy.get_rect().size
enemyWidth = enemySize[0]
enemyHeight = enemySize[1]
```

플레이어 우주선과 적군 우주선 충돌 처리하기

2개의 오브젝트 간의 충돌을 처리하기 위해서는 다음과 같은 조건을 만족해야 한다. 첫째, 적군 우주선의 y 좌표가 플레이어 우주선의 y 좌표 사이에 있어야 한다.

```
if enemy_y > player_y and  enemy_y < player_y + playerHeight:
```

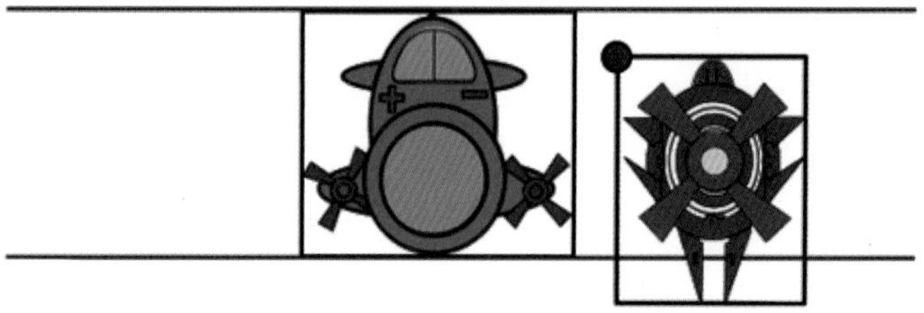

여기서의 y 좌표란 빨간 원으로 표시된 적군의 좌표(enemy_x, enemy_y)를 의미한다. 충돌 처리를 위해서는 이 빨간 원 좌표가 플레이어 우주선의 y 좌표값인 player_y와 player_y + playerHeight 사이에 위치해야 한다.

둘째, 세로축이 겹치도록 설정해야 한다. 적군의 왼쪽 위 좌표(빨간 원)가 플레이어 우주선의 너비 안에 위치하도록 해 주어야 한다. 또는 적군의 오른쪽 위 좌표(빨간 원)가 플레이어 우주선 세로 범위 사이에 위치하도록 해 주어야 한다.

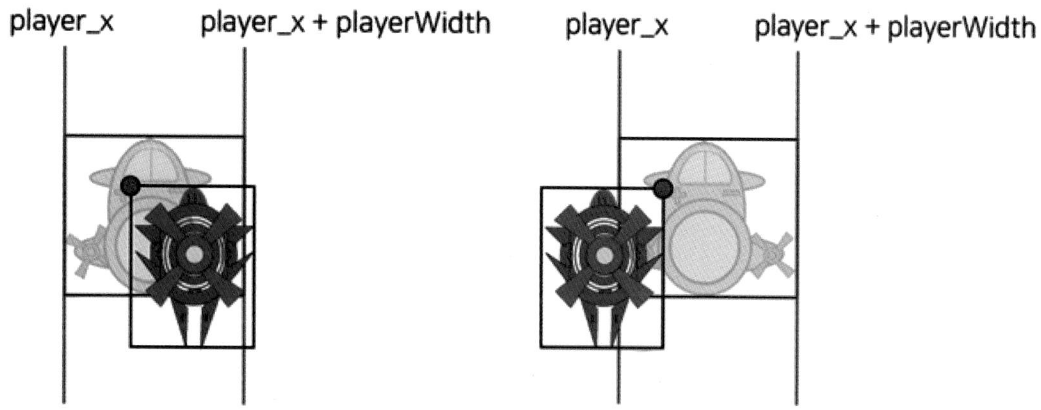

이를 코드로 구현하면 다음과 같다.

코드 내역

```
if enemy_y > player_y and  enemy_y < player_y + playerHeight :
        if(enemy_x > player_x and enemy_x < player_x + playerWidth) or₩
                (enemy_x + enemyWidth > player_x and enemy_x +₩
                enemyWidth < player_x + playerWidth):
```

미사일과 적군 충돌 처리하기

플레이어가 발사한 미사일이 적군과 충돌할 경우 remove() 함수를 사용하여 미사일을 제거해 준다. 적군 우주선의 경우는 randrange() 함수를 사용하여 랜덤으로 다시 위에서 내려오도록 코딩해 준다.

코드 내역

```
if len(missilePos) != 0:
for i, missilePos_temp in enumerate(missilePos):
    missilePos_temp[1] -= 2
    missilePos[i][1] = missilePos_temp[1]

    if missilePos_temp[1] < enemy_y:
        if missilePos_temp[0] > enemy_x and missilePos_temp[0]
            < enemy_x + enemyWidth:
          missilePos.remove(missilePos_temp)
```

```
                    isShot = True

                    enemy_y= random.randrange(-300, 0)
                    enemy_x= random.randrange(0, display_width)


            if missilePos_temp[1] <= 0:
                try:
                    missilePos.remove(missilePos_temp)
                except:
                    pass

    if len(missilePos) != 0:
            for enemy_temp_x, enemy_temp_y in missilePos:
                drawObject(missile, enemy_temp_x, enemy_temp_y)
```

여기까지 전체 코드는 다음과 같다. 적군 우주선이 플레이어 우주선과 충돌하게 되면 플레이어 우주선의 x 좌표가 0이 되도록 설정하였다.

코드 내역 shootinggame_3.py

```
import pygame      #파이게임 모듈 임포트
import sys         #sys 모듈 임포트
import random

from pygame.locals import *

pygame.init()      #파이게임 시작

display_width = 600
display_height = 800

DISPLAY = pygame.display.set_mode((display_width,display_height))

pygame.display.set_caption("슈팅 게임")     #캡션을 '슈팅 게임'으로 출력

FPS = 50 #초당 프레임 수
fpsClock = pygame.time.Clock()
```

```
playerImg = pygame.image.load('./images/player.png') #이미지 객체 생성
missile = pygame.image.load('./images/missile.png') #플레이어 미사일 이미지
enemy = pygame.image.load('./images/enemy.png')  #적군 우주선

playerSize = playerImg.get_rect().size
playerWidth = playerSize[0]
playerHeight = playerSize[1]

missileSize = missile.get_rect().size
missileWidth = missileSize[0]

missilePos = []

player_x = 100
player_y = 700

player_speed = 0.6

enemy_x = 0
enemy_y = -10
enemy_speed = 0.6

enemySize = enemy.get_rect().size
enemyWidth = enemySize[0]
enemyHeight = enemySize[1]

x=0

WHITE = (255,255,255)


def drawObject(obj, x, y):
    #global gamePad
    DISPLAY.blit(obj, (x, y))

while True :        #무한 반복을 통해 게임을 진행하는 곳
    DISPLAY.fill(WHITE)  #배경색을 흰색으로 칠하기
    #DISPLAY.blit(background, (0, 0))
    #DISPLAY.blit(playerImg,(player_x,player_y))

    for event in pygame.event.get():
```

```
    if event.type == QUIT:
        pygame.quit()
        sys.exit()
    if event.type == KEYDOWN:
       if event.key == K_LEFT:
            x -= player_speed
       if event.key == K_RIGHT:
            x += player_speed
       if event.key == pygame.K_SPACE:

                missileX = player_x + playerWidth/2 - missileWidth/2
                missileY = player_y #- playerHeight
                missilePos.append([missileX, missileY])

    if event.type in [KEYUP]:
       if event.key == K_LEFT or event.key == K_RIGHT:
            x=0


if len(missilePos) != 0:
        for i, missilePos_temp in enumerate(missilePos):
            missilePos_temp[1] -= 2
            missilePos[i][1] = missilePos_temp[1]

            if missilePos_temp[1] < enemy_y:
                if missilePos_temp[0] > enemy_x and missilePos_temp[0]₩
< enemy_x + enemyWidth:
                    missilePos.remove(missilePos_temp)
                    isShot = True

                    enemy_y= random.randrange(-300, 0)
                    enemy_x= random.randrange(0, display_width)


            if missilePos_temp[1] <= 0:
                try:
                    missilePos.remove(missilePos_temp)
                except:
                    pass

if len(missilePos) != 0:
```

```
            for enemy_temp_x, enemy_temp_y in missilePos:
                drawObject(missile, enemy_temp_x, enemy_temp_y)

    enemy_y+=enemy_speed
    if enemy_y > display_height:
       enemy_y=0
       enemy_x= random.randrange(0, display_width)


#플레이어와 적군 충돌 처리
    if enemy_y > player_y and  enemy_y < player_y + playerHeight:
      if(enemy_x > player_x and enemy_x < player_x + playerWidth) or₩
                   (enemy_x + enemyWidth > player_x and enemy_x + ₩
                   enemyWidth < player_x + playerWidth):
                   player_x=0 #충돌하게 되면 플레이어 우주선 x 위치를 0으로 설정



    drawObject(enemy, enemy_x, enemy_y)



    player_x += x
    drawObject(playerImg, player_x, player_y)
    pygame.display.update()            #이벤트 처리 후 디스플레이 출력
```

실행 결과

점수 표시하기

나눔고딕체인 NanumGothic.ttf 폰트를 main.py 파일이 있는 폴더에 넣어 두어야 한다. Font 클래스를 사용하여 font 객체를 만들어 준다. 이때 생성자 첫 번째 인자로 NanumGothic.ttf를 넣어 주면 한글 출력도 가능해진다. 생성자 두 번째 인자로는 글자 크기를 넣어 준다. render 함수는 출력할 텍스트, 안티에일리어싱 여부, 글자색 인자를 받는다. 글자색은 (R, G, B)값으로 입력한다. render 함수에서 리턴되는 서피스 형태인 text를 blit 함수를 사용하여 이미지처럼 출력한다.

코드 내역

```
def showScore(score):
    font = pygame.font.Font('NanumGothic.ttf', 25) #폰트 설정
    text = font.render('점수: ' + str(score), True, (255,255,0))
    DISPLAY.blit(text,(10,10)) #화면에 표시
```

Sound 처리하기

1 사운드 처리 방법

사운드를 다음 표와 같이 2가지 방법으로 처리할 수 있다. Sound 객체를 생성하여 처리하는 방법과 스트리밍 처리 방법이다. 각각의 특징을 비교하며 이해하자.

구분	Sound 객체를 생성하여 처리하기	스트리밍 처리하기
사용하는 함수	pygame.mixer.Sound('파일명')	pygame.mixer.music.load('파일명')
사용 가능한 수	여러 개의 Sound 객체를 만들어서 사용 가능	하나의 스트림만 사용 가능
공통점	play() 함수를 통해서 재생한다. stop() 함수를 통해서 재생을 멈춘다.	
재생 방법	Sound()는 음원 파일 전부를 재생 전에 메모리에 올린다.	Stream music은 재생 시 disk에서 streaming 한다.
사용 예	미사일 발사 소리, 폭발 소리 등 재생 시간이 짧은 사운드에 사용	지속적으로 재생되는 배경 음악에 사용

2 사운드 관련 함수 알아보기

get_volume()	현재 볼륨값을 가져온다.
set_volume()	볼륨을 설정한다. 0.0에서 1.0 사이의 float값을 인자로 입력한다.
pause()	사운드를 멈춘다.
unpause()	멈춘 사운드를 다시 재생한다.

3 미사일 발사 소리와 충돌 소리 처리하기

게임을 시작하기 전에 초기화하는 데 사용할 **initGame()** 함수를 만든다. 그리고 그 안에 사운드 처리와 관련된 코드를 넣어 준다.

코드 내역

```
def initGame():
    global missile_sound
    missile_sound = pygame.mixer.Sound('./sounds/shooting.mp3')
    global explosion_sound
    explosion_sound = pygame.mixer.Sound('./sounds/explosion.wav')
```

스페이스바를 누르면 미사일 발사 처리가 되도록 **missile_sound.play()** 구문을 추가해 준다.

코드 내역

```
if event.key == pygame.K_SPACE:
                    missileSound.play()
                    missileX = player_x + playerWidth/2 - missileWidth/2
                    missileY = player_y
                    missilePos.append([missileX, missileY])
                    missile_sound.play()
```

미사일과 적군이 충돌했을 때 폭발 소리가 나도록 한다.

코드 내역

```
if missilePos_temp[0] > enemy_x and missilePos_temp[0]₩
    < enemy_x + enemyWidth:
        missilePos.remove(missilePos_temp)
        isShot = True
        score +=10
        enemy_y= random.randrange(-300, 0)
        enemy_x= random.randrange(0, display_width)
        explosion_sound.play()
```

적군 우주선과 플레이어가 충돌하면 폭발 소리가 나도록 다음과 같이 처리해 준다.

코드 내역

```
if enemy_y > player_y and  enemy_y < player_y + playerHeight:
    if(enemy_x > player_x and enemy_x < player_x + playerWidth) or₩
        (enemy_x + enemyWidth > player_x and enemy_x₩
        + enemyWidth < player_x + playerWidth):
            player_x=0
            explosion_sound.play()
```

4 배경 음악 처리하기

배경 음악은 **music.load()** 메소드를 사용한다. 객체 생성이 필요 없으며 1개의 스트리밍(**streming**)만 할 수 있다. **initGame()** 함수에 다음 내용을 추가해 준다. **play()** 함수 안에 -1을 인자로 주면 무한 반복해서 배경 음악이 재생된다.

코드 내역

```
pygame.mixer.music.load('./sounds/815.mp3')
pygame.mixer.music.play(-1)
```

5 배경음 볼륨 제어하기

숫자 1을 누르면 set_volume( ) 함수를 사용하여 볼륨을 낮춘다. 숫자 2를 누르면 set_volume( ) 함수를 사용하여 볼륨을 높인다.

코드 내역

```
if event.key == pygame.K_1:
            v = pygame.mixer.music.get_volume()
            pygame.mixer.music.set_volume(v - 0.1)
            print("volume down")
        if event.key == pygame.K_2:
            v = pygame.mixer.music.get_volume()
            pygame.mixer.music.set_volume(v + 0.1)
            print("volume up")
```

애니메이션

player 우주선의 프로펠러가 회전하도록 하기 위해서는 여러 장의 이미지가 필요하다.

1 애니메이션을 위한 player 이미지 준비하기

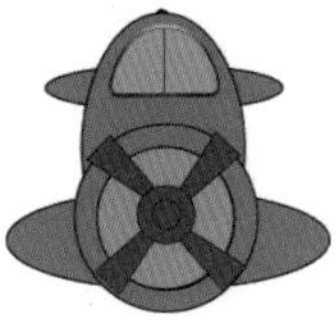
player01.png

player02.png

player03.png

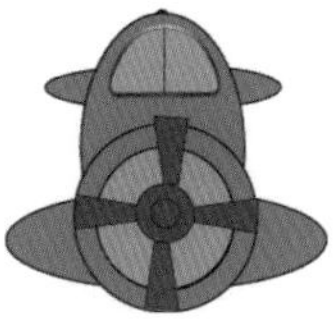
player04.png

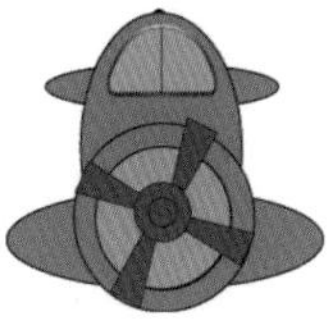
player05.png

2 PlayerAni() 클래스 만들기

player 우주선의 애니메이션을 위한 PlayerAni( ) 클래스를 만든다.

```
class PlayerAni():
```

PlayerAni() 클래스 생성자에 다음과 같은 코드를 입력한다. 여러 개의 player 이미지를 담을 리스트 images를 만들고 append() 함수를 사용하여 이미지를 리스트에 추가해 준다.

코드 내역

```
images = []
images.append(pygame.image.load('./images/player01.png'))
images.append(pygame.image.load('./images/player02.png'))
images.append(pygame.image.load('./images/player03.png'))
images.append(pygame.image.load('./images/player04.png'))
images.append(pygame.image.load('./images/player05.png'))
```

for 구문을 사용하여 불러온 우주선 이미지들의 크기를 size로 조절해 준다.

```
self.images = [pygame.transform.scale(image, size) for image in images]
```

코드 내역

```
def __init__(self):
size = (80, 70)
images = []
images.append(pygame.image.load('./images/player01.png'))
images.append(pygame.image.load('./images/player02.png'))
images.append(pygame.image.load('./images/player03.png'))
images.append(pygame.image.load('./images/player04.png'))
images.append(pygame.image.load('./images/player05.png'))

self.images = [pygame.transform.scale(image, size) for image in images]

self.index = 0
self.image = images[self.index]  #현재 이미지
```

drawObject(playerImg, player_x, player_y)를 다음과 같이 변경해 준다.

```
player.update(player_x, player_y)
```

코드 내역

```
class PlayerAni():
    def __init__(self):
     size = (80, 70)
     images = []
     images.append(pygame.image.load('./images/player01.png'))
     images.append(pygame.image.load('./images/player02.png'))
     images.append(pygame.image.load('./images/player03.png'))
     images.append(pygame.image.load('./images/player04.png'))
     images.append(pygame.image.load('./images/player05.png'))

     self.images = [pygame.transform.scale(image, size) for image in images]

     self.index = 0
     self.image = images[self.index]   #현재 이미지

  #update를 통해 캐릭터의 이미지가 계속 반복해서 나타나도록 한다.
    def update(self, x, y):

        self.index += 1

        if self.index >= len(self.images):
            self.index = 0

        self.image = self.images[self.index]
        DISPLAY.blit(self.image, (x, y))

player = PlayerAni()
```

흰색의 배경을 우주 분위기의 배경으로 변경하도록 하자. images 디렉터리에 있는 background.png 파일을 불러와 이미지 객체 background를 만든다.

코드 내역

```
background = pygame.image.load('./images/background.png')
```

background.png

blit 함수를 사용하여 배경 이미지를 화면에 표시한다.

코드 내역

```
DISPLAY.blit(background, (0, 0))
```

플레이어 애니메이션을 클래스로 처리한 코드는 다음과 같다.

코드 내역 shootinggame_4.py

```
import pygame
import sys
import random
from pygame.locals import *

pygame.init()      #파이게임 시작

class PlayerAni():
```

```
    def __init__(self):
     size = (80, 70)

     images = []
     images.append(pygame.image.load('./images/player01.png'))
     images.append(pygame.image.load('./images/player02.png'))
     images.append(pygame.image.load('./images/player03.png'))
     images.append(pygame.image.load('./images/player04.png'))
     images.append(pygame.image.load('./images/player05.png'))

     self.images = [pygame.transform.scale(image, size) for image in images]

     self.index = 0
     self.image = images[self.index]


    def update(self, x, y):
        self.index += 1

        if self.index >= len(self.images):
            self.index = 0

        self.image = self.images[self.index]
        DISPLAY.blit(self.image, (x, y))


player = PlayerAni()

display_width = 600
display_height = 800

DISPLAY = pygame.display.set_mode((display_width,display_height))


pygame.display.set_caption("슈팅 게임")


FPS = 50 #초당 프레임 수
fpsClock = pygame.time.Clock()


playerImg = pygame.image.load('./images/player.png')
```

```
missile = pygame.image.load('./images/missile.png')
enemy = pygame.image.load('./images/enemy.png')

playerSize = playerImg.get_rect().size
playerWidth = playerSize[0]
playerHeight = playerSize[1]

missileSize = missile.get_rect().size
missileWidth = missileSize[0]


missilePos = []

player_x = 100
player_y = 700

player_speed = 3.6

enemy_x = 0
enemy_y = -10
enemy_speed = 2.6

enemySize = enemy.get_rect().size
enemyWidth = enemySize[0]
enemyHeight = enemySize[1]

score=0

x=0

#WHITE = (255,255,255)
background = pygame.image.load('./images/background.png')

def initGame():
    global missile_sound
    missile_sound = pygame.mixer.Sound('./sounds/shooting.mp3')
    global explosion_sound
    explosion_sound = pygame.mixer.Sound('./sounds/explosion.wav')
    pygame.mixer.music.load('./sounds/815.mp3')
    pygame.mixer.music.play(-1)
```

```
def drawObject(obj, x, y):
    DISPLAY.blit(obj, (x, y))

def showScore(score):
    font = pygame.font.Font('NanumGothic.ttf', 25)
    text = font.render('점수: ' + str(score), True, (255,255,0))
    DISPLAY.blit(text, (10,10))

initGame()
while True :        #무한 반복을 통해 게임을 진행하는 곳
    #DISPLAY.fill(WHITE) #배경색을 흰색으로 칠하기
    DISPLAY.blit(background, (0, 0))


    for event in pygame.event.get():
        if event.type == QUIT:
            pygame.quit()
            sys.exit()
        if event.type == KEYDOWN:
            if event.key == K_LEFT:
                x -= player_speed
            if event.key == K_RIGHT:
                x += player_speed
            if event.key == pygame.K_SPACE:

                missileX = player_x + playerWidth/2 - missileWidth/2
                missileY = player_y #- playerHeight
                missilePos.append([missileX, missileY])
                missile_sound.play()

            if event.key == pygame.K_1:
                v = pygame.mixer.music.get_volume()
                pygame.mixer.music.set_volume(v - 0.1)
                print("volume down")

            if event.key == pygame.K_2:
                v = pygame.mixer.music.get_volume()
                pygame.mixer.music.set_volume(v + 0.1)
                print("volume up")
```

```
        if event.type in [KEYUP]:
            if event.key == K_LEFT or event.key == K_RIGHT:
                x=0


    if len(missilePos) != 0:
            for i, missilePos_temp in enumerate(missilePos):
                missilePos_temp[1] -= 2
                missilePos[i][1] = missilePos_temp[1]

                if missilePos_temp[1] < enemy_y:
                    if missilePos_temp[0] > enemy_x and missilePos_temp[0]₩
                        < enemy_x + enemyWidth:
                        missilePos.remove(missilePos_temp)
                        isShot = True
                        score +=10
                        enemy_y= random.randrange(-300, 0)
                        enemy_x= random.randrange(0, display_width)
                        explosion_sound.play()

                if missilePos_temp[1] <= 0:
                    try:
                        missilePos.remove(missilePos_temp)
                    except:
                        pass

    if len(missilePos) != 0:
            for enemy_temp_x, enemy_temp_y in missilePos:
                drawObject(missile, enemy_temp_x, enemy_temp_y)

    enemy_y+=enemy_speed
    if enemy_y > display_height:
        enemy_y=0
        enemy_x= random.randrange(0, display_width)

#플레이어와 적군 충돌 처리
    if enemy_y > player_y and  enemy_y < player_y + playerHeight:
        if(enemy_x > player_x and enemy_x < player_x + playerWidth) or₩
                (enemy_x + enemyWidth > player_x and enemy_x +₩
                enemyWidth < player_x + playerWidth):
```

```
            player_x=0
            explosion_sound.play()

    drawObject(enemy, enemy_x, enemy_y)

    player_x += x
    player.update(player_x, player_y)
    showScore(score)
    pygame.display.update()
```

실행 결과

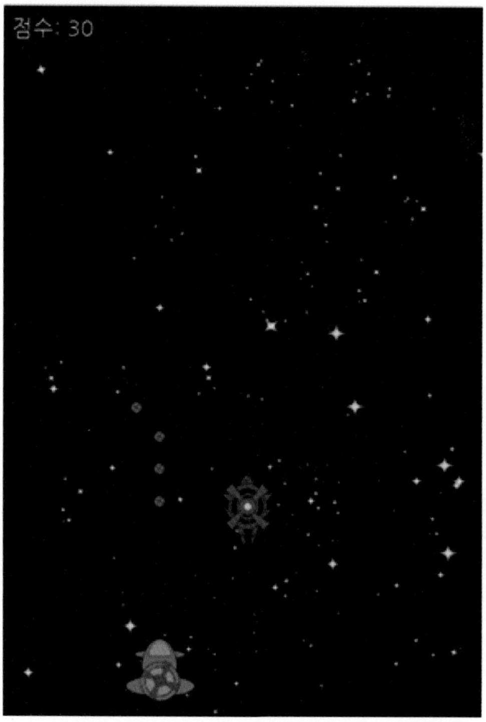

폭발 애니메이션 처리하기

미사일이 적군을 격추할 경우 폭발 애니메이션이 나오도록 하겠다. 폭발 애니메이션을 위해 이미지 8개를 준비한다.

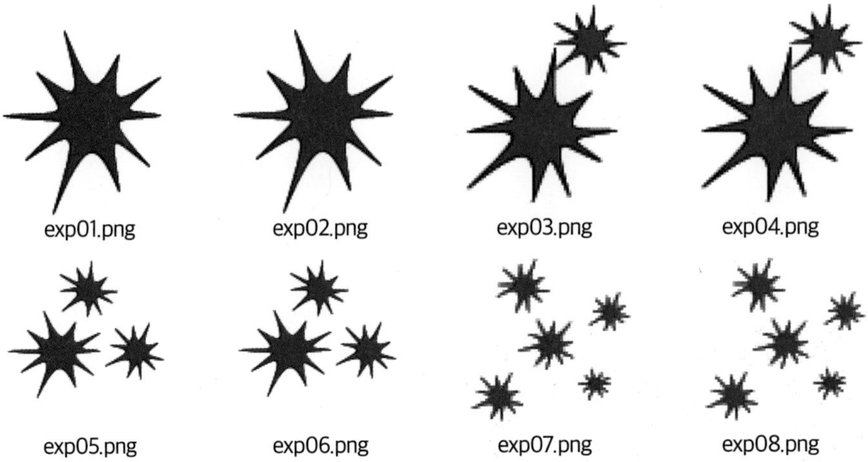

코드 내역

```
class ExplosionAni():

    def __init__(self):
        size = (80, 80) #폭발 이미지 사이즈 설정

        images = []
        images.append(pygame.image.load('./images/exp01.png'))
        images.append(pygame.image.load('./images/exp02.png'))
        images.append(pygame.image.load('./images/exp03.png'))
        images.append(pygame.image.load('./images/exp04.png'))
        images.append(pygame.image.load('./images/exp05.png'))
        images.append(pygame.image.load('./images/exp06.png'))
        images.append(pygame.image.load('./images/exp07.png'))
        images.append(pygame.image.load('./images/exp08.png'))

        self.images = [pygame.transform.scale(image, size) for image in images]

        self.index = 0
        self.image = images[self.index]

    def ani.ani_start(self, x, y):
        for i in range (0,8,1):
```

```
        self.image = self.images[i]
        DISPLAY.blit(self.image, (x, y))
```

그리고 다음과 같이 ExplosionAni 클래스의 객체를 만든다.

코드 내역

```
explosion_ani = ExplosionAni()

if missilePos_temp[1] < enemy_y:
            if missilePos_temp[0] > enemy_x and missilePos_temp[0]₩
                < enemy_x + enemyWidth:
                        … 중략 …
                explosion_ani.ani_start(enemy_x,enemy_y)
                        … 생략 …
```

플레이어 우주선 에너지 감소 처리하기

플레이어 우주선이 적군 우주선과 충돌 시 에너지가 줄어들도록 하겠다. 먼저 전역변수로 mEnergy를 만들고 초기 에너지값으로 100을 할당한다.

```
mEnergy = 100
```

에너지 감소를 처리할 함수 drawEnergy()를 만들도록 한다. rect() 함수를 사용하여 사각형 에너지를 쉽게 만들 수 있다. rect() 함수에 들어갈 인자는 다음과 같다.

```
pygame.draw.rect(사각형이 그려지는 곳, (RGB 색), (직사각형의 왼쪽
상단 x 좌표, 직사각형의 왼쪽 상단 y 좌표, 폭, 높이))
```

이를 사용하여 다음과 같이 함수를 만든다.

코드 내역

```
def drawEnergy():
    pygame.draw.rect(DISPLAY, (255, 0, 0), (480, 10, mEnergy, 30))
```

rect() 함수의 첫 번째 인자는 그림을 그릴 곳이며 본 예제에서는 DISPLAY를 의미한다. 두 번째 인자는 RGB 색상값으로 본 예제에서는 빨간색을 사용하기 위해 (255, 0 ,0)을 입력한다.

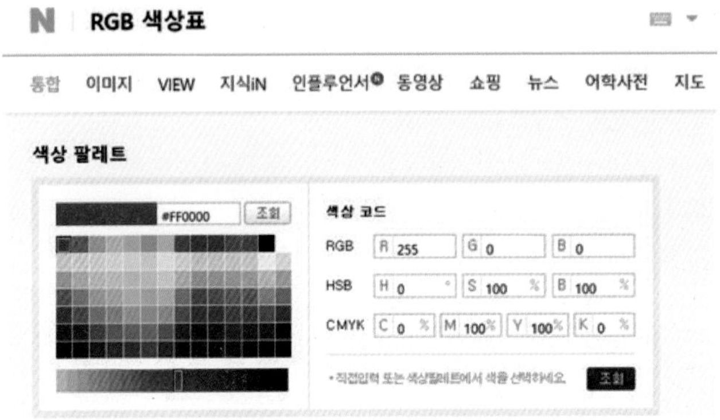

<출처: 네이버 RGB 색상표>

세 번째 인자는 그릴 사각형의 좌표를 의미한다. 첫 번째 값은 직사각형의 왼쪽 상단 x 좌표이며 두 번째 값은 직사각형의 왼쪽 상단 y 좌표이다. 세 번째 값은 첫 번째 값인 직사각형 왼쪽 상단 x 좌표로부터의 폭을 의미한다. 네 번째 값은 첫 번째 값인 직사각형 왼쪽 상단 y 좌표로부터의 높이를 의미한다.

플레이어 우주선과 적군 우주선이 충돌 처리되는 부분에 다음과 같은 코드를 추가해 준다. mEnergy 값이 10만큼 감소하게 하고 적군 우주선 좌표를 랜덤으로 설정해 준다.

코드 내역

```
#플레이어와 적군 충돌 처리
    if enemy_y > player_y and  enemy_y < player_y + playerHeight:
        if(enemy_x > player_x and enemy_x < player_x + playerWidth)
         or (enemy_x + enemyWidth > player_x and enemy_x
         + enemyWidth < player_x + playerWidth):
            … 중략 …
            mEnergy-=10
            enemy_y=0
            enemy_x= random.randrange(0, display_width)
            … 생략 …
```

마지막으로 drawEnergy() 함수를 계속 호출하기 위해 pygame.display.update()를 실행하기 전에 적어 주도록 한다.

코드 내역

```
 … 중략 …
drawEnergy()
pygame.display.update()
 … 생략 …
```

전체 코드

코드 내역

shootinggame_5.py

```
import pygame
import sys
import random
from pygame.locals import *

pygame.init()

class PlayerAni():


    def __init__(self):
     size = (80, 70)

     images = []
     images.append(pygame.image.load('./images/player01.png'))
     images.append(pygame.image.load('./images/player02.png'))
     images.append(pygame.image.load('./images/player03.png'))
     images.append(pygame.image.load('./images/player04.png'))
     images.append(pygame.image.load('./images/player05.png'))

     self.images = [pygame.transform.scale(image, size) for image in images]
```

```
        self.index = 0
        self.image = images[self.index]

    #update를 통해 캐릭터의 이미지가 계속 반복해서 나타나도록 한다.
    def update(self, x, y):
        self.index += 1

        if self.index >= len(self.images):
            self.index = 0

        self.image = self.images[self.index]
        DISPLAY.blit(self.image, (x, y))


class ExplosionAni():

    def __init__(self):
        size = (80, 80)

        images = []
        images.append(pygame.image.load('./images/exp01.png'))
        images.append(pygame.image.load('./images/exp02.png'))
        images.append(pygame.image.load('./images/exp03.png'))
        images.append(pygame.image.load('./images/exp04.png'))
        images.append(pygame.image.load('./images/exp05.png'))
        images.append(pygame.image.load('./images/exp06.png'))
        images.append(pygame.image.load('./images/exp07.png'))
        images.append(pygame.image.load('./images/exp08.png'))

        self.images = [pygame.transform.scale(image, size) for image in images]

        self.index = 0
        self.image = images[self.index]

    def ani_start(self, x, y):
        for i in range (0,8,1):

            self.image = self.images[i]
            DISPLAY.blit(self.image, (x, y))

player = PlayerAni()
```

```
explosion_ani = ExplosionAni()

display_width = 600
display_height = 800

DISPLAY = pygame.display.set_mode((display_width,display_height))

pygame.display.set_caption("슈팅 게임")


FPS = 50
fpsClock = pygame.time.Clock()

playerImg = pygame.image.load('./images/player.png')
missile = pygame.image.load('./images/missile.png') #플레이어 미사일 이미지
enemy = pygame.image.load('./images/enemy.png')  #적군 우주선

playerSize = playerImg.get_rect().size
playerWidth = playerSize[0]
playerHeight = playerSize[1]

missileSize = missile.get_rect().size
missileWidth = missileSize[0]


missilePos = []

player_x = 100
player_y = 700
player_horizontal =0
player_vertical = 0
player_speed = 3.6

enemy_x = 0
enemy_y = -10
enemy_speed = 2.6

enemySize = enemy.get_rect().size
enemyWidth = enemySize[0]
enemyHeight = enemySize[1]
```

```
score=0

x=0

mEnergy = 100

WHITE = (255,255,255)
background = pygame.image.load('./images/background.png')


def initGame():
    global missile_sound
    missile_sound = pygame.mixer.Sound('./sounds/shooting.mp3')
    global explosion_sound
    explosion_sound = pygame.mixer.Sound('./sounds/explosion.wav')
    pygame.mixer.music.load('./sounds/815.mp3')
    pygame.mixer.music.play(-1)

def drawObject(obj, x, y):
    DISPLAY.blit(obj, (x, y))

def showScore(score):
    font = pygame.font.Font('NanumGothic.ttf', 25)
    text = font.render('점수: ' + str(score), True, (255,255,0))
    DISPLAY.blit(text, (10,10))

def drawEnergy():
    pygame.draw.rect(DISPLAY, (255, 0, 0), (480, 10, mEnergy, 30))

initGame()
while True :        #무한 반복을 통해 게임을 진행하는 곳
    DISPLAY.fill(WHITE)  #배경색을 흰색으로 칠하기
    DISPLAY.blit(background, (0, 0))


    for event in pygame.event.get():
        if event.type == QUIT:
            pygame.quit()
            sys.exit()
        if event.type == KEYDOWN:
            if event.key == K_LEFT:
```

```
                x -= player_speed
            if event.key == K_RIGHT:
                x += player_speed
            if event.key == pygame.K_SPACE:

                missileX = player_x + playerWidth/2 - missileWidth/2
                missileY = player_y #- playerHeight
                missilePos.append([missileX, missileY])
                missile_sound.play()

            if event.key == pygame.K_1:
                v = pygame.mixer.music.get_volume()
                pygame.mixer.music.set_volume(v - 0.1)
                print("volume down")

            if event.key == pygame.K_2:
                v = pygame.mixer.music.get_volume()
                pygame.mixer.music.set_volume(v + 0.1)
                print("volume up")



        if event.type in [KEYUP]:
            if event.key == K_LEFT or event.key == K_RIGHT:
                x=0

    if len(missilePos) != 0:
        for i, missilePos_temp in enumerate(missilePos):
            missilePos_temp[1] -= 2
            missilePos[i][1] = missilePos_temp[1]

            if missilePos_temp[1] < enemy_y:
                if missilePos_temp[0] > enemy_x and missilePos_temp[0]₩
                  < enemy_x + enemyWidth:
                    missilePos.remove(missilePos_temp)
                    isShot = True
                    score +=10
                    explosion_ani.ani_start(enemy_x,enemy_y)
                    enemy_y= random.randrange(-300, 0)
                    enemy_x= random.randrange(0, display_width)
                    explosion_sound.play()
```

```
            if missilePos_temp[1] <= 0:
                try:
                    missilePos.remove(missilePos_temp)
                except:
                    pass

    if len(missilePos) != 0:
            for enemy_temp_x, enemy_temp_y in missilePos:
                drawObject(missile, enemy_temp_x, enemy_temp_y)

    enemy_y+=enemy_speed
    if enemy_y > display_height:
       enemy_y=0
       enemy_x= random.randrange(0, display_width)


#플레이어와 적군 충돌 처리
    if enemy_y > player_y and  enemy_y < player_y + playerHeight:
         if(enemy_x > player_x and enemy_x < player_x + playerWidth) or₩
                    (enemy_x + enemyWidth > player_x and enemy_x +₩
                    enemyWidth < player_x + playerWidth):

                explosion_sound.play()
                mEnergy-=10
                enemy_y=0
                enemy_x= random.randrange(0, display_width)

    drawObject(enemy, enemy_x, enemy_y)


    player_x += x
    player.update(player_x, player_y)

    drawEnergy()

    showScore(score)
    pygame.display.update()
```

실행 결과

Chapter

09

pygame으로 게임 만들기2

핑퐁 게임 만들기

1 패들(paddle)과 공 이미지 준비하기
2 패들 클래스로 구현하기
3 Ball을 클래스로 구현하기
4 관련 변수 선언하기
5 게임 초기 화면
6 패들과 볼 객체 만들기
7 패들 움직이기
8 서브 구현하기
9 공이 움직이고 있는 중에 실행되는 코
10 전체 코드

Chapter 09

pygame으로 게임 만들기2 - 핑퐁 게임 만들기

노를 젓는 긴 막대를 패들이라고 한다. 핑퐁 게임은 패들을 움직여 공을 쳐서 상대방에게 보내는 경기이다. 공을 받지 못하게 하면 점수를 얻을 수 있다.

패들(paddle)과 공 이미지 준비하기

패들과 공 이미지를 준비한다. 일러스트레이터 또는 그림판을 사용하여 쉽게 만들 수 있다.

플레이어1 패들　　플레이어2 패들　　공(ball)

패들 클래스로 구현하기

플레이어1과 플레이어2의 패들을 클래스로 구현한다. __init()__ 생성자 인자인 img_num값이 1이면 paddle1.png 파일을, img_num값이 2면 paddle2.png 파일을 사용하여 이미지 객체 paddle을 만들었다. get_rect() 함수를 사용하여 패들의 가로 크기는 paddleWidth 변수에 넣고 세로 크기는 paddleHeight 변수에 넣었다.

코드 내역

```
class Paddle:
    xy = [0,0]
    paddleWidth = 0

    def __init__(self, x, y, img_num):
      self.xy =[x,y]

      if img_num == 1:
        self.paddle = pygame.image.load('./images/paddle1.png').convert()
      else :
        self.paddle = pygame.image.load('./images/paddle2.png').convert()

      paddle_size = self.paddle.get_rect().size
      self.paddleWidth = paddle_size[0]
      self.paddleHeight = paddle_size[1]
```

Ball을 클래스로 구현하기

Ball 클래스의 좌표를 리스트로 구현하고 __init__() 생성자 안에서 ball.png 이미지를 가져와 이미지 객체 img를 만들었다. xy는 패들의 좌표값을 가지는 변수이다.

코드 내역

```
class Ball:
    xy = [0,0]

    def __init__(self, x, y):
      self.xy =[x,y]

      self.img = pygame.image.load('./images/ball.png').convert()
```

관련 변수 선언하기

게임에 사용되는 변수들의 기능을 주석으로 설명했다.

코드 내역

```
display_width = 800     #화면 가로 크기
    display_height = 600     #화면 세로 크기
    display = (display_width, display_height)
    PaddleSpeed = 5     #패들 스피드, 숫자가 클수록 패들이 빠르게 움직임
    WHITE = [255,255,255] #흰색
    BLACK = [0,0,0]   #검정색
    RED = [255,0,0]   #빨간색
    BLUE = [0,0,255]  #파란색
    run = 1   #값이 1인 경우 게임이 시작된다.
    LEFT = 1   #서브권을 의미, 값이 1이면 서브권이 있다는 의미
    RIGHT = 0   #서브권을 의미, 값이 0이면 서브권이 없다는 의미
    ballspeed = 2 #볼 속도
    ball_direction_y = 1 #볼이 세로로 이동할 때의 값
    ball_direction_x = 1 #볼이 가로로 이동할 때의 값
    ballservice = True #값이 True이면 서브를 할 준비가 되었다는 의미
    service = LEFT #누가 서브권을 가지고 있는지를 의미
    player1_score = 0 #플레이어 1의 점수
    player2_score = 0 #플레이어 2의 점수
```

게임 초기 화면

게임을 실행하면 다음과 같은 초기 화면이 나오도록 한다. Enter 키를 누르면 게임이 시작되도록 한다. pygame.key.get_pressed() 함수를 사용하여 사용자가 누른 키보드 키값을 얻을 수 있다.

코드 내역

```
while playing == False:
            font = pygame.font.SysFont("arial", 50)
            text_surface = font.render("Ping Pong Game", True, RED)
            screen.blit(text_surface, (80,40))
            font = pygame.font.SysFont("arial", 40)
            text_surface = font.render("Press Enter to play game", True, BLUE)
            screen.blit(text_surface, (80,200))
            pygame.display.update()

            for event in pygame.event.get():
                if event.type == QUIT:
                    exit()

            pressed_keys = pygame.key.get_pressed()
            if pressed_keys[K_RETURN]:
                playing = True
                screen.fill(BLACK)
```

패들과 볼 객체 만들기

Paddle 클래스를 바탕으로 플레이어1의 패들 객체 p1을 만들 때는 세 번째 인자를 1로 주고 플레이어2의 패들 객체 p2를 만들 때는 세 번째 인자를 2로 주어 서로 다른 이미지의 패들이 만들어지도록 한다. Paddle 클래스의 첫 번째 인자는 패들의 x 좌표, 두 번째 인자는 패들의 y 좌표를 의미한다. 더불어, Ball 클래스를 바탕으로 ball 객체를 만들도록 한다.

코드 내역

```
p1 = Paddle(0,100, 1)
p2 = Paddle(780, 200, 2)
ball = Ball(200,200)
```

패들 움직이기

pygame.key.get_pressed() 함수를 통해 사용자가 누르고 있는 키값을 얻을 수 있다. 키보드로 W 와 S 는 플레이어 1의 조작키이다. W 키를 누르고 있으면 변수 PaddleSpeed값을 빼서 위로 올라가도록 한다. p1.xy[1]에는 플레이어1 패들의 y 좌표값이 들어 있다. 패들은 좌우로는 움직이지 않기 때문에 p1.xy[0]값은 필요하지 않다. 플레이어1이 S 키를 누르면 PaddleSpeed값을 더하여 패들이 아래로 움직이게 된다.

코드 내역

```
    for event in pygame.event.get():
        if event.type == QUIT:
            exit()
    pressed_keys = pygame.key.get_pressed()

    if pressed_keys[K_w]:
        if p1.xy[1] > 0:
            p1.xy[1] = p1.xy[1] - PaddleSpeed
    elif pressed_keys[K_s]:
        if p1.xy[1] < display_height - p1.paddleHeight:
            p1.xy[1] = p1.xy[1] + PaddleSpeed
    if pressed_keys[K_UP]:
        if p2.xy[1] > 0:
            p2.xy[1] = p2.xy[1] - PaddleSpeed
    elif pressed_keys[K_DOWN]:
        if p2.xy[1] < display_height - p1.paddleHeight:
            p2.xy[1] = p2.xy[1] + PaddleSpeed
```

서브 구현하기

공을 누군가 받지 못하게 되면 ballservice값은 True가 된다. 이 상태에서 스페이스바를 누르면 서브가 발생되도록 한다.

ballservice값이 True인 상태에서 스페이스바를 누르면 패들에서 공이 나아가게 한다. 공을 발사한 후에는 ballservice값을 False로 설정해야 한다. 그렇지 않은 경우 스페이스바를 누르면 이 문장들이 실행되어 공이 의도하지 않게 움직이게 될 것이다. randrange() 함수를 사용하여 공의 위치 x, y값을 랜덤으로 주어 공이 날아가도록 한다.

코드 내역

```
if (pressed_keys[K_SPACE]) and ballservice == True:
    ballservice = False
    ball_direction_x = random.randrange(2,3)
    ball_direction_y = random.randrange(-4,4)
```

서브를 할 때 공의 위치를 설정해 보자. 변수 service값이 LEFT인 경우는 플레이어1이 서브권을 가지고 있고 값이 RIGHT이면 플레이어2가 서브권을 가지고 있다는 의미이다. service값이 LEFT일 경우에는 플레이어1 패들 위치에서 공이 발사되고, service값이 RIGHT일 경우에는 플레이어2 패들 위치에서 공이 발사되도록 코딩한다.

코드 내역

```
if service == LEFT:
    ball.xy[0] = p1.xy[0] + p1.paddleWidth
    ball.xy[1] = p1.xy[1] + p1.paddleHeight/2
elif service == RIGHT:
    ball.xy[0] = p2.xy[0] - p1.paddleWidth
    ball.xy[1] = p2.xy[1] + p1.paddleHeight/2
```

공이 움직이고 있는 중에 실행되는 코드

ballservice값이 True인 경우는 서브를 위해 공이 멈추어 있는 경우이다. 따라서 True가 아닌 경우 다음 구문들을 실행한다. 주석을 보면 쉽게 코드를 이해할 수 있을 것이다.

코드 내역

```
if ballservice is not True:
    #볼이 왼쪽 패들을 지나가면 오른쪽 선수의 점수를 추가한다.
    if ball.xy[0] <= 0:
        ballservice = True
        service = RIGHT
        player2_score = player2_score + 1

    #볼이 오른쪽 패들을 지나가면 왼쪽 선수의 점수를 추가한다.
    elif ball.xy[0] >= display_width:
        ballservice = True
        service = LEFT
        player1_score = player1_score + 1

    #볼과 왼쪽 패들 충돌 체크하기, 23은 공의 크기이다.
    elif ball.xy[0] <(p1.xy[0] + p1.paddleWidth) and ball.xy[1] >
        (p1.xy[1] - 23) and ball.xy[1] < (p1.xy[1] + p1.paddleHeight):
        ball_direction_x = -ball_direction_x  # 볼의 방향 변경
        ball_direction_y = random.randrange(-3,3)
    #볼과 오른쪽 패들 충돌 체크하기
    elif ball.xy[0] > (p2.xy[0] - p1.paddleWidth) and ball.xy[1] >
        (p2.xy[1]- 23) and ball.xy[1] <= (p2.xy[1] + p1.paddleHeight):
        ball_direction_x = -ball_direction_x
        ball_direction_y = random.randrange(-3,3)

    #볼이 화면 위를 터치하면 볼의 방향을 바꾼다.
    elif ball.xy[1] <= 0:
        ball_direction_y = -ball_direction_y
    # 볼이 화면 바닥을 터치하면 볼의 방향을 바꾼다.
    elif ball.xy[1] >= display_height:
        ball_direction_y = -ball_direction_y
```

전체 코드

코드 내역

pingponggame.py

```
import random, math, pygame
from pygame.locals import *


class Paddle:
    xy = [0,0]
    paddleWidth = 0

    def __init__(self, x, y, img_num):
      self.xy =[x,y]

      if img_num == 1:
        self.paddle = pygame.image.load('./images/paddle1.png').convert()
         else :
        self.paddle = pygame.image.load('./images/paddle2.png').convert()

      paddle_size = self.paddle.get_rect().size
      self.paddleWidth = paddle_size[0]
      self.paddleHeight = paddle_size[1]

class Ball:
    xy = [0,0]

    def __init__(self, x, y):
      self.xy =[x,y]

      self.img = pygame.image.load('./images/ball.png').convert()


def main():

    display_width = 800
    display_height = 600
    display = (display_width, display_height)
    PaddleSpeed = 5

    WHITE = [255,255,255]
```

```
BLACK = [0,0,0]
RED = [255,0,0]
BLUE = [0,0,255]
run = 1
LEFT = 1
RIGHT = 0

ballspeed = 2
ball_direction_y = 1
ball_direction_x = 1
ballservice = True
service = LEFT
player1_score = 0
player2_score = 0

pygame.init()

clock = pygame.time.Clock()
screen = pygame.display.set_mode(display)
pygame.display.set_caption('Ping Pong Game')

while run == 1:

    display_width = 800 - 23
    display_height = 600  - 23

    playing = False

    screen.fill(BLACK)

    p1 = Paddle(0,100, 1)
    p2 = Paddle(780, 200, 2)
    ball = Ball(200,200)


    #게임 첫 화면

    while playing == False:

        font = pygame.font.SysFont("arial", 50)
        text_surface = font.render("Ping Pong Game", True, RED)
```

```
    screen.blit(text_surface, (80,40))

    font = pygame.font.SysFont("arial", 40)
    text_surface = font.render("Press Enter to play game", True, BLUE)
    screen.blit(text_surface, (80,200))
    pygame.display.update()

    for event in pygame.event.get():
        if event.type == QUIT:
            exit()

    pressed_keys = pygame.key.get_pressed()

    if pressed_keys[K_RETURN]:
        playing = True
        screen.fill(BLACK)


#게임 진행 중

while playing:

    screen.fill(BLACK)

    font = pygame.font.SysFont("", 60)
    text = font.render(str(player1_score), True, BLUE)
    text_left_score = screen.blit(text, (40,30))

    text = font.render(str(player2_score), True, BLUE)
    text_right_score = screen.blit(text, (720,30))



    for event in pygame.event.get():
        if event.type == QUIT:
            exit()

    pressed_keys = pygame.key.get_pressed()

    if pressed_keys[K_w]:
        if p1.xy[1] > 0:
```

```
            p1.xy[1] = p1.xy[1] - PaddleSpeed

    elif pressed_keys[K_s]:
        if p1.xy[1] < display_height - p1.paddleHeight:
            p1.xy[1] = p1.xy[1] + PaddleSpeed


    if pressed_keys[K_UP]:
        if p2.xy[1] > 0:
            p2.xy[1] = p2.xy[1] - PaddleSpeed

    elif pressed_keys[K_DOWN]:
        if p2.xy[1] < display_height - p1.paddleHeight:
            p2.xy[1] = p2.xy[1] + PaddleSpeed

    #스페이스 바를 클릭하여 서브 실행하기
    if (pressed_keys[K_SPACE]) and ballservice == True:
        ballservice = False

        ball_direction_x = random.randrange(2,3)
        ball_direction_y = random.randrange(-4,4)


    #공이 움직이고 있는 중에 실행되는 코드
    if ballservice is not True:
          #볼이 왼쪽 패들을 지나가면 오른쪽 선수의 점수를 추가한다.
        if ball.xy[0] <= 0:
            ballservice = True
            service = RIGHT
            player2_score = player2_score + 1


        #볼이 오른쪽 패들을 지나가면 왼쪽 선수의 점수를 추가한다.
        elif ball.xy[0] >= display_width:
            ballservice = True
            service = LEFT
            player1_score = player1_score + 1

        #볼과 왼쪽 패들 충돌 체크하기, 23은 공의 크기이다.
        elif ball.xy[0] <(p1.xy[0] + p1.paddleWidth) and ball.₩
    xy[1] > (p1.xy[1] - 23) and ball.xy[1] < (p1.xy[1] +₩
    p1.paddleHeight):
```

```
            ball_direction_x = -ball_direction_x   #볼의 방향 변경
            ball_direction_y = random.randrange(-3,3)

        #볼과 오른쪽 패들 충돌 체크하기
        elif ball.xy[0] > (p2.xy[0] - p1.paddleWidth) and ball.₩
        xy[1] > (p2.xy[1]- 23) and ball.xy[1] <= (p2.xy[1] +₩
        p1.paddleHeight):

            ball_direction_x = -ball_direction_x
            ball_direction_y = random.randrange(-3,3)


        #볼이 화면 위를 터치하면 볼의 방향을 바꾼다.
        elif ball.xy[1] <= 0:

            ball_direction_y = -ball_direction_y
        #볼이 화면 바닥을 터치하면 볼의 방향을 바꾼다.
        elif ball.xy[1] >= display_height:

            ball_direction_y = -ball_direction_y



        #볼 이동값 구하기
        ball.xy[0] = ball.xy[0] + (ballspeed * ball_direction_x)
        ball.xy[1] = ball.xy[1] + (ballspeed * ball_direction_y)

        #서브할 때 공의 위치 설정하기
    else:
        if service == LEFT:
            ball.xy[0] = p1.xy[0] + p1.paddleWidth
            ball.xy[1] = p1.xy[1] + p1.paddleHeight/2
        elif service == RIGHT:
            ball.xy[0] = p2.xy[0] - p1.paddleWidth
            ball.xy[1] = p2.xy[1] + p1.paddleHeight/2


    screen.blit(p1.paddle,p1.xy)
    screen.blit(p2.paddle,p2.xy)
    screen.blit(ball.img,ball.xy)
    pygame.display.update()
```

```
            print(ball.xy[0])

            clock.tick(100)

main()
```

실행 결과

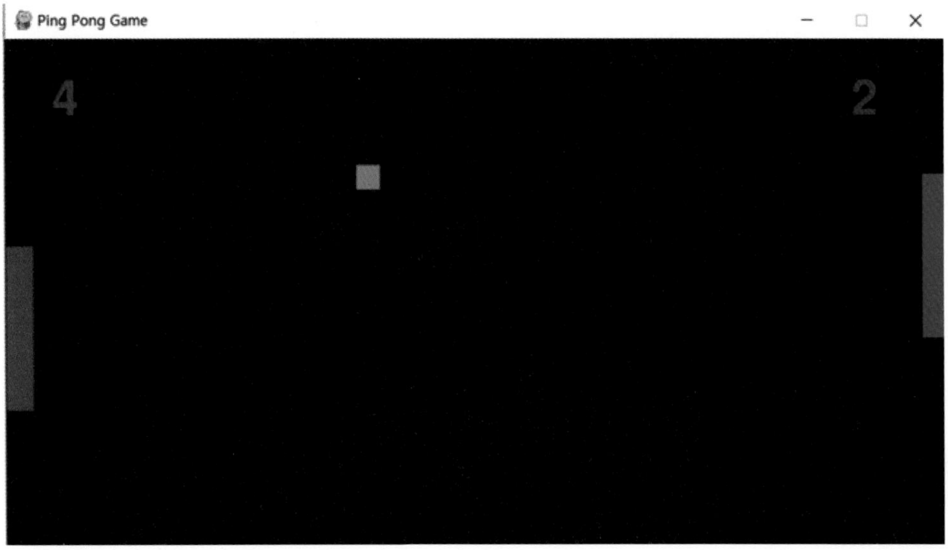

Chapter

10

네트워크 프로그래밍

1. 네트워크 이해하기
2. TCP 채팅 프로그램을 위한 함수
3. 실전 프로그램 - thread를 사용한 TCP 채팅 프로그램
4. 합격자 TCP 서버 프로그램 만들기
5. 실전 프로그램 - GUI를 사용한 TCP 채팅 프로그램
6. UDP 채팅 프로그램 만들기

Chapter 10

네트워크 프로그래밍

네트워크는 데이터 통신을 위해 2개 이상의 장치들을 연결하는 구조를 말한다. 네트워크 망은 크게 유선 LAN망, 모바일 통신망(LET, 3G, 5G 등), WiFi망(무선), 블루투스망으로 나눌 수 있다.

네트워크 이해하기 ....

1 네트워크 프로그래밍

데이터를 송수신하려면 소켓이 필요하다. 소켓은 네트워크를 통해 서로 통신을 수행할 수 있도록 양쪽에 생성되는 단자이다. 소켓은 TCP(Transmission Control Protocol)와 UDP(User Datagram Protocol)로 구분할 수 있다.

2 소켓(socket)

두 컴퓨터 간에 데이터를 주고받으려면 연결이 필요한데 이러한 연결을 도울 수 있는 것을 소켓(socket)이라 한다. 2개의 컴퓨터가 연결이 되면 아래 그림과 같은 상태가 된다.

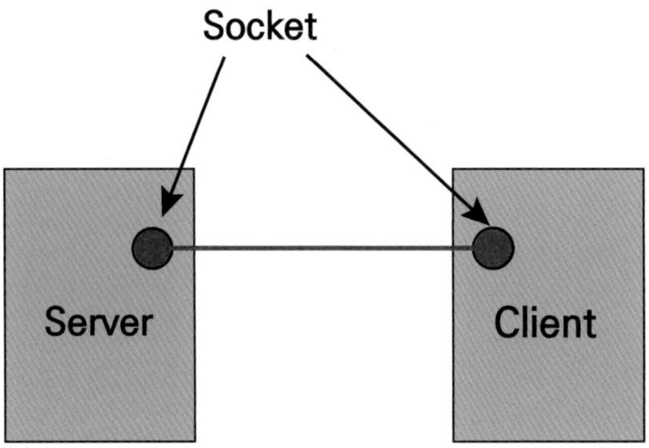

3 IP

IP 주소(Internet Protocol Address)는 네트워크에서 장치들이 서로를 인식하고 통신하기 위해서 사용하는 주소이다. IP 주소로는 IPv4와 IPv6을 사용한다. IPv4 체계로는 증가하는 주소를 감당할 수 없어서 새로운 IPv6을 추가로 사용하게 되었다. IPv4는 32비트를, IPv6은 128비트를 사용한다. 윈도우 키와 R 키를 동시에 누르면 실행 창이 뜬다. cmd를 실행하고 ipconfig를 입력한 후 Enter 키를 누르면 자신의 IP 주소를 확인할 수 있다.

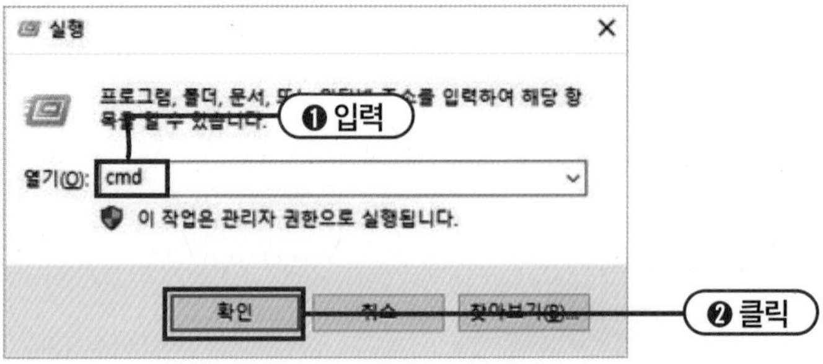

4 포트(port)

많은 응용 프로그램들 중 어디로 데이터를 전달해야 하는지 구분하기 위해서는 논리적인 주소인 port를 사용한다. 사용 중인 port를 확인해 보자.

코드 내역

```
from socket import *

print(getservbyname('http','tcp'))
print(getservbyname('ftp','tcp'))
print(getservbyname('telnet','tcp'))
print(getservbyname('pop3','tcp'))
```

getservbyname() 함수를 사용하여 http는 80번 포트를, ftp는 21번 포트를, telnet은 23번 포트를, pop3은 110번 포트를 사용하고 있음을 확인할 수 있다.

실행 결과

```
80
21
23
110
```

5 소켓 생성하기

소켓은 네트워크를 통해 데이터를 주고받을 수 있도록 하는 창구이다. 네트워크를 통해 데이터를 송수신하기 위해서는 다음과 같이 소켓을 생성해야 한다. 서버 측 소켓은 다음과 같이 생성한다.

```
serverSocket = socket(family, type)
```

클라이언트 측 소켓은 다음과 같이 생성한다.

```
clientSock = socket(family, type)
```

첫 번째 인자인 **family**는 다음과 같다. **AF**는 주소 체계(**Address Family**)를 의미한다.

이름	주소 체계(Address Family)
AF_INET	IPv4 인터넷 프로토콜 체계
AF_INET6	IPv6 인터넷 프로토콜 체계
AF_LOCAL	로컬 통신을 위한 UNIX 프로토콜 체계

두 번째 인자인 소켓 타입에는 다음과 같이 **TCP**와 **UDP**가 있다. **TCP** 통신을 할 경우 **type** 인자에 **SOCK_STREM**을 적고 **UDP** 통신을 할 경우 **type** 인자에 **SOCK_DGRAM**을 적으면 된다.

TCP	UDP
연결 지향형 소켓	비연결 지향형 소켓
SOCK_STREM	SOCK_DGRAM
데이터 손실 없이 목적지로 전송 가능하다.	데이터 손실 우려가 있다.
전송 순서대로 데이터가 수신된다.	전송 순서에 상관없이 가장 빠른 전송을 지향한다.

TCP 채팅 프로그램을 위한 함수

1 bind()

```
serverSock.bind(('', 8081))
```

bind( ) 함수는 클라이언트로부터 접속이 가능하도록 해 준다. 서버의 IP와 port 번호를 생성한 소켓과 결합한다. ''는 모든 주소로 연결할 수 있다는 의미이다. 포트는 낮은 숫자의 경우 이미 사용되고 있기 때문에 4자리 수 이상을 사용하기를 권장한다. 여기서는 서버 포트를 8081로 설정했다. 앞부분은 IP, 뒷부분은 port로 구성된 튜플 형식으로 입력해야 함을 주의하자. 서버와 클라이언트의 port 번호는 통신을 위해 같은 번호를 사용해야 한다.

2 listen()

서버는 클라이언트의 접속을 기다린다. listen() 함수는 서버 소켓에서만 쓰이며 listen( ) 안에 인자로 넣는 숫자는 해당 소켓이 총 몇 개의 동시 접속까지 가능한지를 의미한다.

```
serverSock.listen(1)
```

3 accept()

클라이언트로부터 연결 요청(connect)을 받게 되면 accept( ) 함수를 사용하여 클라이언트와의 접속을 허락하고 완료한다. 클라이언트의 접속 요구가 있을 때까지는 다음 코드가 실행되지 않고 여기서 멈춰 있는다. 클라이언트가 접속을 요구하면 connectionSock에 클라이언트와 통신할 새로운 소켓이 배정되고 addr에는 상대방 주소(상대방 IP)가 저장된다. 새로운 소켓을 만들어 클라이언트와 실질적인 연결을 수행한다. 본 예제에서는 새로운 소켓인 connectionSock을 사용하여 클라이언트와 데이터를 송수신하게 된다.

```
connectionSock, addr = serverSock.accept()
```

4 connect()

접속을 위한 클라이언트 소켓 함수이며 서버에 연결 요청을 한다. connect() 함수에 튜플형 인자를 입력한다.

```
clientSock.connect((addr, port))
```

5 recv()

서버 측 소켓 : 클라이언트 측으로부터 데이터를 수신하는 데 사용한다. connectionSock.recv() 함수를 사용하여 클라이언트로부터 데이터를 수신한다.

클라이언트 측 소켓 : 서버 측으로부터 데이터를 수신하는 데 사용한다. clientSock.recv() 함수를 사용하여 서버로부터 데이터를 수신한다.

6 send()

서버 측 소켓 : 클라이언트에게 데이터를 송신하는 데 사용한다. connectionSock.send() 함수를 사용하여 클라이언트에게 데이터를 송신한다.

클라이언트 측 소켓 : 서버로 데이터를 송신하는 데 사용한다. clientSock.send() 함수를 사용하여 서버로 데이터를 송신한다.

7 encode()

서버 측과 클라이언트 측은 send() 함수를 사용하여 데이터를 보내는데 전송 데이터는 byte형이어야 한다. encode() 함수에 인자로 'utf-8'을 입력하여 데이터를 byte형으로 변환하여 송신한다.

```
sendDate = '안녕하세요'
sendData.encode('utf-8')
```

유니코드(Unicode)는 세계의 모든 문자를 컴퓨터에서 일관되게 표현하고 사용할 수 있도록 설계된 표준이다. UTF-8 코드는 유니코드를 위한 가변 길이 문자 인코딩 방식 중 하나이다. UTF-8 인코딩은 1만 1172자의 한글뿐 아니라 일본어, 중국어 등 전 세계 언어의 문자를 처리할 수 있다는 장점을 가지고 있다.

8 decode() 메소드

서버 측과 클라이언트 측 모두 수신된 데이터는 byte형이다. 이를 다시 문자열로 바꿔 주기 위해서는 decode() 메소드를 사용한다.

```
recvData.decode('utf-8')
```

실전 프로그램 - thread를 사용한 TCP 채팅 프로그램

1 서버 프로그램

thread는 실제 작업을 수행하는 역할을 한다. 지금까지는 하나의 main thread를 사용하여 일을 처리했다. 만약 1개의 thread를 사용할 경우 대용량의 영상 파일을 다운로드받고 있다면 파일을 전부 다운로드받기 전에는 다른 작업을 수행할 수가 없다. 이를 해결하기 위해 멀티스레드가 필요하다. thread를 여러 개 만들면 운영체제가 적절히 시간을 배분하여 동시에 여러 개의 일을 처리할 수 있게 된다. 즉, 영상 파일을 다운로드받으면서 다른 작업을 수행할 수 있게 된다. 본 예제에서는 threading 모듈을 사용하여 멀티스레드를 구현하도록 한다. theading.Thread를 사용하여 스레드를 생성하고 start() 함수를 사용하여 스레드를 실행한다. 다음과 같이 프로그램을 작성하고 thread_server.py로 저장한다.

코드 내역

```
from socket import *
import threading
import time

def send(sock):
    while True:
        sendData = input('>>>')
        sock.send(sendData.encode('utf-8'))

def receive(sock):
     while True:
         recvData = sock.recv(1024)
         print('상대방 :', recvData.decode('utf-8'))
```

```
port = 8081

serverSock = socket(AF_INET, SOCK_STREAM)
serverSock.bind(('', port))
serverSock.listen(1)

print('접속 대기중...')
connectionSock, addr = serverSock.accept()

print(connectionSock)
print(str(addr), '와 접속되었습니다.')

sender = threading.Thread(target=send, args=(connectionSock,))
receiver = threading.Thread(target=receive, args=(connectionSock,))

sender.start()
receiver.start()

while True:
    time.sleep(1)
    pass
```

2 thread_server.exe 파일 만들기

cmd 창에서 pyinstaller 명령어를 사용하여 thread_server.py 파일을 실행 파일(thread_server.exe)로 만들어 준다. 주의할 점은 파일명만 쓰면 안 되고 확장자까지 반드시 입력해 줘야 한다는 점이다.

```
pyinstaller -F thread_server.py
```

3 thread_server.exe 파일 실행하기

dist 폴더 안에 thread_server.exe 파일이 생성된 것을 확인할 수 있다. 클라이언트 프로그램을 실행하기 전에 반드시 서버 프로그램을 먼저 실행해야 한다.

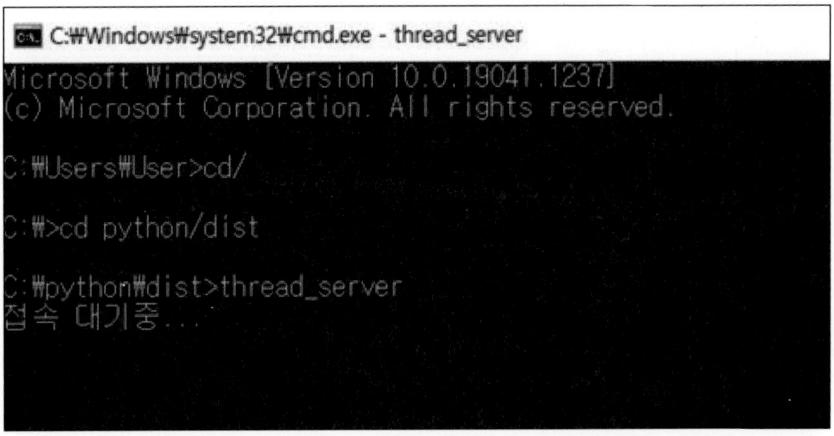

4 클라이언트 프로그램

클라이언트 프로그램을 다음과 같이 작성한다.

코드 내역

```
from socket import *
import threading
import time

def send(sock):
    while True:
        sendData = input('>>>')
        sock.send(sendData.encode('utf-8'))

def receive(sock):
     while True:
         recvData = sock.recv(1024)
         print('상대방 :', recvData.decode('utf-8'))

port = 8081
clientSock = socket(AF_INET, SOCK_STREAM)
addr=input('접속할 주소를 입력하세요!')

clientSock.connect((addr, port))

sender = threading.Thread(target=send, args=(clientSock,))
receiver = threading.Thread(target=receive, args=(clientSock,))

sender.start()
```

```
  receiver.start()

  while True:
   time.sleep(1)
   pass
```

5 thread_client.exe 실행 파일 만들기

cmd 창에서 pyinstaller 명령어를 사용하여 thread_client.py 파일을 실행 파일(thread_client.exe)로 만들어 준다.

```
pyinstaller -F thread_client.py
```

6 채팅 프로그램 실행하기

thread_server.exe 프로그램이 실행된 상태에서 thread_client.exe 프로그램을 실행시킨다. '접속할 주소를 입력하세요!' 옆에 접속할 주소를 입력한다.

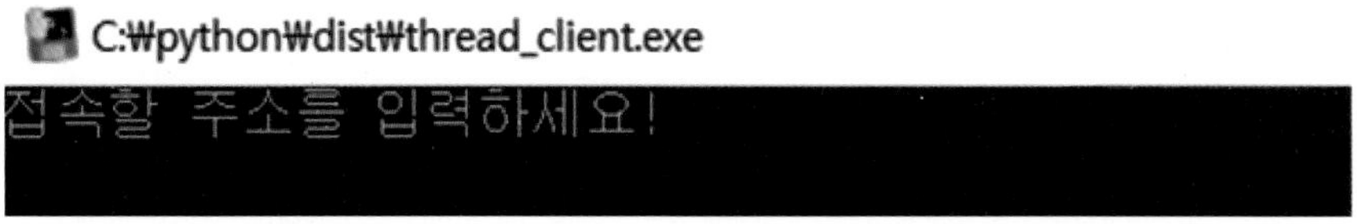

127.0.0.1을 입력하고 Enter 키를 입력한다. 그리고 채팅을 시작해 보자.

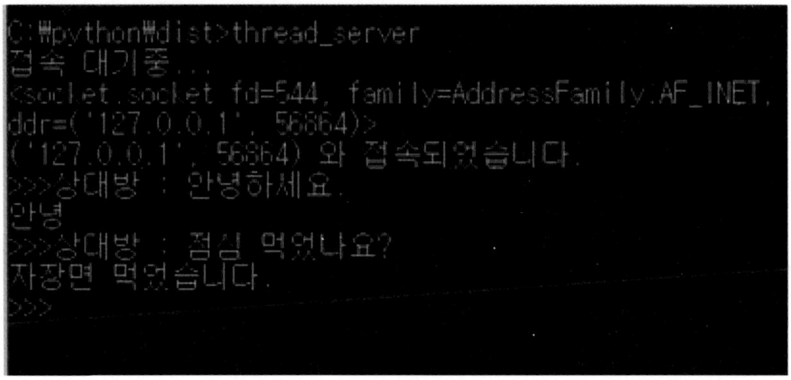

서버 화면

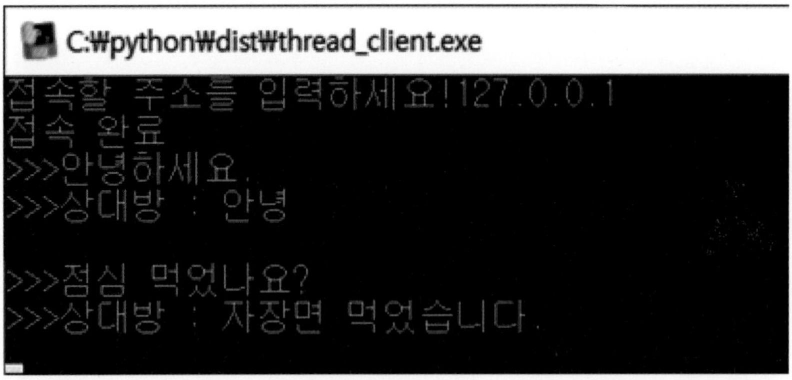

클라이언트 화면

합격자 TCP 서버 프로그램 만들기

1 서버 프로그램 만들기

다음과 같이 코딩을 하고 exam_server.py로 저장한다.

코드 내역

```
from socket import *
import threading
import time

success_applicants = ['홍길동','이순신','조상철','세종대왕','윤봉길']

def receive(sock):
     while True:
         recvData = sock.recv(1024)
         print('상대방 :', recvData.decode('utf-8'))
         if recvData.decode('utf-8') in success_applicants:
              sock.send('합격했습니다. 축하합니다.'.encode('utf-8'))
         else:
              sock.send('불합격했습니다.'.encode('utf-8'))

port = 8081

serverSock = socket(AF_INET, SOCK_STREAM)
```

```
serverSock.bind(('', port))
serverSock.listen(1)

print('접속 대기중...')

connectionSock, addr = serverSock.accept()

print(connectionSock)
print(str(addr), '와 접속되었습니다.')

receiver = threading.Thread(target=receive, args=(connectionSock,))

receiver.start()

while True:
    time.sleep(1)
    pass
```

2 exam_server.exe 파일 만들기

cmd 창에서 pyinstaller 명령어를 사용하여 exam_server.py 파일을 실행 파일(exam_server.exe)로 만들어 준다.

```
pyinstaller -F exam_sever.py
```

3 클라이언트 프로그램 만들기

다음과 같이 코딩을 하고 exam_client.py로 저장한다.

코드 내역

```
from socket import *
import threading
import time

def send(sock):
    while True:
        sendData = input('이름을 입력하세요!')
        sock.send(sendData.encode('utf-8'))
```

```
def receive(sock):
    while True:
        recvData = sock.recv(1024)
        print('상대방 :', recvData.decode('utf-8'))

port = 8081
clientSock = socket(AF_INET, SOCK_STREAM)
addr=input('접속할 주소를 입력하세요!')

clientSock.connect((addr, port))

print('접속 완료')

sender = threading.Thread(target=send, args=(clientSock,))
receiver = threading.Thread(target=receive, args=(clientSock,))
sender.start()
receiver.start()

while True:
 time.sleep(1)
 pass
```

4 클라이언트 실행 파일 만들기

cmd 창에서 exam_server.py 파일과 exam_client.py 파일을 pyinstaller를 사용하여 각각의 실행 파일로 만들어 준다.

```
pyinstaller -F exam_server.py
pyinstaller -F exam_client.py
```

5 실행하기

exam_server.exe 파일을 먼저 실행하고 난 후에 exam_client.exe 파일을 실행한다.

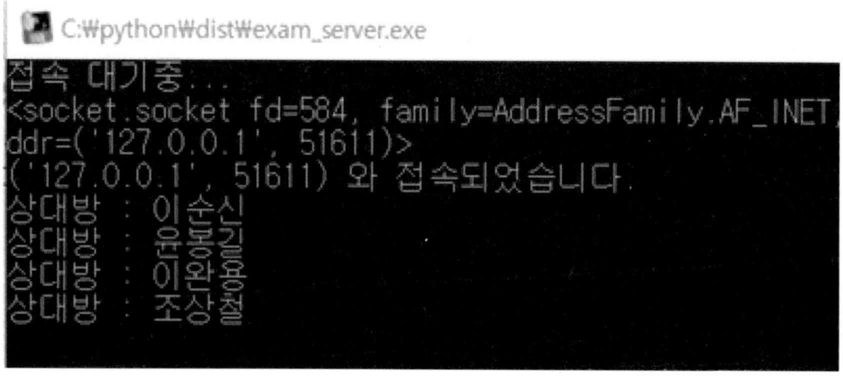

서버 화면

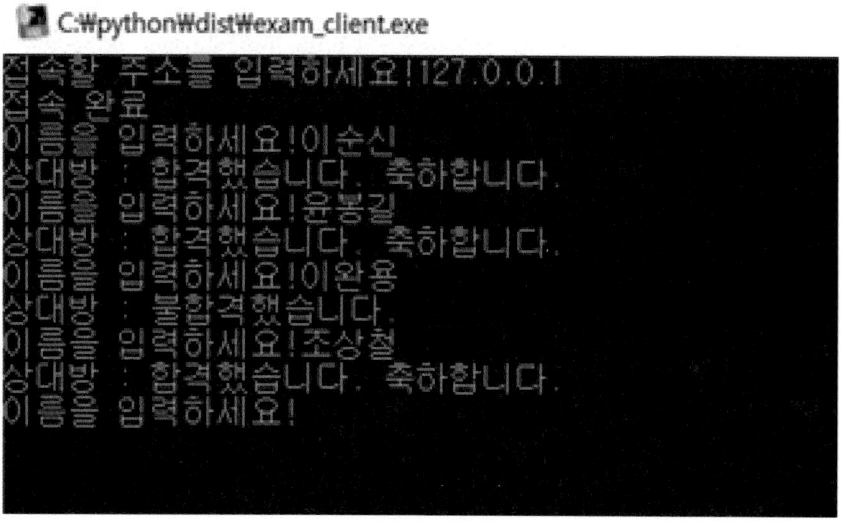

클라이언트 화면

실전 프로그램 - GUI를 사용한 TCP 채팅 프로그램

지금까지 서버의 주소를 127.0.0.1로 설정하여 1대의 컴퓨터로 채팅을 하는 방법을 학습했다. 이번 예제는 네트워크가 연결된 2대의 컴퓨터를 가지고 채팅을 할 수 있도록 프로그램을 제작하겠다.

1 GUI 만들기(서버 프로그램 만들기)

다음과 같은 구조로 서버 측 GUI를 설계한다.

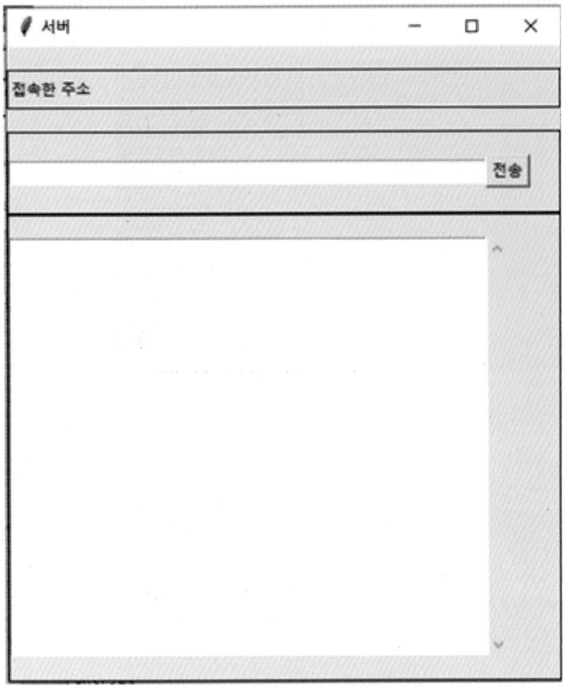

코드는 다음과 같다.

코드 내역

```
from tkinter import *
from tkinter.scrolledtext import ScrolledText

window = Tk()
window.title("서버")
window.geometry("450x500")
window.resizable(1,1)

frame1 = Frame(window, relief = "solid", bd = 1)
frame1.pack(fill = "x", expand = True, ipady=4)

frame2 = Frame(window, relief = "solid", bd = 1)
frame2.pack(fill = "both", expand = True)
frame3 = Frame(window, relief = "solid", bd = 1)
frame3.pack(fill = "both", expand = True)

label1 = Label(frame1, text = "접속한 주소")
```

```
label1.pack(side = "left")

connectAddr = Label(frame1, text = "")
connectAddr.pack(side = "left")

entry1 = Entry(frame2, text = "프레임1", width=55)
entry1.pack(side = "left")

button1 = Button(frame2, text = "전송")
button1.pack(side = "left")

chatting_window = ScrolledText(frame3, height=25, width=55)
chatting_window.pack(side=LEFT)
window.mainloop()
```

2 서버 프로그램 만들기

서버 프로그램을 다음과 같이 작성하고 gui_server.py로 저장한다.

코드 내역

```
from socket import *
import threading
import time
from tkinter import *
from tkinter.scrolledtext import ScrolledText

def send(sock):
    while True:
        sendData = input('>>>')
        chatting_window.insert('end', sendData + '\n')
        chatting_window.yview(END)
        chatting_window.pack(side=LEFT)
        sock.send(sendData.encode('utf-8'))

def sendByEnter(event):

        global connectionSock
```

```
        sendData = entry1.get()
        chatting_window.insert('end', '나: '+ sendData + '\n')
        chatting_window.yview(END)
        chatting_window.pack(side=LEFT)
        connectionSock.send(sendData.encode('utf-8'))
        entry1.delete(0,END)

def sendByButton():
        global connectionSock
        sendData = entry1.get()
        chatting_window.insert('end', '나: '+ sendData + '\n')
        chatting_window.yview(END)
        chatting_window.pack(side=LEFT)
        connectionSock.send(sendData.encode('utf-8'))

def receive(sock):
     while True:
         recvData = sock.recv(1024)
         chatting_window.insert('end','상대방: '+ recvData.decode('utf-₩
         8')+'\n' )
         chatting_window.yview(END)
         chatting_window.pack(side=LEFT)

window = Tk()
window.title("서버")
window.geometry("500x800")
window.resizable(1,1)

frame1 = Frame(window, relief = "solid", bd = 1)
frame1.pack(fill = "x", expand = True, ipady=4)

frame2 = Frame(window, relief = "solid", bd = 1)
frame2.pack(fill = "both", expand = True)

frame3 = Frame(window, relief = "solid", bd = 1)
frame3.pack(fill = "both", expand = True)

frame4 = Frame(window, relief = "solid", bd = 1)
frame4.pack(fill = "both", expand = True)

label1 = Label(frame1, text = "접속한 주소")
```

```
label1.pack(side = "left")

connectAddr = Label(frame1, text = "")
connectAddr.pack(side = "left")

entry1 = Entry(frame2, text = "프레임1", width=55)
entry1.bind("<Return>", sendByEnter)
entry1.pack(side = "left")

button1 = Button(frame2, text = "전송", command=sendByButton)
button1.pack(side = "left")

chatting_window = ScrolledText(frame3, height=25, width=55)
chatting_window.pack(side=LEFT)

button2 = Button(frame3, text = "프레임1")
button2.pack(side = "bottom")

port = 8081
serverSock = socket(AF_INET, SOCK_STREAM)
serverSock.bind(('', port))
serverSock.listen(1)

print('%d번 포트로 접속 대기중...'%port)

connectionSock, addr = serverSock.accept()

print(connectionSock)
print(str(addr), '에서 접속되었습니다.')
connectAddr.config(text=addr)
connectAddr.pack()

sender = threading.Thread(target=send, args=(connectionSock,))
receiver = threading.Thread(target=receive, args=(connectionSock,))
sender.start()
receiver.start()

window.mainloop()

while True:
    time.sleep(1)
    pass
```

3 gui_server.exe 파일 만들기

cmd 창에서 pyinstaller 명령어를 사용하여 gui_server.py 파일을 실행 파일(gui_server.exe)로 만들어 준다. 주의할 점은 파일명만 쓰면 안 되고 확장자까지 반드시 입력해 주어야 한다는 점이다.

```
pyinstaller -F gui_server.py
```

dist 폴더 안에 gui_server.exe 파일이 생성된 것을 확인할 수 있다. 클라이언트 프로그램을 실행하기 전에 반드시 서버 프로그램을 먼저 실행해야 한다.

4 클라이언트 프로그램 만들기

접속할 주소를 묻는 창을 만든다.

코드 내역

```
from tkinter import *
def connect_server(event):
    global w
    global addr
    global e1
    addr = e1.get()
    w.destroy()

w=Tk()
w.title("접속할 주소를 입력하세요!")
w.geometry("400x50")
e1 = Entry(w, text = "프레임1", width=55)
e1.bind("<Return>", connect_server)
e1.pack(side = "left")
w.mainloop()
```

실행 화면은 다음과 같다.

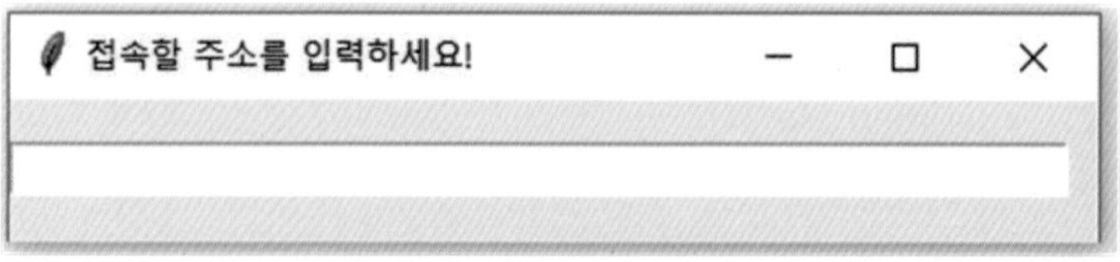

5 GUI 클라이언트 전체 코드

클라이언트 전체 코드를 작성한 후 gui_client.py로 저장한다.

코드 내역

```
from socket import *
import threading
import time
from tkinter import *
from tkinter.scrolledtext import ScrolledText

def connect_server(event):
    global w
    global addr
    global e1
    addr = e1.get()
    w.destroy()
def send(sock):
    while True:
        sendData = input('>>>')
        chatting_window.insert('end', sendData + '\n')
        chatting_window.yview(END)
        chatting_window.pack(side=LEFT)
        sock.send(sendData.encode('utf-8'))

def sendByEnter(event):
        global clientSock
        sendData = entry1.get()
        chatting_window.insert('end', '나: '+ sendData + '\n')
        chatting_window.yview(END)
        chatting_window.pack(side=LEFT)
        clientSock.send(sendData.encode('utf-8'))
        entry1.delete(0,END)


def sendByButton():
        global clientSock
        sendData = entry1.get()
        chatting_window.insert('end', '나: '+ sendData + '\n')
        chatting_window.yview(END)
        chatting_window.pack(side=LEFT)
        clientSock.send(sendData.encode('utf-8'))
```

```
def receive(sock):
    while True:
        recvData = sock.recv(1024)
        chatting_window.insert('end','상대방: '+ recvData.decode('utf-₩
        8')+'\n' )
        chatting_window.yview(END)
        chatting_window.pack(side=LEFT)

connectedv=0
addr=''

w=Tk()
w.title("접속할 주소를 입력하세요!")
w.geometry("400x50")
e1 = Entry(w, text = "프레임1", width=55)
e1.bind("<Return>", connect_server)
e1.pack(side = "left")
w.mainloop()

window = Tk()
window.title("클라이언트")
window.geometry("500x800")
window.resizable(1,1)

frame1 = Frame(window, relief = "solid", bd = 1)
frame1.pack(fill = "x", expand = True, ipady=4)

frame2 = Frame(window, relief = "solid", bd = 1)
frame2.pack(fill = "both", expand = True)

frame3 = Frame(window, relief = "solid", bd = 1)
frame3.pack(fill = "both", expand = True)

label1 = Label(frame1, text = "접속한 주소" + addr)
label1.pack(side = "left")

connectAddr = Label(frame1, text = "")
connectAddr.pack(side = "left")

entry1 = Entry(frame2, text = "프레임1", width=55)
entry1.bind("<Return>", sendByEnter)
entry1.pack(side = "left")
```

```
button1 = Button(frame2, text = "전송", command=sendByButton)
button1.pack(side = "left")

chatting_window = ScrolledText(frame3, height=25, width=70)
chatting_window.pack(side=LEFT)

button2 = Button(frame3, text = "프레임1")
button2.pack(side = "bottom")

port = 8081
clientSock = socket(AF_INET, SOCK_STREAM)
clientSock.connect((addr, port))
sender = threading.Thread(target=send, args=(clientSock,))
receiver = threading.Thread(target=receive, args=(clientSock,))

sender.start()
receiver.start()

window.mainloop()

while True:
 time.sleep(1)
 pass
```

6 gui_client.exe 파일 만들기

cmd 창에서 pyinstaller 명령어를 사용하여 gui_client.py 파일을 실행 파일(gui_client.exe)로 만들어 준다. 주의할 점은 파일명만 쓰면 안 되고 확장자까지 반드시 입력해 주어야 한다는 점이다.

```
pyinstaller -F gui_client.py
```

7 실행하기

gui_server.exe 파일을 먼저 실행시킨 후에 gui_client.exe 파일을 실행한다. 본 예제에서는 서버 측 IP는 192.168.0.26이고 클라이언트 측 IP는 192.168.0.27이었다.

다음은 서버 측 채팅 화면이다.

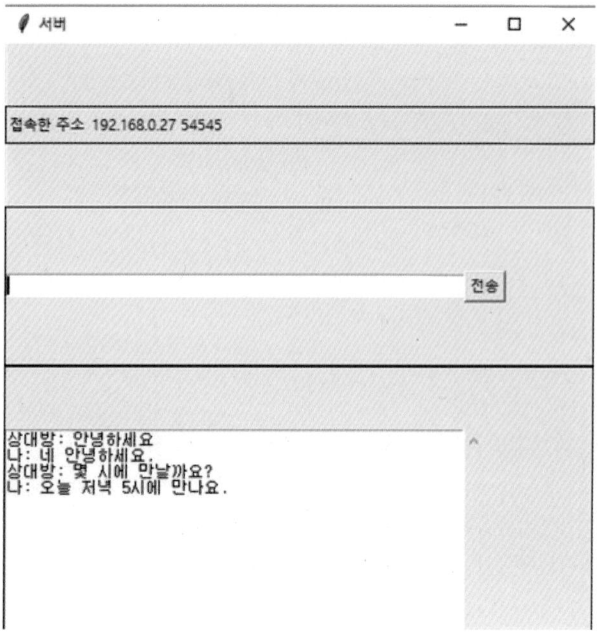

다음은 클라이언트 측 채팅 화면이다. 서버 측 주소를 입력하고 Enter 키를 누른다.

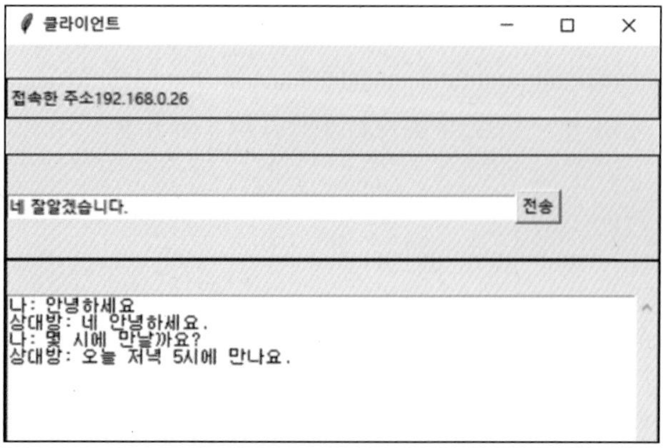

UDP 채팅 프로그램 만들기

TCP에서 데이터를 주고받을 때는 recv()와 send() 함수를 사용했는데 UDP에서는 recvfrom()과 sendto() 함수를 사용한다. 차이점은 함수명에서 짐작할 수 있는데, TCP의 경우에는 데이터만 주고받지만 UDP에서는 데이터와 주소가 함께 전달된다. 컴퓨터 2대를 사용하여 1:2 통신을 만들어 보도록 하겠다.

1 UDP 채팅 서버 프로그램

소켓을 생성한 후 바로 채팅을 시작할 수 있다. 즉 TCP와는 다르게 accept() 함수를 사용하지 않는다.

코드 내역

```
import socket

port = 8082
serverSock = socket.socket(socket.AF_INET,socket.SOCK_DGRAM)
serverSock.bind(('', port))

print("대기중...")
while True:
    print("", end ='')
    data, addr = serverSock.recvfrom(1024)
    print('Client IP: %s, Port: %s' % (addr[0], addr[1]))
    print('수신데이터: ' + data.decode())
    sendData = input(">>>")
    serverSock.sendto(sendData.encode(),addr)
```

실행 결과

클라이언트1과 클라이언트2와의 채팅 화면

2 클라이언트1 프로그램

다음과 같이 코딩을 하고 udp_client1.py로 저장한다. 본 예제에서는 서버와 동일한 컴퓨터를 사용하여 클라이언트1을 구동했다. 서버 프로그램을 먼저 실행한 후에 클라이언트1 프로그램을 실행한다. '접속할 IP를 입력하세요!'라는 메시지가 제시되면 127.0.0.1을 입력했다.

코드 내역

```
import socket
port = 8082

clientSock = socket.socket(socket.AF_INET,socket.SOCK_DGRAM)
ip_addr = input('접속할 IP를 입력하세요!')
addr = (ip_addr, port)

while True:
    sendData = input("클라이언트1: ") +'\n'
    clientSock.sendto(sendData.encode(),addr)
    data, addr = clientSock.recvfrom(1024)
    print("수신데이터: " + data.decode() +'\n', end ='')
```

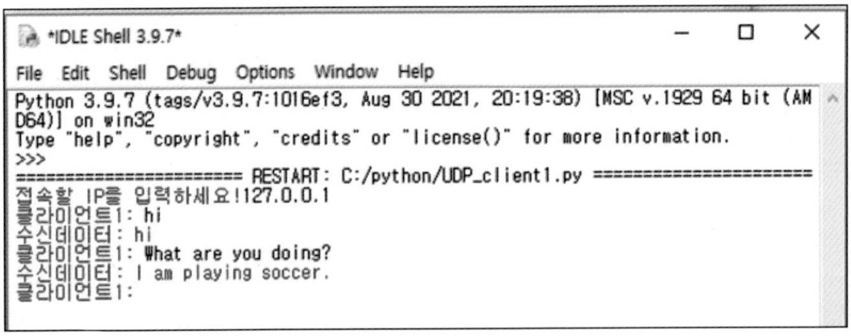

서버와 클라이언트1이 채팅하는 화면

3 클라이언트2 프로그램

다음과 같이 코딩을 하고 udp_client2.py로 저장한다. 다른 컴퓨터를 준비하여 클라이언트2 프로그램을 실행한다. 클라이언트1 프로그램을 실행한다. 마찬가지로 서버 프로그램이 먼저 실행되어 있어야 한다. 클라이언트 측 화면에서는 '접속할 IP를 입력하세요!'라는 메시지가 제시되면 192.168.0.26을 입력했다. 본 예제에서 다루는 서버 컴퓨터의 IP가 192.168.0.26이기 때문이다. 참고로 본 예제에서는 클라이언트2 프로그램을 실행한 IP는 192.168.0.27이었다.

코드 내역

```
import socket

port = 8082
clientSock = socket.socket(socket.AF_INET,socket.SOCK_DGRAM)

ip_addr = input('접속할 IP를 입력하세요!')
addr = (ip_addr, port)

while True:
    sendData = input("클라이언트2: ") +'\n'
    clientSock.sendto(sendData.encode(),addr)
    data, addr = clientSock.recvfrom(1024)
    print("수신데이터: " + data.decode() +'\n', end ='')
```

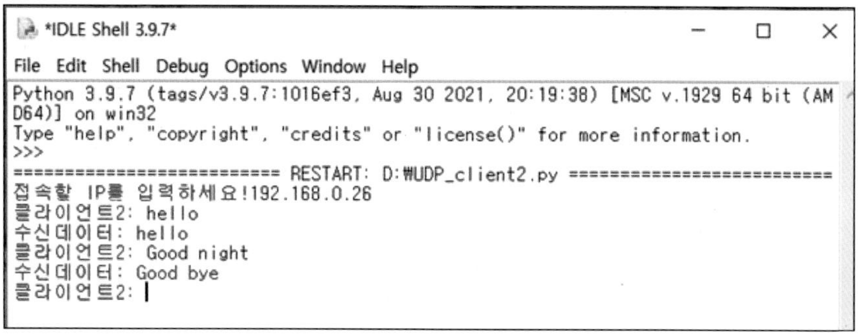

서버와 클라이언트2가 채팅하는 화면

Chapter

11

예외 처리, 파일 입출력

1 예외 처리하기

2 파일 입력 처리하기

3 파일 출력 처리하기

4 엑셀 파일 다루기

5 Matplotlib 모듈을 활용한 차트 만들기

6 DataFrame 엑셀 파일에 저장하기

Chapter 11 예외 처리, 파일 입출력

프로그램 오류는 크게 문법 오류(Syntax Error), 실행 오류(Runtime Error)로 구분한다. 문법 오류는 철자를 잘못 쓴 경우로 파이썬은 문법 오류를 발견할 경우 프로그램이 실행되지 않는다. 실행 오류는 프로그램 실행 중에 사용자가 잘못된 값을 입력하거나 없는 파일을 불러올 때 발생하는 오류이다. 실행 오류는 예외 처리를 통해서 예방할 수 있는 오류이다.

예외 처리하기

실행 도중에 발생하는 오류를 예외 오류라고 한다. 오류가 발생하면 프로그램이 중간에 종료된다. 예외 처리를 해 주면 프로그램이 실행 중간에 갑작스럽게 종료되는 것을 예방할 수 있다.

1 에러가 발생할 경우

정수 10을 0으로 나누게 되면 에러가 발생하여 코드가 끝까지 실행되지 못하고 강제로 종료된다.

코드 내역

```
print(10/0)
print('수학공부 끝')
```

실행 결과

```
Traceback (most recent call last):
  File "C:/pythonnew/errortest.py", line 1, in <module>
    print(10/0)
ZeroDivisionError: division by zero
```

2 try ~ except

예기치 못한 에러에 의해 프로그램이 강제 종료되는 것을 막기 위해서 try ~ except 구문을 사용한다. try 다음 줄에 에러가 발생할 가능성이 있는 코드를 적어 주고 except 다음 줄에는 에러가 발생할 경우에 처리할 코드를 적어 준다.

```
try:
    (에러 발생 가능성이 있는 코드)
except:
    (에러가 발생했을 경우 실행할 코드)
```

try ~ except 구문을 사용하면 프로그램 실행 도중에 발생한 에러에 의한 강제 종료를 막을 수 있다.

코드 내역

```
try:
 print(10/0)
except:
 print('에러 발생')

print('수학공부 끝')
```

실행 결과

```
에러 발생
수학공부 끝
```

3 try ~ except ~ else

try ~ except와의 차이점은 else 영역에 에러가 발생하지 않았을 경우에 실행되는 코드를 넣어 준다는 점이다.

```
try:
    (에러 발생 가능성이 있는 코드)
except:
    (에러가 발생했을 경우 실행할 코드)
else:
    (에러가 발생하지 않았을 경우 실행할 코드)
```

다음 예제에서 입력값을 0으로 하지 않으면 에러가 발생하지 않기 때문에 else 구문이 실행된다. 여기서는 입력값을 2로 했다.

코드 내역

```
try:
 num = int(input('100을 몇으로 나눌지 숫자를 입력하세요'))
 result = 100/num
except:
 print('에러 발생')
else:
 print(int(result))
print('수학공부 끝')
```

사용자가 2를 입력할 경우의 실행 결과이다.

실행 결과

```
100을 몇으로 나눌지 숫자를 입력하세요2
50
수학공부 끝
```

4 try ~ finally 구문

```
try:
    (에러 발생 가능성이 있는 코드)
except:
    (에러가 발생했을 경우 실행할 코드)
else:
    (에러가 발생하지 않았을 경우 실행할 코드)
finally:
    (에러 발생 유무와 관계없이 무조건 실행할 코드)
```

finally 절은 try문 코드 수행 중 에러 발생 여부에 관계없이 항상 수행된다. 사용한 리소스를 닫을 때 finally 절을 많이 사용한다.

코드 내역

```
try:
 num = int(input('100을 몇으로 나눌지 숫자를 입력하세요'))
 result = 100/num
except:
 print('에러 발생')
else:
 print(int(result))
finally:
 print('수학공부 끝')
```

입력값을 0으로 할 경우에도 finally 구문은 무조건 실행이 된다.

실행 결과

```
100을 몇으로 나눌지 숫자를 입력하세요
0
에러 발생
수학공부 끝
```

파일 입력 처리하기

1 파일 입출력 3단계

(1) open() 함수로 파일을 열고 파일 객체 반환하기
(2) read() 또는 write() 함수를 사용하여 파일의 내용을 읽거나 파일에 저장하기
(3) close() 함수를 사용하여 파일 객체 닫기

2 파일 열기

mFile = open("파일명"', "mode")

mFile은 프로그램에서 파일을 가리키는 파일 객체이다. 이 객체를 사용하여 파일을 읽거나 쓸 수 있다. 파일명은 사용자가 처리할 파일 이름이다. 소스 코드와 다른 경로에 파일이 있을 경우 디렉터리 경로를 설정할 수 있다.

mode는 파일을 어떤 용도로 열 것인지를 정의한다.

파일 모드	모드 이름	설명
"r"	읽기 모드 (Read Mode)	- 파일이 존재해야 하며 없을 경우 에러가 발생한다.
"w"	쓰기 모드 (Write Mode)	- 파일이 존재한다면 처음부터 덮어쓰게 된다. 즉 기존의 내용은 지워진다. - 파일이 없으면 새로운 파일이 생성된다.
"a"	추가 모드 (Append mode)	- 기존 파일의 끝에 추가된다. - 파일이 없으면 새로운 파일이 생성된다.
"r+"	읽기와 쓰기 모드 (Read, Write mode)	- 파일에서 데이터를 읽고 쓸 수 있는 모드이다. - 모드를 변경하려면 seek()가 호출되어야 한다. - 파일이 존재해야 하며 없을 경우 에러가 발생한다.

3 read() 함수를 사용하여 파일 읽기

먼저 다음과 같이 idiom.txt 파일을 준비한다.

```
苛斂誅求(가렴주구) : 가혹한 세금 징수로 백성의 재물을 함부로 빼앗는다
佳人薄命(가인박명) : 아름다운 사람은 명이 짧다
刻骨難忘(각골난망) : 은혜를 입은 고마운 마음이 뼈에 깊이 새겨져 잊히지 아니함
刻舟求劍(각주구검) : 어리석고 미련해서 융통성 없음
肝膽相照(간담상조) : 서로 속마음을 터놓고 지내는 사이
渴而穿井(갈이천정) : 목마른 사람이 우물을 판다
甘言利說(감언이설) : 남의 비위에 맞게 달콤한 말로 꾀는 말
甘呑苦吐(감탄고토) : 신의를 지키지 않고 자기 비위에 맞으면 갖고 싫으면 내버림
改過遷善(개과천선) : 허물을 고치고 결의를 실천하여 착하게 됨
乾坤一擲(건곤일척) : 흥망 성패를 하늘에 맡기고 마지막으로 거는 승부
```

다음과 같이 코드를 작성하고 실행해 본다. read() 함수를 사용하여 모든 파일 내용을 읽을 수 있다. read() 함수 안에 매개변수를 넣어 주지 않을 경우 모든 글을 읽는다.

코드 내역

fileareadall.py

```
mFile = open("idiom.txt","r", encoding="utf-8")
readAll = mFile.read()
print(readAll)
mFile.close()
```

실행 결과

```
======================= RESTART: C:\python\filereadall.py =======================
苛斂誅求(가렴주구) : 가혹한 세금 징수로 백성의 재물을 함부로 빼앗는다
佳人薄命(가인박명) : 아름다운 사람은 명이 짧다
刻骨難忘(각골난망) : 은혜를 입은 고마운 마음이 뼈에 깊이 새겨져 잊히지 아니함
刻舟求劍(각주구검) : 어리석고 미련해서 융통성 없음
肝膽相照(간담상조) : 서로 속마음을 터놓고 지내는 사이
渴而穿井(갈이천정) : 목마른 사람이 우물을 판다
甘言利說(감언이설) : 남의 비위에 맞게 달콤한 말로 꾀는 말
甘呑苦吐(감탄고토) : 신의를 지키지 않고 자기 비위에 맞으면 갖고 싫으면 내버림
改過遷善(개과천선) : 허물을 고치고 결의를 실천하여 착하게 됨
乾坤一擲(건곤일척) : 흥망 성패를 하늘에 맡기고 마지막으로 거는 승부
```

만약에 50글자만 읽고 싶은 경우 read() 함수의 매개변수로 50을 넣어 준다.

코드 내역

```
mFile = open("idiom.txt","r", encoding="utf-8")
readAll = mFile.read(50)
print(readAll)
mFile.close()
```

실행 결과

```
苛斂誅求(가렴주구) : 가혹한 세금 징수로 백성의 재물을 함부로 빼앗는다
佳人薄命(가인박명
```

4 readlines() 함수를 사용하여 파일 읽기

readlines() 함수는 텍스트를 한 번에 읽어 온다. read() 함수와의 차이점을 실행을 통해 살펴보도록 하자. readlines() 함수는 텍스트를 읽어서 리스트로 만들어 주고 개행문자 \n을 한 줄 뒤에 추가해 주는 것을 볼 수 있다.

코드 내역

fileireadlines.py

```
mFile = open("idiom.txt","r", encoding="utf-8")
readAll = mFile.readlines()
print(readAll)
mFile.close()
```

실행 결과

```
======================= RESTART: C:\python\filereadlines.py ======================
['苛斂誅求(가렴주구) : 가혹한 세금 징수로 백성의 재물을 함부로 빼앗는다\n', '佳
人薄命(가인박명) : 아름다운 사람은 명이 짧다\n', '刻骨難忘(각골난망) : 은혜를 입
은 고마운 마음이 뼈에 깊이 새겨져 잊히지 아니함\n', '刻舟求劍(각주구검) : 어리석
고 미련해서 융통성 없음\n', '肝膽相照(간담상조) : 서로 속마음을 터놓고 지내는 사
이\n', '渴而穿井(갈이천정) : 목마른 사람이 우물을 판다\n', '甘言利說(감언이설) :
 남의 비위에 맞게 달콤한 말로 꾀는 말\n', '甘呑苦吐(감탄고토) : 신의를 지키지 않
고 자기 비위에 맞으면 갖고 싫으면 내버림\n', '改過遷善(개과천선) : 허물을 고치고
 결의를 실천하여 착하게 됨\n', '乾坤一擲(건곤일척) : 흥망 성패를 하늘에 맡기고
마지막으로 거는 승부']
```

5 readline() 함수를 사용하여 파일 한 줄 읽기

readline() 함수는 파일에서 한 줄을 읽어 주는 함수이다. 다음과 같이 readline()을 한 번만 사용할 경우 파일에서 한 줄만 읽어 준다.

코드 내역

filereadline1.py

```
mFile = open("idiom.txt","r", encoding="utf-8")
readline = mFile.readline()
print(readline)
mFile.close()
```

실행 결과

```
苛斂誅求(가렴주구) : 가혹한 세금 징수로 백성의 재물을 함부로 빼앗는다
```

6 readline() 함수를 사용하여 파일 전부 읽기

while 구문 안에서 readline() 함수를 사용하여 한 줄씩 읽어 온다. 읽어 온 문장이 비워져 있는 경우 break 명령어를 사용하여 반복문을 벗어나도록 한다.

코드 내역 fileredline2.py

```
mFile = open("idiom.txt","r", encoding="utf-8")
while True:
    line = mFile.readline()
    if not line: break
    print(line)
mFile.close()
```

if not line 부분을 if(line == "")으로 변경하여 실행해 보자. 동일한 결과를 얻을 수 있다.

코드 내역 filereadline3.py

```
mFile = open("idiom.txt","r", encoding="utf-8")
while True:
        line = mFile.realine()
        if( line == "") : break
        print(line)

mFile.close()
```

실행 결과는 다음과 같다. 파일에서 한 줄씩 읽어 출력할 때 줄 끝에 '\n' 문자가 있기 때문에 빈 줄도 같이 출력된다.

실행 결과

```
苛斂誅求(가렴주구) : 가혹한 세금 징수로 백성의 재물을 함부로 빼앗는다

佳人薄命(가인박명) : 아름다운 사람은 명이 짧다

刻骨難忘(각골난망) : 은혜를 입은 고마운 마음이 뼈에 깊이 새겨져 잊히지 아니함

刻舟求劍(각주구검) : 어리석고 미련해서 융통성 없음

肝膽相照(간담상조) : 서로 속마음을 터놓고 지내는 사이

渴而穿井(갈이천정) : 목마른 사람이 우물을 판다
```

```
甘言利說(감언이설) : 남의 비위에 맞게 달콤한 말로 꾀는 말

甘呑苦吐(감탄고토) : 신의를 지키지 않고 자기 비위에 맞으면 갖고 싫으면 내버림

改過遷善(개과천선) : 허물을 고치고 결의를 실천하여 착하게 됨

乾坤一擲(건곤일척) : 흥망 성패를 하늘에 맡기고 마지막으로 거는 승부
```

빈 줄을 제거하기 위해서는 rstrip() 함수를 사용하면 된다. 다음과 같이 수정한 후 실행해 보자.

코드 내역 fileradline4.py

```
mFile = open("idiom.txt","r", encoding="utf-8")
while True:
    line = mFile.readline().rstrip()
    if( line!="") :
        print(line)
    else :
        break
mFile.close()
```

실행 결과

```
苛斂誅求(가렴주구) : 가혹한 세금 징수로 백성의 재물을 함부로 빼앗는다
佳人薄命(가인박명) : 아름다운 사람은 명이 짧다
刻骨難忘(각골난망) : 은혜를 입은 고마운 마음이 뼈에 깊이 새겨져 잊히지 아니함
刻舟求劍(각주구검) : 어리석고 미련해서 융통성 없음
肝膽相照(간담상조) : 서로 속마음을 터놓고 지내는 사이
渴而穿井(갈이천정) : 목마른 사람이 우물을 판다
甘言利說(감언이설) : 남의 비위에 맞게 달콤한 말로 꾀는 말
甘呑苦吐(감탄고토) : 신의를 지키지 않고 자기 비위에 맞으면 갖고 싫으면 내버림
改過遷善(개과천선) : 허물을 고치고 결의를 실천하여 착하게 됨
乾坤一擲(건곤일척) : 흥망 성패를 하늘에 맡기고 마지막으로 거는 승부
```

7 try ~ except 구문 활용하기

파일 읽기 모드 r을 사용해서 파일을 열려고 하는데 파일이 존재하지 않는다면 에러가 발생한다. 다음과 같이 파일명을 idiom2.txt로 변경하고 실행을 해 보자. idiom2.txt 파일이 존재하지 않기 때문에 에러가 발생한다.

코드 내역

```
mFile = open("idiom2.txt","r", encoding="utf-8")
readline = mFile.readline()
print(readline)
mFile.close()
```

실행 결과

```
Traceback (most recent call last):
  File "C:/python/file_try_except.py", line 1, in <module>
    mFile = open("idiom2.txt","r", encoding="utf-8")
FileNotFoundError: [Errno 2] No such file or directory: 'idiom2.txt'
```

이런 경우, 다음과 같이 try ~ except 구문을 넣어서 에러를 방지해야 한다.

코드 내역

```
try:
    mFile = open("idiom2.txt","r", encoding="utf-8")
    while True:
        line = mFile.readline().rstrip()
        if( line!="") :
          print(line)
        else :
          break
except:
    print('파일이 없습니다!')
```

실행 결과

```
파일이 없습니다!
```

8 with ~ as문 사용하기

with ~ as문을 open() 함수와 함께 사용하면 close() 함수를 적지 않아도 파일을 자동으로 닫아 준다.

코드 내역 file_with_as.py

```
with open("idiom.txt","r", encoding="utf-8")  as mFile:
  while True:
    line = mFile.readline().rstrip()
    if( line!="") :
        print(line)
    else :
        break
```

파일 출력 처리하기

1 파일 작성하기

1부터 10까지의 숫자를 저장하는 코드를 만들어 보자. 숫자를 텍스트 파일에 문자열로 저장하기 위해 str() 함수를 사용하였다.

코드 내역 firewrite.py

```
mFile = open("writetest.txt","w", encoding="utf-8")
for i in range(1,11,1):
   mFile.write(str(i)+'\n')
mFile.close()
```

실행 후 생성된 텍스트 파일을 메모장으로 열어서 확인해 본다.

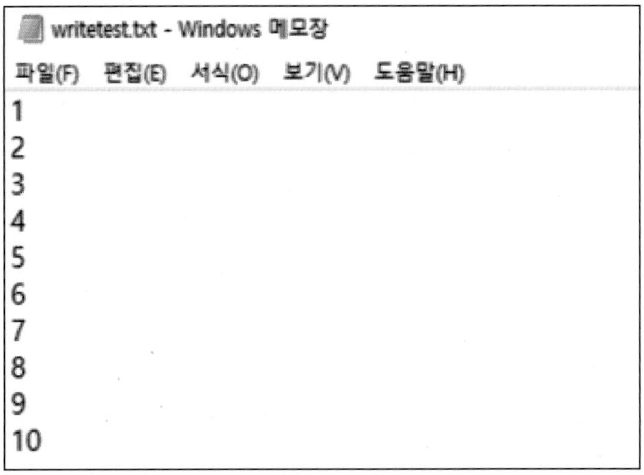

2 기존 파일에 데이터 추가하기

데이터 11, 12를 writetest.txt 파일에 추가하려고 한다. 하지만 w 모드를 사용할 경우 이전 데이터는 모두 지워지게 된다. 이때는 모드 w를 a로 바꾸어 주도록 한다.

코드 내역

```
mFile = open("writetest.txt","a", encoding="utf-8")
for i in range(11,13,1):
   mFile.write(str(i)+'\n')
mFile.close()
```

writetest.txt 파일을 메모장으로 열어서 확인해 본다.

실행 결과

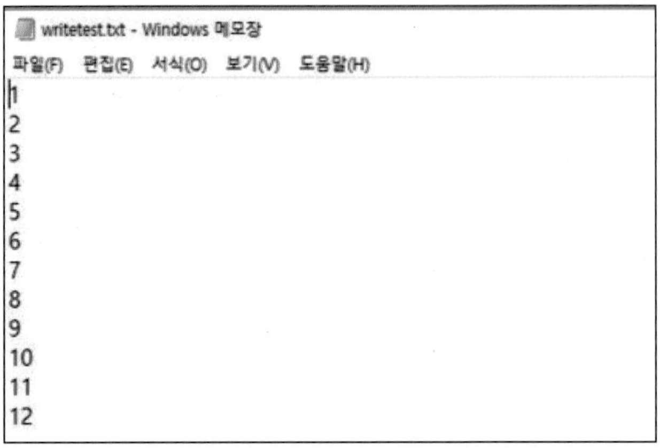

엑셀 파일 다루기

1 필요한 모듈 설치하기

데이터를 2차원으로 표현해 주는 DataFrame을 다루기 위해서는 pandas 모듈이 필요하다. 먼저 cmd 창에서 pandas 모듈을 설치한다.

```
pip install pandas
```

또한 엑셀 파일을 읽거나 저장하기 위해서는 xlrd, openpyxl 모듈이 필요하다. xlrd, openpyxl 모듈도 설치한다.

```
pip install xlrd
pip install openpyxl
```

2 pandas 모듈을 활용하여 엑셀 파일 불러오기

먼저 다음과 같이 엑셀 파일을 만들고 toeic.xlsx로 저장한다.

	A	B	C	D	E
1	Toeic	이갈돌	김철수	조단비	
2	토익 1차	600	760	800	
3	토익 2차	650	750	840	
4	토익 3차	660	770	870	
5	토익 4차	670	750	900	
6					

다음과 같이 코딩한 다음, 파일 이름을 excel_read.py로 저장하고 실행을 해 본다. 엑셀 프로그램이 컴퓨터에 설치되지 않았다면 즉석으로 파이썬으로 엑셀 파일을 만들어서 사용할 수 있을 것이다.

코드 내역

```
import pandas as pd
df_excel = pd.read_excel('c:/python/excel/toeic.xlsx')
print(df_excel)
```

실행 결과는 다음과 같다. 왼쪽에 있는 0, 1, 2, 3은 인덱스이며 엑셀 파일을 불러오면 자동으로 생성된다.

```
====================== RESTART: C:/pythonnew/excel_read.py
   Toeic  이갈돌  김철수  조단비
0  토익 1차   600   760   800
1  토익 2차   650   750   840
2  토익 3차   660   770   870
3  토익 4차   670   750   900
```

3 openpyxl 모듈을 활용하여 엑셀 파일 불러오기

openpyxl 모듈을 사용하면 엑셀 cell들에 직접 접근하여 수정할 수 있다.

코드 내역 excel_by_openpyxl.py

```
import openpyxl

toeicFile = openpyxl.load_workbook("./excel/toeic.xlsx")
sheet = toeicFile.worksheets[0]
data=[]

for row in sheet.rows :
    line=[]
    for index,cell in enumerate(row) :

        line.append(cell.value)
    print(line)
    data.append(line)
print(data)
```

실행 결과

```
================== RESTART: C:/pythonnew/excel_by_openpyx
l.py ===================
['Toeic', '이갈돌', '김철수', '조단비']
['토익 1차', 600, 760, 800]
['토익 2차', 650, 750, 840]
['토익 3차', 660, 770, 870]
['토익 4차', 670, 750, 900]
[['Toeic', '이갈돌', '김철수', '조단비'], ['토익 1차', 60
0, 760, 800], ['토익 2차', 650, 750, 840], ['토익 3차', 6
60, 770, 870], ['토익 4차', 670, 750, 900]]
```

4 openpyxl 모듈을 활용하여 엑셀 파일 수정하기

toeic.xlsx 파일에 한 줄을 추가하는 작업을 해 보도록 하겠다.

코드 내역 excel_openpyxl_add.py

```
import openpyxl

wb = openpyxl.load_workbook('./excel/toeic.xlsx')
ws = wb.active
ws = wb['Sheet1']    #Sheet1 시트를 사용한다.

ws['A6'] = "토익 5차"
ws['B6'] = 740
ws['C6'] = 760
ws['D6'] = 865

wb.save('./excel/toeic2.xlsx')
wb.close()
```

실행 결과

	A	B	C	D	E
1	Toeic	이갈돌	김철수	조단비	
2	토익 1차	600	760	800	
3	토익 2차	650	750	840	
4	토익 3차	660	770	870	
5	토익 4차	670	750	900	
6	토익 5차	740	760	865	
7					
8					

Matplotlib 모듈을 활용한 차트 만들기

1 엑셀 데이터를 불러와서 차트 만들기

Matplotlib은 데이터를 산점도, 원, 막대그래프 등 다양한 방법으로 시각화할 수 있도록 돕는 라이브러리이다. 월별 평균 기온을 막대그래프와 산점도로 나타내 보자. 먼저 다음과 같이 월별 평균 기온 값이 담긴 엑셀 파일을 준비한다.

	A	B	C
1	월	평균기온	
2	1	-2.4	
3	2	1.5	
4	3	5.7	
5	4	12.5	
6	5	17.8	
7	6	22.2	
8	7	24.9	
9	8	25.7	
10	9	21.2	
11	10	14.8	
12	11	7.2	
13	12	0.4	

코드 내역 makechart.py

```
import matplotlib.pylab as plt
import pandas as pd

df = pd.read_excel("./excel/temperature.xlsx")
print(df)
plt.figure(figsize=(9, 3))   #가로, 세로 창 크기 비율
#plt.bar(df['월'],df['평균기온'])  차트를 막대그래프로 표현
plt.scatter(df['월'],df['평균기온'])
plt.show()
```

실행 결과

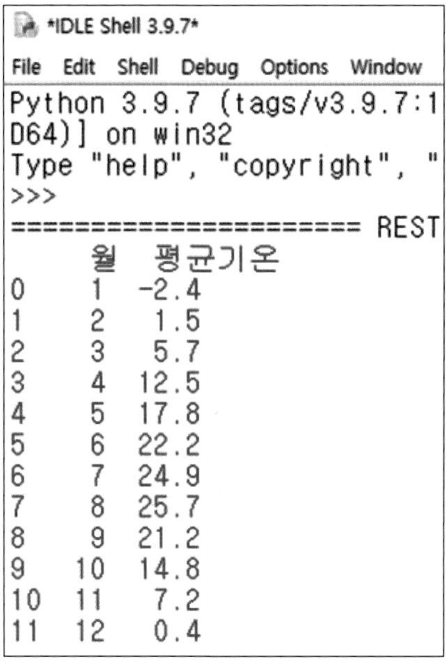

```
*IDLE Shell 3.9.7*
File  Edit  Shell  Debug  Options  Window
Python 3.9.7 (tags/v3.9.7:1
D64)] on win32
Type "help", "copyright", "
>>>
====================== REST
     월  평균기온
0     1  -2.4
1     2   1.5
2     3   5.7
3     4  12.5
4     5  17.8
5     6  22.2
6     7  24.9
7     8  25.7
8     9  21.2
9    10  14.8
10   11   7.2
11   12   0.4
```

차트 창이 제시된다.

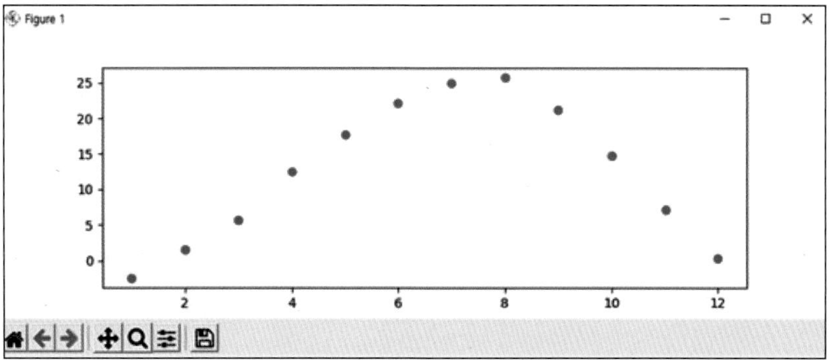

차트 모양을 plt.bar(df['월'],df['평균기온'])으로 입력하면 다음과 같이 그려진다.

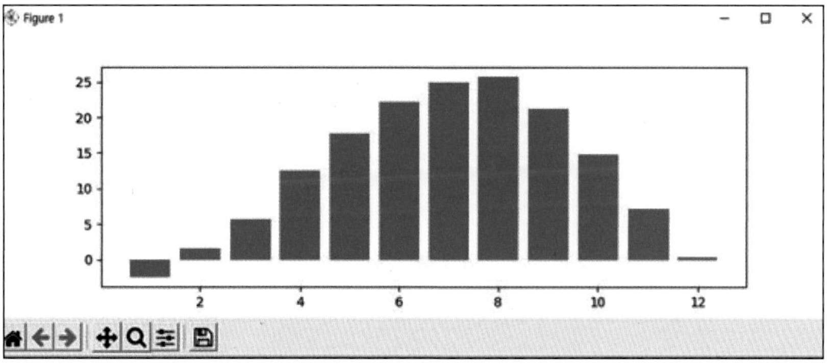

2 차트를 그림 파일로 저장하기

grid() 함수에 인자로 True를 입력하면 그래프에 격자를 그려 준다. 그래프를 정확하게 이해하는 데 도움이 될 수 있다. 그리고 savefig() 함수를 사용하여 그래프를 파일로 저장할 수 있다.

코드 내역

save_chart.py

```
import matplotlib.pylab as plt
import pandas as pd

df = pd.read_excel("./excel/temperature.xlsx")
print(df)
plt.figure(figsize=(9, 3))   #가로, 세로 창 크기 비율

plt.scatter(df['월'],df['평균기온'])
plt.grid(True)
plt.savefig('chart.png', dpi = 100)
```

소스 파일이 저장된 위치에 chart.png 파일이 형성되는 것을 확인한다.

실행 결과

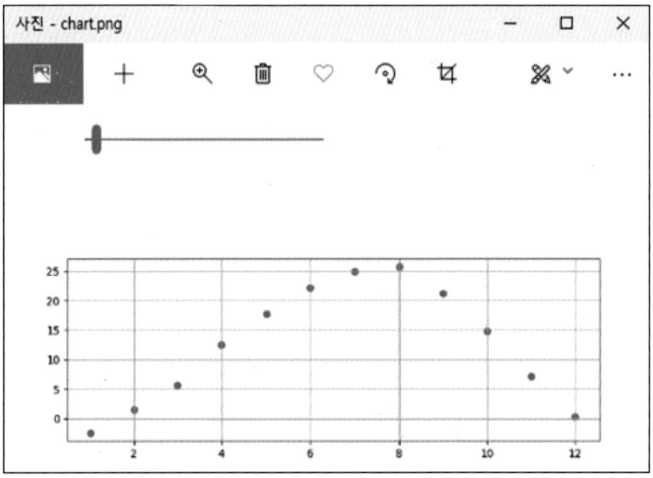

DataFrame 엑셀 파일에 저장하기

1 DataFrame 만들기

코드 내역

```
import pandas as pd
content = [[0, 1, 2], [3, 4, 5], [6, 7, 8]]
index = ['A', 'B', 'C']        #columns 리스트
column = [1, 2, 3]          #index 리스트

df=pd.DataFrame(content, column, index)
print(df)
```

실행 결과

```
   A  B  C
1  0  1  2
2  3  4  5
3  6  7  8
```

2 엑셀 파일에 저장하기

앞에서 만든 데이터 프레임을 to_excel() 함수를 사용하여 엑셀 파일로 저장해 보자.

코드 내역 save_to_excel.py

```
import pandas as pd
content = [[0, 1, 2], [3, 4, 5], [6, 7, 8]]
index = ['A', 'B', 'C']        #columns 리스트
column = [1, 2, 3]          #index 리스트

df=pd.DataFrame(content, column, index)

df.to_excel('writetest.xls', encoding='utf-8',index=True, header=True)
```

실행 후 excel 디렉터리에 writetest.xls 파일이 생성된 것을 확인해 보자.

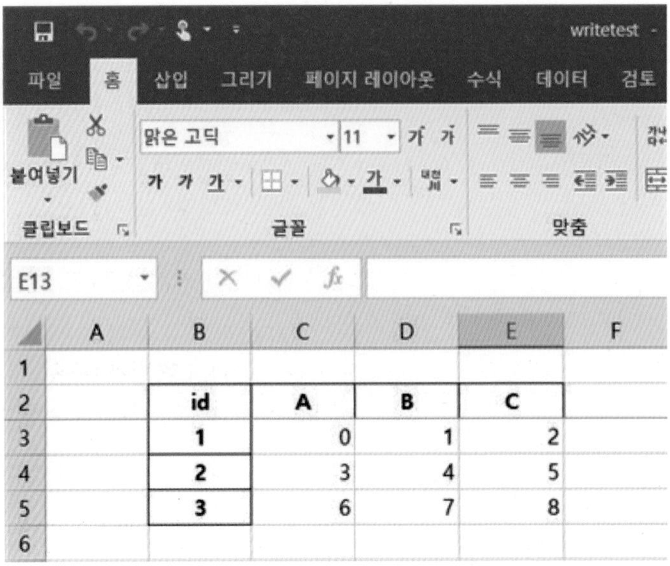
writetest
파일
홈
삽입
그리기
페이지 레이아웃
수식
데이터
검토
붙여넣기
맑은 고딕
11
클립보드
글꼴
맞춤
E13
A B C D E F
id A B C
1 0 1 2
2 3 4 5
3 6 7 8

Chapter

12

데이터 분석

1 Matplotlib

2 Numpy

3 Pandas 패키지

4 folium 라이브러리

5 JSON(JavaScript Object Notation) 이해하기

Chapter 12

데이터 분석

데이터 분석(Data Analysis)은 데이터를 필요에 따라 정리하고 변환하고 모델링하는 과정이다. 이를 통해 원하는 유용한 정보를 발굴하고 결론 내는 것을 지향한다. 데이터를 분석하여 다양한 방법으로 시각화해 보도록 하자.

Matplotlib

Matplotlib란 데이터를 그래프 또는 차트로 시각화해 주는 파이썬 패키지이다.

1 데이터를 선으로 표현하기

plot() 함수를 사용하여 데이터를 선으로 표현할 수 있다. 다음 표와 같이 월별 기온 데이터를 시각화하여 선으로 표현해 보자. show() 함수는 plot() 함수로 그린 그래프를 화면에 출력한다. show() 함수를 사용하지 않으면 아무것도 출력되지 않는다.

월	1	2	3	4	5	6	7	8	9	10	11	12
기온	-7.3	1.2	3.5	10.1	17.9	22.2	24.6	25.8	21.8	13.9	10.7	-0.4

코드 내역 plot_test.py

```
import matplotlib.pyplot as plt

temp = [ -7.3, 1.2, 3.5, 10.1, 17.9, 22.2, 24.6, 25.8, 21.8 , 13.9, 10.7, -0.4 ]
month = [1, 2, 3, 4, 5, 6, 7, 8, 9, 10, 11, 12]
plt.plot(month, temp)  #첫 번째 인자 : x축 값, 두 번째 인자 : y축 값
plt.show()
```

실행 결과

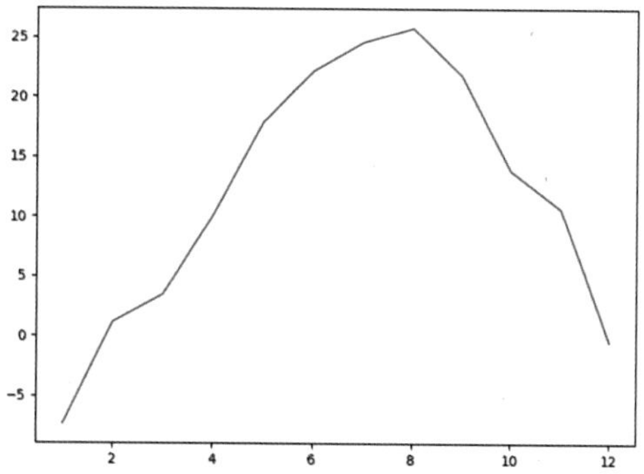

2 레이블 설정하기

xlabel() 함수와 ylabel() 함수를 사용하여 그래프의 레이블을 표시할 수 있다. 본 예제에서는 x축 레이블로는 Month를, y축 레이블로는 Temperature를 사용했다.

코드 내역 plot_test2.py

```
import matplotlib.pyplot as plt

temp = [ -7.3, 1.2, 3.5, 10.1, 17.9, 22.2, 24.6, 25.8, 21.8 , 13.9, 10.7, -0.4 ]
month = [1, 2, 3, 4, 5, 6, 7, 8, 9, 10, 11, 12]
plt.plot(month, temp)
plt.xlabel("Month")
plt.ylabel("Temperature")
plt.show()
```

실행 결과

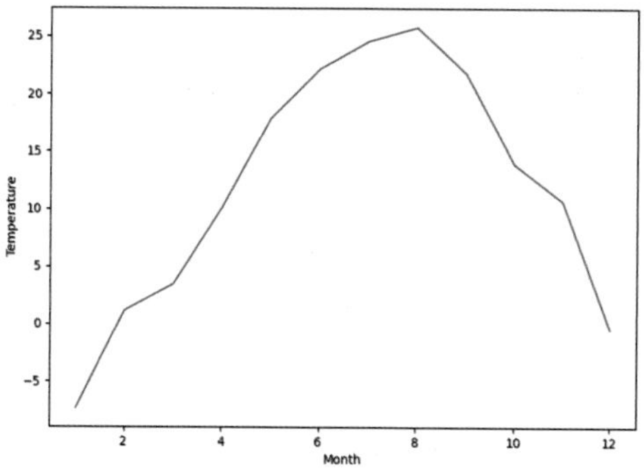

3 x축, y축 범위 설정하기

xlim() 함수를 사용하여 x축의 범위를 설정할 수 있으며 ylim() 함수를 사용하여 y축의 범위를 설정할 수 있다. lim은 limit(범위, 제한)을 줄인 표현이다. 본 예제에서는 달의 범위를 3월부터 10월까지로 설정하고 온도의 범위를 0도에서 30도로 설정했다.

코드 내역 plot_test3.py

```
import matplotlib.pyplot as plt

temp = [ -7.3, 1.2, 3.5, 10.1, 17.9, 22.2, 24.6, 25.8, 21.8 , 13.9, 10.7, -0.4 ]
month = [1, 2, 3, 4, 5, 6, 7, 8, 9, 10, 11, 12]
plt.plot(month, temp)
plt.xlabel("Month")
plt.ylabel("Temperature")

plt.xlim(3,10)
plt.ylim(0, 30)
plt.show()
```

실행 결과

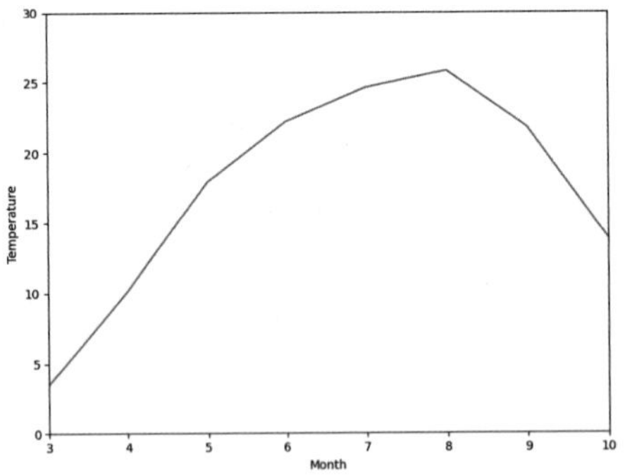

4 눈금값 설정하기

xticks() 함수를 사용하여 x축의 눈금값을 설정하고 yticks() 함수를 사용하여 y축의 눈금값을 설정할 수 있다. 이 함수들은 3가지의 인자를 가지는데 첫 번째 인자는 시작 값, 두 번째 인자는 마지막 값, 세 번째 인자는 증가하는 값이다. yticks(range(-10, 30, 3))은 -10부터 y축 값이 시작해서 3씩 값이 증가하여 30까지 표시하게 된다는 의미이다.

코드 내역 plot_test4.py

```
import matplotlib.pyplot as plt

temp = [ -7.3, 1.2, 3.5, 10.1, 17.9, 22.2, 24.6, 25.8, 21.8 , 13.9, 10.7, -0.4 ]
month = [1, 2, 3, 4, 5, 6, 7, 8, 9, 10, 11, 12]
plt.plot(month, temp)
plt.xlabel("Month")
plt.ylabel("Temperature")
plt.xticks(range(0,13,1))
plt.yticks(range(-10, 30, 3))
plt.show()
```

실행 결과

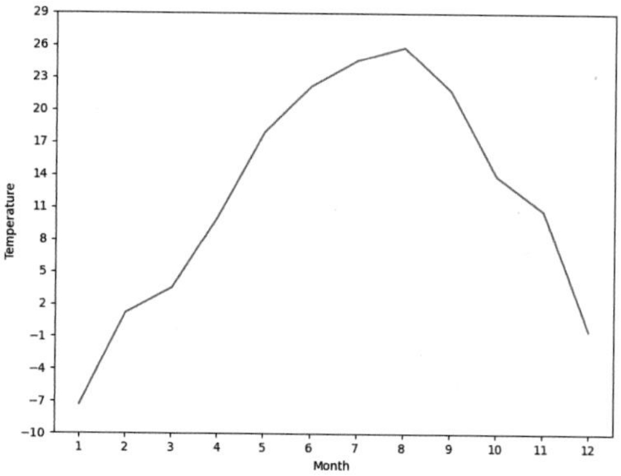

5 범례 표시하기

2020년과 2021년의 연간 평균 기온 데이터를 사용하여 범례를 표시해 보자. 범례는 지도나 그래프의 내용을 쉽게 알기 위해 본보기로 표시한 기호나 부호의 설명이다.

월	1	2	3	4	5	6	7	8	9	10	11	12
2020	-7.3	1.2	3.5	10.1	17.9	22.2	24.6	25.8	21.8	13.9	10.7	-0.4
2021	-6.5	1.4	3.6	10	16.7	20.2	23.7	24.6	19.7	14.2	9.8	-1.1

plot() 함수의 세 번째 인수인 label값에 범례에 사용할 이름을 넣는다. 2개의 선을 그리기 때문에 2개의 plot() 함수를 사용해야 한다. 2020년 데이터를 표시할 첫 번째 plot() 함수의 label에는 값으로 '2020'을 넣었다. 2021년 데이터를 표시할 두 번째 plot() 함수의 label에는 값으로 '2021'을 넣었

다. legend() 함수는 범례를 어느 위치에 넣을지를 설정한다. 위치를 의미하는 loc에 'best'를 넣으면 자동으로 좋은 위치를 찾아 준다.

코드 내역 plot_test5.py

```
import matplotlib.pyplot as plt

temp20 = [ -7.3, 1.2, 3.5, 10.1, 17.9, 22.2, 24.6, 25.8, 21.8 , 13.9, 10.7, -0.4 ]
temp21 = [ -6.5, 2.2, 4.1, 10, 16.7, 20.2, 23.7, 24.6, 19.7, 14.2, 9.8, 1.1 ]
month = [1, 2, 3, 4, 5, 6, 7, 8, 9, 10, 11, 12]
plt.plot(month, temp20, label='2020')
plt.plot(month, temp21, label='2021')
plt.legend(loc='best')

plt.xlabel("Month")
plt.ylabel("Temperature")
plt.show()
```

실행 결과

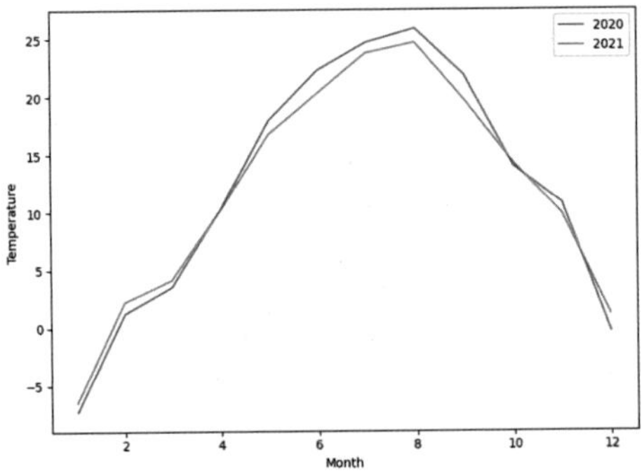

TIP

legend(loc='') 함수의 키워드 loc 더 알아보기

loc는 locate의 줄임말로 위치를 의미한다. legend() 함수의 loc값에는 다음 값들을 입력하여 범례 위치를 설정할 수 있다.

'upper left'	'upper center'	'upper right'
'center left'	'center'	'center right'
'lower left'	'lower center'	'lower right'

다음은 loc값을 'lower center'로 했을 때의 그래프이다.

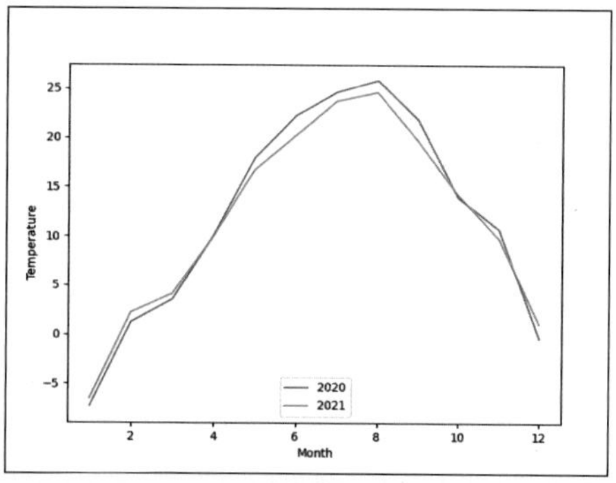

6 마커(marker) 사용하기

plot() 함수에 키워드 marker를 사용해 보자. 다음과 같이 키워드 marker에 's'를 넣으면 사각형(square)으로 표시된다.

```
plt.plot(month, temp20, label='2020', marker='s')
plt.plot(month, temp21, label='2021', marker='s')
```

코드 내역 plot_test6.py

```
import matplotlib.pyplot as plt

temp20 = [ -7.3, 1.2, 3.5, 10.1, 17.9, 22.2, 24.6, 25.8, 21.8 , 13.9, 10.7, -0.4 ]
temp21 = [ -6.5, 2.2, 4.1, 10, 16.7, 20.2, 23.7, 24.6, 19.7, 14.2, 9.8, 1.1 ]
month = [1, 2, 3, 4, 5, 6, 7, 8, 9, 10, 11, 12]
plt.plot(month, temp20, label='2020', marker='s')
plt.plot(month, temp21, label='2021', marker='s')
plt.legend(loc='lower center')

plt.xlabel("Month")
plt.ylabel("Temperature")
plt.show()
```

실행 결과

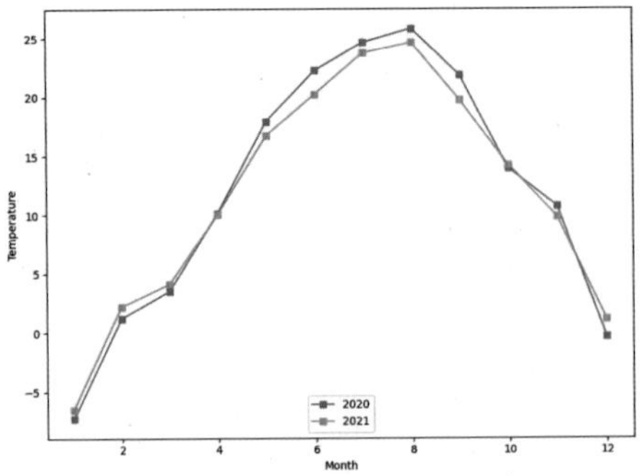

TIP

키워드 marker값 더 알아보기

키워드 marker	표시
o	●
s	■
x	×
d	◆
*	*

7 그래프 색 지정하기

이번에는 plot() 함수에 키워드 color를 사용하여 그래프 색을 변경해 보자.

```
plt.plot(month, temp20, label='2020', marker='s', color='red')
plt.plot(month, temp21, label='2021', marker='s', color='blue')
```

코드 내역 plot_test7.py

```
import matplotlib.pyplot as plt

temp20 = [ -7.3, 1.2, 3.5, 10.1, 17.9, 22.2, 24.6, 25.8, 21.8 , 13.9, 10.7, -0.4 ]
temp21 = [ -6.5, 2.2, 4.1, 10, 16.7, 20.2, 23.7, 24.6, 19.7, 14.2, 9.8, 1.1 ]
month = [1, 2, 3, 4, 5, 6, 7, 8, 9, 10, 11, 12]
```

```
plt.plot(month, temp20, label='2020', marker='s', color='red')
plt.plot(month, temp21, label='2021', marker='s', color='blue')
plt.legend(loc='lower center')

plt.xlabel("Month")
plt.ylabel("Temperature")
plt.show()
```

실행 결과

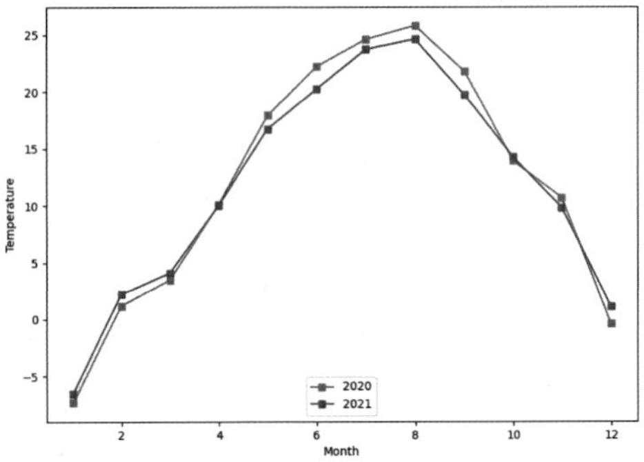

TIP

키워드 color값 더 알아보기

키워드 color	기능
red	빨간색
green	초록색
blue	파란색
black	검정색
white	흰색
cyan	청록색
magenta	자홍색
yellow	노란색

8 막대그래프 그리기

bar() 함수를 사용하여 데이터를 막대그래프로 표시할 수 있다.

코드 내역

bar_test.py

```
import matplotlib.pyplot as plt

temp20 = [ -7.3, 1.2, 3.5, 10.1, 17.9, 22.2, 24.6, 25.8, 21.8 , 13.9, 10.7, -0.4 ]

month = [1, 2, 3, 4, 5, 6, 7, 8, 9, 10, 11, 12]
plt.bar(month, temp20)

plt.xlabel("Month")
plt.ylabel("Temperature")
plt.show()
```

실행 결과

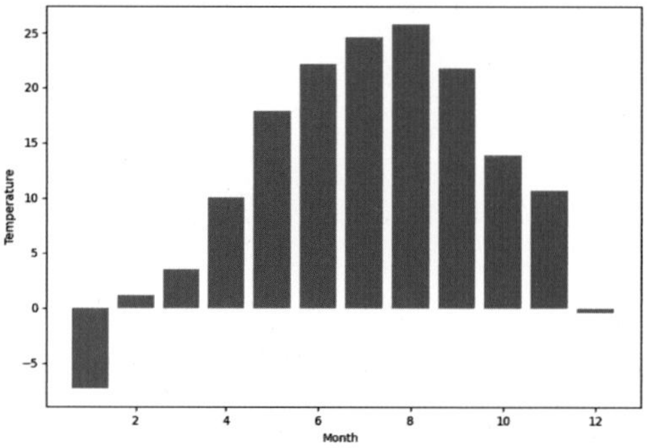

9 산점도 그리기

scatter() 함수를 사용하여 데이터를 산점도로 표시할 수 있다. 산점도는 평면에 점을 찍어서 표현하는 방법이다.

코드 내역

scatter_test.py

```
import matplotlib.pyplot as plt

temp20 = [ -7.3, 1.2, 3.5, 10.1, 17.9, 22.2, 24.6, 25.8, 21.8 , 13.9, 10.7, -0.4 ]
temp21 = [ -6.5, 2.2, 4.1, 10, 16.7, 20.2, 23.7, 24.6, 19.7, 14.2, 9.8, 1.1 ]
month = [1, 2, 3, 4, 5, 6, 7, 8, 9, 10, 11, 12]
plt.scatter(month, temp20, label='2020', marker='o', color='red')
plt.scatter(month, temp21, label='2021', marker='o', color='blue')
plt.legend(loc='lower center')
```

```
plt.xlabel("Month")
plt.ylabel("Temperature")
plt.show()
```

실행 결과

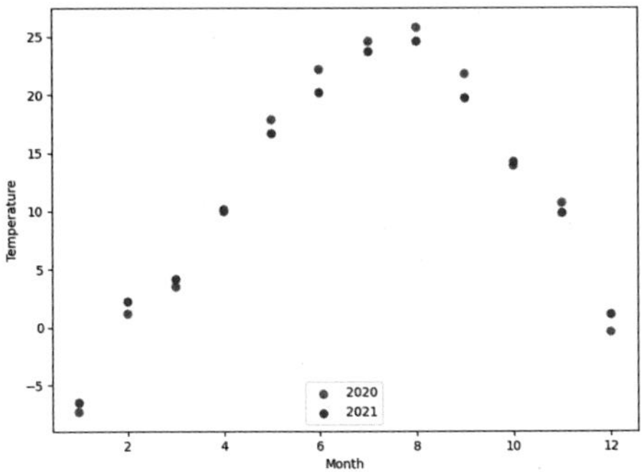

10 Pie 그래프 그리기

pie() 함수를 사용하여 데이터를 파이 모양으로 표현해 보자. 키워드 explode를 사용하면 특정 부채꼴을 떨어지게 표현할 수 있다. 본 예제에서는 리스트 myExplode에 부채꼴 사이의 간격값을 넣었다.

코드 내역 pie_test.py

```
import matplotlib.pyplot as plt
import numpy as np

myExplode = [0.2, 0, 0, 0, 0]

mylabels = ["SamSung", "HUAWEI", "APPLE", "XIAOMI", "etc"]

y = [20.1, 14.4, 13.0, 9.2, 43.3 ]

plt.pie(y, labels = mylabels, explode = myExplode)
plt.show()
```

실행 결과

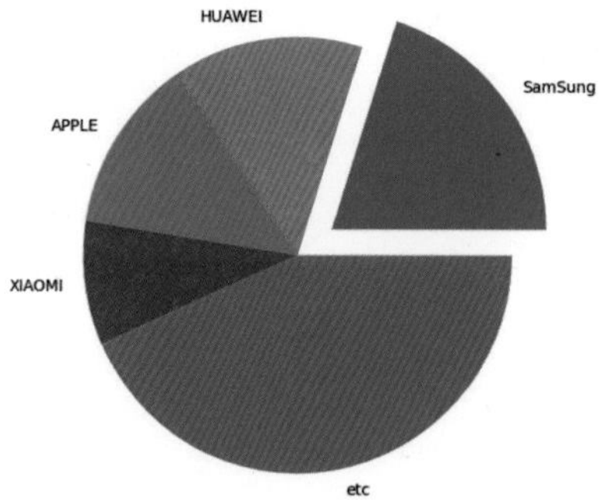

11 하나의 창에 그래프 여러 개 그리기1

subplot() 함수를 사용하면 하나의 창에 여러 개의 그래프를 표현할 수 있다. subplot() 함수에서 첫 번째 인자는 행을 의미하고 두 번째 인자는 열을 의미한다. 세 번째 인자는 위치를 의미하며 1을 넣으면 위에 그리게 된다. 세 번째 값을 변경하여 그래프의 위치를 바꿀 수 있다.

subplot(2,1,1)

코드 내역 subplot_test.py

```
import matplotlib.pyplot as plt

temp20 = [ -7.3, 1.2, 3.5, 10.1, 17.9, 22.2, 24.6, 25.8, 21.8 , 13.9, 10.7, -0.4 ]
temp21 = [ -6.5, 2.2, 4.1, 10, 16.7, 20.2, 23.7, 24.6, 19.7, 14.2, 9.8, 1.1 ]
month = [1, 2, 3, 4, 5, 6, 7, 8, 9, 10, 11, 12]

plt.subplot(2,1,1)
plt.scatter(month, temp20, label='2020', marker='o', color='red')
plt.legend(loc='lower center')
plt.xlabel("Month")
plt.ylabel("Temperature")

plt.subplot(2,1,2)
plt.scatter(month, temp21, label='2021', marker='o', color='blue')
plt.legend(loc='lower center')
plt.xlabel("Month")
plt.ylabel("Temperature")

plt.show()
```

실행 결과

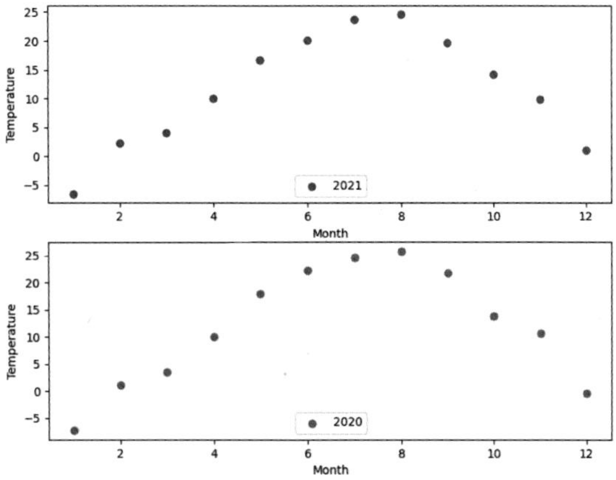

12 하나의 창에 그래프 여러 개 그리기2

4개의 그래프를 하나의 창에 띄우도록 해 보자. subplot() 함수에서 행과 열을 2로 설정하면 된다. 2020년도, 2021년도 기온을 막대그래프와 선그래프로 표현해 보도록 하자.

subplot(2,2,1)

코드 내역 subplot_test2.py

```
import matplotlib.pyplot as plt

temp20 = [ -7.3, 1.2, 3.5, 10.1, 17.9, 22.2, 24.6, 25.8, 21.8 , 13.9, 10.7, -0.4 ]
temp21 = [ -6.5, 2.2, 4.1, 10, 16.7, 20.2, 23.7, 24.6, 19.7, 14.2, 9.8, 1.1 ]
month = [1, 2, 3, 4, 5, 6, 7, 8, 9, 10, 11, 12]

plt.subplot(2,2,1)
plt.bar(month, temp20, label='2020')
plt.legend(loc='lower center')
plt.xlabel("Month")
plt.ylabel("Temperature")

plt.subplot(2,2,2)
plt.plot(month, temp20, label='2020', marker='o', color='red')
plt.legend(loc='lower center')

plt.subplot(2,2,3)
plt.bar(month, temp21, label='2021')
```

```
plt.bar(month, temp21, label='2021')
plt.legend(loc='lower center')
plt.xlabel("Month")
plt.ylabel("Temperature")

plt.subplot(2,2,4)
plt.plot(month, temp21, label='2021', marker='o', color='blue')
plt.legend(loc='lower center')

plt.show()
```

실행 결과

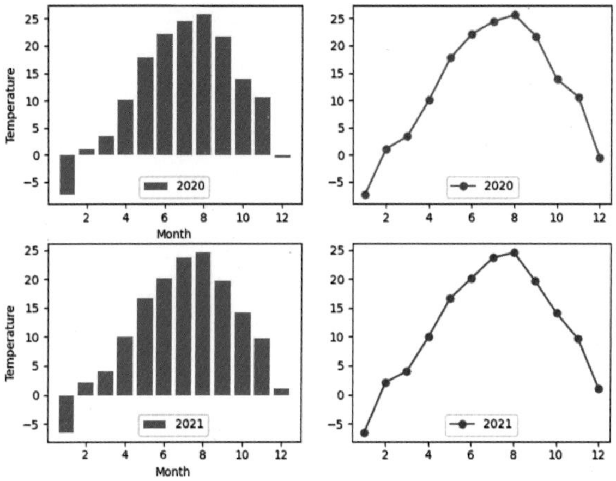

Numpy

Numpy란 Numerical Python의 약어로 '넘파이'라고 읽는다. 배열을 쉽게 생성할 수 있으며 빠르고 정확한 연산을 지원하는 파이썬 라이브러리이다. ndarray는 Numpy의 핵심적인 배열 객체로 N차원 배열을 생성하고 수정, 관리하는 유용한 기능을 제공한다. ndarray는 리스트와는 다르게 같은 종류의 데이터만을 배열에 담을 수 있다.

1 ndarray 생성하기

넘파이의 array() 함수를 사용하여 쉽게 배열 형태로 만들 수 있다. array() 함수를 사용해 리스트를 배열로 변경하여 data에 담고, data의 값과 데이터형을 출력해 보자. 데이터형을 알기 위해서는 type() 함수를 사용한다.

코드 내역 numpy_ex1.py

```
import numpy as np

list1 = [1, 2, 3, 4, 5, 6, 7, 8, 9, 10]
data = np.array(list1)

print(data)
print(type(data))
```

실행 결과

```
[ 1  2  3  4  5  6  7  8  9 10]
<class 'numpy.ndarray'>
```

2 2차원 배열 만들기

2차원으로 구성되어 있는 리스트를 가지고 ndarray 객체를 만들어 보자. 리스트와는 다르게 원소들을 행으로 출력한다는 점을 기억하자. ndarray 객체에 shape를 사용하여 몇 행, 몇 열로 구성된 배열인지 확인할 수 있다. 실행 결과를 통해 나온 (5, 2)는 5행 2열을 가진 배열이라는 의미이다.

코드 내역 numpy_ex2.py

```
import numpy as np

list1 = [ [1,2], [3,4], [5,6], [7,8], [9,10]]
data = np.array(list1)

print(list1)
print(data)
print(data.shape)

print(type(data))
```

실행 결과

```
[[1, 2], [3, 4], [5, 6], [7, 8], [9, 10]]
[[ 1  2]
 [ 3  4]
 [ 5  6]
 [ 7  8]
 [ 9 10]]
(5, 2)
<class 'numpy.ndarray'>
```

3 ones() 함수, zeros() 함수

ones() 함수를 사용하여 쉽게 값이 1인 ndarray 객체를 만들 수 있고, zeros() 함수를 사용하여 값이 0인 ndarray 객체를 만들 수 있다. ones() 함수와 zeros() 함수에 넣은 숫자만큼 0 또는 1로 구성된 배열을 만들어 준다. 다차원 배열을 만들기 위해서는 튜플 형식으로 인자를 넣어 주어야 한다는 점을 유의하자.

코드 내역 numpy_ex3.py

```
import numpy as np

data1 = np.ones(10)
data2 = np.ones((4,3))
print(data1)
print(data2)

data3 = np.zeros(10)
data4 = np.zeros((4,3))
print(data3)
print(data4)
```

실행 결과

```
[1. 1. 1. 1. 1. 1. 1. 1. 1. 1.]
[[1. 1. 1.]
 [1. 1. 1.]
 [1. 1. 1.]
```

```
 [1. 1. 1.]]
[0. 0. 0. 0. 0. 0. 0. 0. 0. 0.]
[[0. 0. 0.]
 [0. 0. 0.]
 [0. 0. 0.]
 [0. 0. 0.]]
```

4 full() 함수

full() 함수를 사용하면 원하는 값의 배열을 쉽게 만들 수 있다. 첫 번째 인자에는 튜플 형태로 배열의 행과 열을 입력하고 두 번째 인자에는 값을 입력한다.

코드 내역 numpy_full.py

```
import numpy as np

data1 = np.full((3,3), 100)
print(data1)

data2 = np.full((5,5), 77)
print(data2)

data3 = np.full((3,5), 35)
print(data3)
```

실행 결과

```
[[100 100 100]
 [100 100 100]
 [100 100 100]]
[[77 77 77 77 77]
 [77 77 77 77 77]
 [77 77 77 77 77]
 [77 77 77 77 77]
 [77 77 77 77 77]]
[[35 35 35 35 35]
 [35 35 35 35 35]
 [35 35 35 35 35]]
```

5 arange() 함수

arange() 함수를 사용하면 일정한 규칙을 가진 수의 배열을 쉽게 만들 수 있다. arange() 함수에서 첫 번째 인자는 시작하는 값이고 두 번째 인자는 마지막 값이다. 두 번째 인자보다 1이 작은 수까지만 생성된다는 점을 기억하자. 세 번째 인자는 증감을 나타낸다. 본 예제에서는 1부터 10까지의 숫자를 사용해 data1은 홀수값만 가지고 data2는 짝수값만 가지는 프로그램을 만들어 보자.

코드 내역 numpy_ex4.py

```
import numpy as np

data1 = np.arange(1, 10, 2)
data2 = np.arange(2, 10, 2)

print(data1)
print(data2)
```

실행 결과

```
[1 3 5 7 9]
[2 4 6 8]
```

6 랜덤 초기값으로 배열 만들기

randint() 함수와 rand() 함수를 사용하여 랜덤 초기값으로 배열을 생성해 보자. randint() 함수의 경우 0부터 9 사이의 숫자를 랜덤으로 추출하기 위해서는 첫 번째 인자에 0을, 두 번째 인자에는 10을 쓴다. 세 번째 인자에는 생성하고자 하는 배열의 차원을 튜플 형식으로 입력한다. rand() 함수는 0과 1 사이의 실수를 랜덤으로 추출해 준다. 배열로 만들기 위해서는 첫 번째 인자에 행의 개수를 입력하고 두 번째 인자에 열의 개수를 입력한다.

코드 내역 numpy_randint.py

```
import numpy as np

rand_array1 = np.random.randint(0, 10, (3, 4))
print(rand_array1)
```

```
rand_array2 = np.random.randint(0, 10, (4, 4))
print(rand_array2)

rand_array3 = np.random.rand(4,5)
print(rand_array3)
```

실행 결과

```
[[7 8 3 0]
 [6 1 6 4]
 [6 5 2 4]]
[[8 2 9 7]
 [2 9 7 4]
 [7 9 5 8]
 [4 7 3 4]]
[[0.94906122 0.21094776 0.09116983 0.91781874 0.72100903]
 [0.09180145 0.87142517 0.33945695 0.33850576 0.61609703]
 [0.85971941 0.86588816 0.48142048 0.77797842 0.37543777]
 [0.39709753 0.68795332 0.5683548  0.64291239 0.59912345]]
```

7 배열 덧셈, 뺄셈 연산

랜덤으로 4 × 3의 배열을 2개 만들고 배열 덧셈 연산과 뺄셈 연산을 수행해 보자. 배열은 같은 종류의 원소들로 구성되어 있어 덧셈과 뺄셈 연산이 가능하다.

코드 내역

numpy_calc1.py

```
import numpy as np

rand_array1 = np.random.randint(0, 10, (3, 4))
print(rand_array1)

rand_array2 = np.random.randint(0, 10, (3, 4))
print(rand_array2)

rand_array_plus = rand_array1 + rand_array2
print(rand_array_plus)
```

```
rand_array_minus = rand_array1 - rand_array2
print(rand_array_minus)
```

실행 결과

```
[[0 1 3 1]
 [7 7 5 3]
 [5 6 7 4]]
[[9 2 8 6]
 [4 5 3 0]
 [4 8 9 9]]
[[ 9  3 11  7]
 [11 12  8  3]
 [ 9 14 16 13]]
[[-9 -1 -5 -5]
 [ 3  2  2  3]
 [ 1 -2 -2 -5]]
```

8 randint() 함수를 사용하여 그래프 그리기

randint() 함수를 사용하여 1부터 99 사이의 x와 y값을 100개 생성한다. 표시할 원의 크기도 randint() 함수를 사용하여 5부터 199 사이의 크기로 100개를 생성한다. scatter() 함수를 사용하여 x와 y값을 산점도로 표현해 본다. cmap에 사용한 'rainbow'는 컬러맵 중 하나이다. 다양한 컬러맵은 다음 사이트에서 확인할 수 있다.

https://matplotlib.org/stable/tutorials/colors/colormaps.html

코드 내역 numpy_randint_graph.py

```
import matplotlib.pyplot as plt
import numpy as np

x = np.random.randint(1, 100, 100)
```

```
print(x)
y = np.random.randint(1, 100, 100)
print(y)
size = np.random.randint(5, 200, 100)
plt.scatter(x, y, c=x, s=size, cmap='rainbow', alpha=0.8)
plt.colorbar()
plt.show()
```

실행 결과

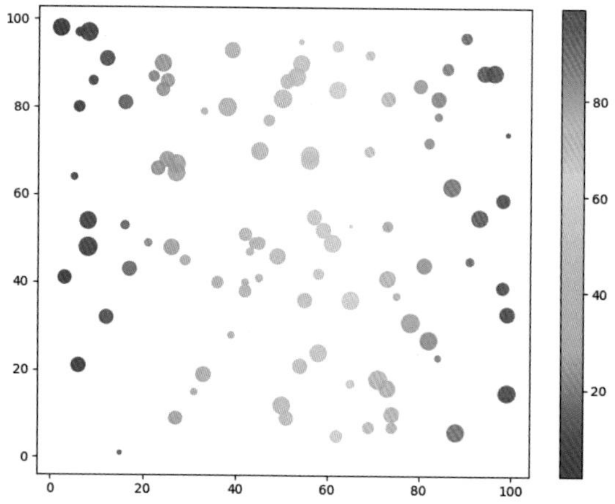

9 seed() 함수

randint() 함수를 사용하여 임의의 수를 만들었다. 실행을 할 때마다 다른 수가 생성된다. 다음과 같이 코딩을 하고 실행을 해 보자. 당연히 다른 결과값이 제시된다. 프로그램을 종료하고 다시 실행하면 또 다른 결과값이 출력된다.

코드 내역 numpy_randit2.py

```
import numpy as np

a=np.random.randint(1,10,(3,4))
print(a)
a=np.random.randint(1,10,(3,4))
print(a)
```

실행 결과

```
[[2 8 4 9]
 [3 9 1 7]
 [9 4 2 1]]
[[1 2 8 1]
 [4 9 6 2]
 [5 7 4 5]]
```

동일한 난수 결과를 출력하기 위해 seed() 함수를 사용한다. seed() 함수에 숫자를 정해 주면 그 특정 숫자에 의해 매번 똑같은 결과로 난수를 추출할 수 있다. seed() 함수에 같은 숫자를 주면 출력 결과가 같아지는 것을 확인할 수 있다.

코드 내역

numpy_seed.py

```
import numpy as np

np.random.seed(3)
a=np.random.randint(1,10,(3,4))

print(a)

np.random.seed(3)
a=np.random.randint(1,10,(3,4))

print(a)

np.random.seed(4)
a=np.random.randint(1,10,(3,4))

print(a)
```

실행 결과

```
[[9 4 9 9]
 [1 6 4 6]
 [8 7 1 5]]
[[9 4 9 9]
 [1 6 4 6]
```

```
 [8 7 1 5]]
[[8 6 2 9]
 [8 9 3 8]
 [8 8 9 5]]
```

10 히스토그램 그리기 - hist() 함수 사용하기

값을 가로축에 표시하고 값의 도수를 세로축에 표시하여 직사각형 모양으로 나타낸 그래프를 히스토그램이라고 한다. 도수는 그 사건이 일어난 횟수를 나타낸다. 막대그래프는 가로축에 숫자가 아닌 문자가 올 수 있지만 히스토그램은 가로축에 반드시 숫자가 와야 한다. bins는 가로축의 구간을 만들어 준다. randint() 함수를 사용하여 30 이상 100 미만의 임의의 수를 10개 만들었다. 실행 결과로 30 이상 40 미만은 2명, 40 이상 50 미만은 1명, 50 이상 60 미만은 2명, 60 이상 70 미만은 3명, 70 이상 80 미만은 0명, 80 이상 90 미만은 1명, 90 이상 100 미만은 1명임을 확인할 수 있다.

코드 내역 numpy_hist.py

```
import numpy as np
import matplotlib.pyplot as plt
data1 = np.random.randint(30,100,10)

bin = np.arange(30,110, 10)
print(data1)
plt.hist(data1, bins =bin)
plt.show()
```

실행 결과

```
[54 67 86 91 64 42 38 60 54 36]
```

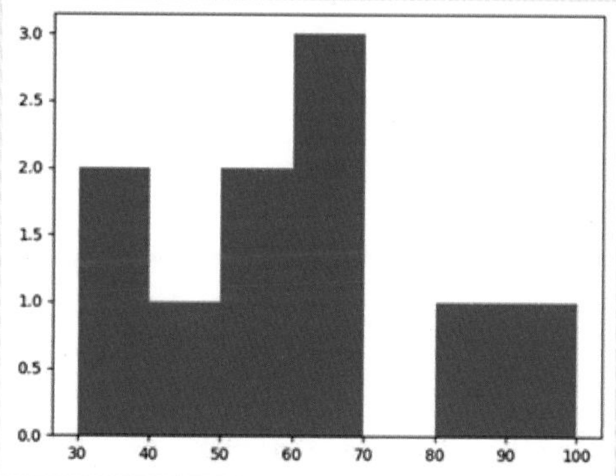

11 reshape() 함수

reshape() 함수를 사용하여 배열의 구조를 변경할 수 있다. 숫자가 10개 들어 있는 1차원 배열을 5 × 2 배열로 변경해 보자.

코드 내역 numpy_reshape.py

```
import numpy as np

data1 = np.ones(10)
print(data1)

data2 = data1.reshape(5, 2)
print(data2)
print(data2.shape)
```

실행 결과

```
[1. 1. 1. 1. 1. 1. 1. 1. 1. 1.]
[[1. 1.]
 [1. 1.]
 [1. 1.]
 [1. 1.]
 [1. 1.]]
(5, 2)
```

12 다양한 색으로 표현하기

scatter 인자에 color 대신 c를 사용하여 랜덤 색을 사용할 수 있다. 원의 크기는 s값을 통해 조절할 수 있다.

코드 내역 random_color.py

```
import matplotlib.pyplot as plt
import numpy as np

temp20 = [ -7.3, 1.2, 3.5, 10.1, 17.9, 22.2, 24.6, 25.8, 21.8 , 13.9, 10.7, -0.4 ]
temp21 = [ -6.5, 2.2, 4.1, 10, 16.7, 20.2, 23.7, 24.6, 19.7, 14.2, 9.8, 1.1 ]
```

```
month = [1, 2, 3, 4, 5, 6, 7, 8, 9, 10, 11, 12]
plt.scatter(month, temp20, marker='o', c=np.random.rand(12), alpha=0.5, s=100)
plt.scatter(month, temp21, label='2021', marker='o', color = 'red', alpha=0.5, s=100)
plt.legend(loc='lower center')

plt.xlabel("Month")
plt.ylabel("Temperature")
plt.show()
```

실행 결과

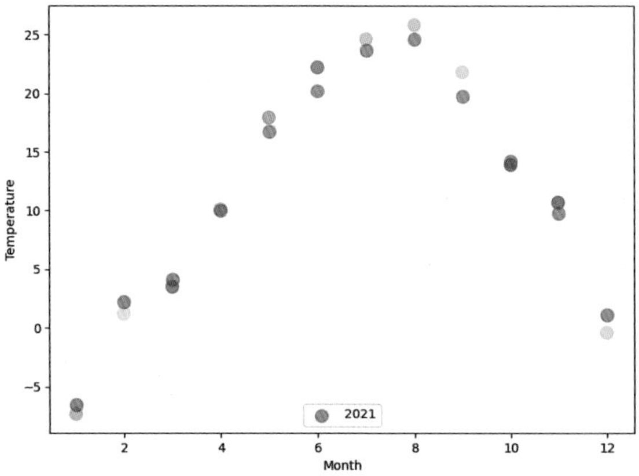

Pandas 패키지

Pandas 패키지에 있는 Series 클래스와 DataFrame 클래스의 객체를 만들어서 사용하는 방법을 학습하도록 한다. Pandas 패키지를 사용하기 위해서는 다음과 같이 import한다.

```
import pandas as pd
```

1 Series 이해하기

Series를 다음 그림을 통해 이해해 보도록 하자. 하나의 열이 가지고 있는 데이터를 하나의 시리즈라고 한다. 1차원 배열은 Pandas 모듈의 Series 클래스의 객체로 만든다.

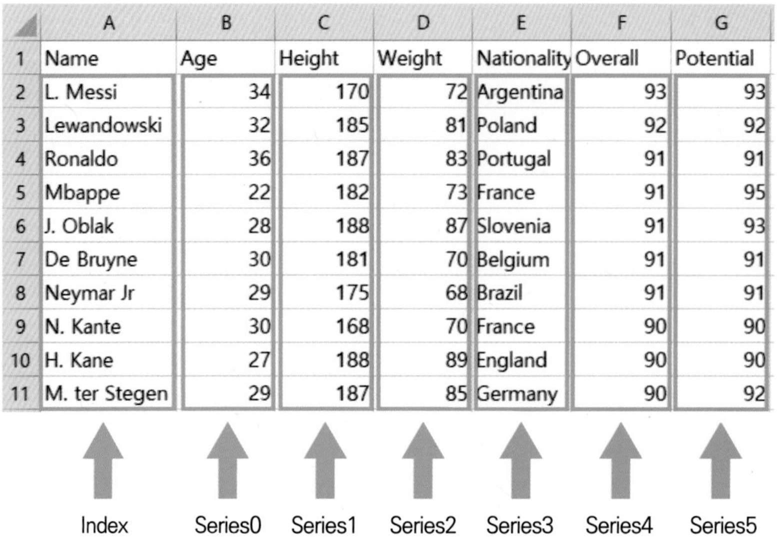

	A	B	C	D	E	F	G
1	Name	Age	Height	Weight	Nationality	Overall	Potential
2	L. Messi	34	170	72	Argentina	93	93
3	Lewandowski	32	185	81	Poland	92	92
4	Ronaldo	36	187	83	Portugal	91	91
5	Mbappe	22	182	73	France	91	95
6	J. Oblak	28	188	87	Slovenia	91	93
7	De Bruyne	30	181	70	Belgium	91	91
8	Neymar Jr	29	175	68	Brazil	91	91
9	N. Kante	30	168	70	France	90	90
10	H. Kane	27	188	89	England	90	90
11	M. ter Stegen	29	187	85	Germany	90	92

2 Series 만들기

Series 클래스에 인자로 리스트 같은 1차원 데이터를 넣어 시리즈를 만들 수 있다. index를 리스트로 사용하여 만들었다. Series 클래스의 첫 번째 인자는 value(값)이고 두 번째 인자는 리스트형인 인덱스이다. Series 클래스를 사용하여 만든 객체를 변수 s1에 할당한다. 실행 결과에서 왼쪽에 세로로 있는 a b c d e는 인덱스이며 오른쪽에 있는 1 2 3 4 5는 값(series)이 된다.

코드 내역

```
import pandas as pd

s1 = pd.Series([1, 2, 3, 4, 5], index = list('abcde'))
print(s1)
```

실행 결과

```
a    1
b    2
c    3
d    4
e    5
dtype: int64
```

시리즈에 있는 데이터를 확인하기 위해서는 values 속성으로 확인한다.

코드 내역

```
import pandas as pd

s1 = pd.Series([1, 2, 3, 4, 5], index = list('abcde'))
print(s1.values)
```

실행 결과

```
[1 2 3 4 5]
```

인덱스는 index 속성으로 확인할 수 있다.

코드 내역

```
import pandas as pd

s1 = pd.Series([1, 2, 3, 4, 5], index = list('abcde'))
print(s1.index)
```

실행 결과

```
Index(['a', 'b', 'c', 'd', 'e'], dtype='object')
```

shape, ndim, size를 사용하여 Series 객체의 정보를 확인해 보자. shape를 통해서 하나의 원소를 가진 튜플 형태임을 확인할 수 있다. ndim을 통해 1차원 배열인 것을 확인하고 size를 통해 원소의 개수를 확인할 수 있다.

코드 내역

```
import pandas as pd

s1 = pd.Series([1, 2, 3, 4, 5], index = list('abcde'))
print(s1.shape)
print(s1.ndim)
print(s1.size)
```

실행 결과

```
(5,)
1
5
```

3 DataFrame 만들기

DataFrame은 행과 열로 만들어지는 2차원 배열 구조이다. DataFrame 클래스를 사용하여 쉽게 2차원 배열을 만들 수 있다. DataFrame 클래스의 첫 번째 인자에는 리스트 형태의 데이터를 넣는다. 두 번째 인자에는 index값을 넣어 주고 세 번째 인자에는 열의 이름을 넣어 준다.

코드 내역 dataframe_ex1.py

```
import pandas as pd

df = pd.DataFrame( [['a','b','c','d'], ['e','f','g','h']],
                    index = list('01'),
                    columns=list('ABCD'))
print(df)
```

실행 결과

```
   A  B  C  D
0  a  b  c  d
1  e  f  g  h
```

DataFrame 객체의 index와 column은 다음과 같이 쉽게 구할 수 있다.

코드 내역 dataframe_ex2.py

```
import pandas as pd

df = pd.DataFrame( [['a','b','c','d'], ['e','f','g','h']],
                    index = list('01'),
                    columns=list('ABCD'))
print(df.index)
print(df.columns)
```

실행 결과

```
Index(['0', '1'], dtype='object')
Index(['A', 'B', 'C', 'D'], dtype='object')
```

4 DataFrame 열로 검색하기

DataFrame에서 열로 검색하기 위해서는 열의 이름을 적으면 된다. A열에 있는 데이터를 검색하기 위해서는 다음과 같이 df['A']를 적으면 된다.

코드 내역 dataframe_ex3.py

```
import pandas as pd

df = pd.DataFrame( [['a','b','c','d'], ['e','f','g','h']],
                   index = list('01'),
                   columns=list('ABCD'))
print(df['A'])
```

실행 결과

```
0    a
1    e
Name: A, dtype: object
```

5 DataFrame 행으로 검색하기

DataFrame에서 행으로 검색하려면 loc를 사용해야 한다. loc[] 안에 행으로 검색할 인덱스값을 넣어준다.

코드 내역 dataframe_ex4.py

```
import pandas as pd

df = pd.DataFrame( [['a','b','c','d'], ['e','f','g','h']],
                   index = list('01'),
                   columns=list('ABCD'))
print(df.loc['0'])
```

실행 결과

```
A    a
B    b
C    c
D    d
Name: 0, dtype: object
```

6 csv 파일에서 데이터 불러오기

csv 파일은 데이터가 콤마(,)로 분리되며 메모장 같은 텍스트 편집기에서도 편집이 가능하다. EA sports에서 개발한 FIFA 22 게임에 등장하는 선수들의 데이터가 담겨 있는 파일을 가져와서 출력해 보자. 소스 파일 하위에 excel 디렉터리를 만들고 그 안에 fifa_100.csv 파일을 준비해 두도록 한다. 이 파일 안에는 100명의 축구 선수들의 키, 몸무게, 드리블 능력, 공격 능력, 소속팀 등의 데이터 18개(열)가 담겨 있다. 다음은 일부분만 캡처한 사진이다.

(출처: https://www.kaggle.com/bryanb/fifa-player-stats-database)

	A	B	C	D	E	F	G	H
1	Name	Age	Height	Weight	Nationality	Overall	Potential	Club
2	L. Messi	34	170	72	Argentina	93	93	Paris Saint
3	R. Lewand	32	185	81	Poland	92	92	FC Bayern
4	Cristiano R	36	187	83	Portugal	91	91	Mancheste
5	K. Mbappe	22	182	73	France	91	95	Paris Saint
6	J. Oblak	28	188	87	Slovenia	91	93	Atletico de
7	K. De Bruy	30	181	70	Belgium	91	91	Mancheste
8	Neymar Jr	29	175	68	Brazil	91	91	Paris Saint

pandas는 csv 파일을 읽기 위한 read_csv() 함수를 사용한다.

코드 내역 dataframe_ex5.py

```
import pandas as pd

csv_data = pd.read_csv("./excel/fifa_100.csv", sep=',')
print(csv_data)
```

실행 결과

```
           Name  Age  Height  ...  DefendingTotal  Dribbling  GKRating
0      L. Messi   34     170  ...              34         96        22
1   Lewandowski   32     185  ...              44         85        22
2       Ronaldo   36     187  ...              34         88        23
3        Mbappe   22     182  ...              36         93        21
4      J. Oblak   28     188  ...              52         12        92
..          ...  ...     ...  ...             ...        ...       ...
95    Jorginho   29     180  ...              73         79        21
96    Carvajal   29     173  ...              81         78        23
97    L. Digne   27     178  ...              80         78        19
98    D. Alaba   29     180  ...              83         77        21
99 Luis Alberto  28     183  ...              57         85        18

[100 rows x 18 columns]
```

7 특정 열에 해당하는 데이터 불러오기

fifa_100.csv 파일에서 Name 열과 DribblingTotal 열에 있는 모든 데이터를 불러오도록 하자. 파일 안에 있는 선수 100명을 가져온다.

코드 내역 dataframe_ex6.py

```
import pandas as pd

csv_data = pd.read_csv("./excel/fifa_100.csv", sep=',')
print(csv_data['Name'])
print(csv_data['DribblingTotal'])
```

실행 결과

```
0          L. Messi
1       Lewandowski
2           Ronaldo
3            Mbappe
4          J. Oblak
          … 중략 …
95         Jorginho
96         Carvajal
97         L. Digne
98         D. Alaba
99     Luis Alberto
```

```
Name: Name, Length: 100, dtype: object
0      95
1      85
2      87
3      92
4      90
… 중략 …
95     81
96     80
97     80
98     80
99     85
Name: DribblingTotal, Length: 100, dtype: int64
```

8 iloc을 사용하여 정수 인덱스로 검색하기

iloc을 사용하여 정수 인덱스로 데이터를 검색해 보자. iloc 첫 번째 인자는 행을 의미하며 여기서는 0부터 10까지 설정했다. iloc 두 번째 인자는 열을 의미하며 0부터 5까지 설정했다. 즉, 10개의 행과 5개의 열이 출력되도록 했다.

코드 내역 dataframe_ex7.py

```
import pandas as pd

csv_data = pd.read_csv("./excel/fifa_100.csv", sep=',')
print(csv_data.iloc[0:10,0:5])
```

실행 결과

```
            Name  Age  Height  Weight Nationality
0       L. Messi   34     170      72   Argentina
1    Lewandowski   32     185      81      Poland
2        Ronaldo   36     187      83    Portugal
3         Mbappe   22     182      73      France
4       J. Oblak   28     188      87    Slovenia
5     De Bruyne   30     181      70     Belgium
6     Neymar Jr   29     175      68      Brazil
7       N. Kante   30     168      70      France
8        H. Kane   27     188      89     England
9  M. ter Stegen   29     187      85     Germany
```

9 특정 열을 추출하여 그래프로 표현하기

fifa_100.csv 파일에서 이름과 드리블 능력 데이터만 선정해서 그래프로 그려 보도록 하자.

코드 내역

dataframe_ex8.py

```
import matplotlib.pyplot as plt
import pandas as pd

csv_data = pd.read_csv("./excel/fifa_100.csv", sep=',')
plt.bar(csv_data.iloc[0:10,0], csv_data.iloc[0:10,16], color='red',₩
        label='Dribbling')
print(csv_data.iloc[0:10,14])
plt.legend(loc='best')
plt.show()
```

실행 결과

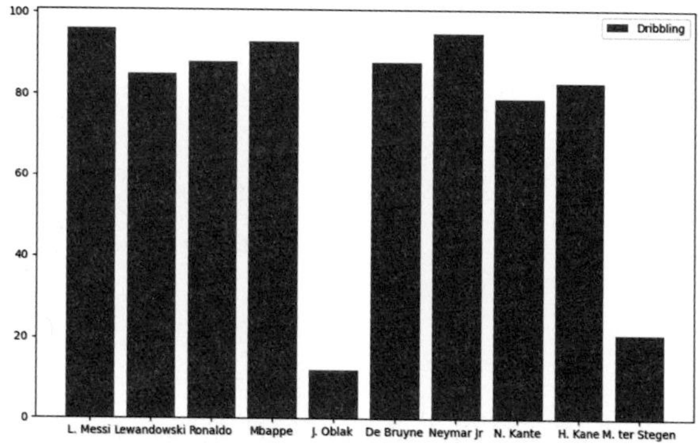

10 max(), min()을 사용하여 열의 최댓값과 최솟값을 구하기

max() 함수 인자값으로 axis에 0을 대입하면 열에서 최댓값을 구한다. 한편 min() 함수 인자값으로 axis에 0을 대입하면 열에서 최솟값을 구한다. 이를 이용해 FIFA 22 게임에서 overall이 좋은 100명의 선수 가운데 키가 가장 큰 선수는 199cm이고 키가 가장 작은 선수는 163cm임을 확인할 수 있다.

코드 내역

dataframe_ex9.py

```
import matplotlib.pyplot as plt
import pandas as pd
```

```
csv_data = pd.read_csv("./excel/fifa_100.csv", sep=',')

max_height = csv_data[['Height']].max(axis=0)
max_weight = csv_data[['Weight']].max(axis=0)
print(max_height)
print(max_weight)

min_height = csv_data[['Height']].min(axis=0)
min_weight = csv_data[['Weight']].min(axis=0)
print(min_height)
print(min_weight)
```

실행 결과

```
Height    199
dtype: int64
Weight     96
dtype: int64
Height    163
dtype: int64
Weight     59
dtype: int64
```

11 value_counts()

value_counts()를 사용하면 동일한 데이터가 몇 개 있는지 확인할 수 있다. fifa_100.csv 파일 중 Nationality 열에서 국가별 선수가 몇 명이 포함되어 있는지 확인해 보자. 스페인 선수가 14명, 독일 선수가 10명, 한국 선수가 1명이 포함되어 있는 것을 확인할 수 있다.

코드 내역 dataframe_ex10.py

```
import pandas as pd

csv_data = pd.read_csv("./excel/fifa_100.csv", sep=',')
data = csv_data['Nationality']
print(data.value_counts())
```

실행 결과

```
Spain             14
Germany           10
France             9
Brazil             8
England            7
Italy              7
Argentina          6
Netherlands        5
Portugal           5
Belgium            5
Poland             2
Uruguay            2
Senegal            2
Slovenia           2
Hungary            1
Serbia             1
Gabon              1
          … 중략 …
Slovakia           1
Scotland           1
Croatia            1
Costa Rica         1
Norway             1
Korea Republic     1
Austria            1
Name: Nationality, dtype: int64
```

12 특정 조건을 만족하는 개수 구하기

fifa_100.csv 파일 중 Dribbling 열에서 점수가 90점 이상인 선수가 몇 명인지 구해 보자. 조건식 다음에 sum() 함수를 사용하여 90점 이상인 데이터의 수를 구하는 방식은 다음과 같다.

```
(data>=90).sum()
```

코드 내역 dataframe_ex11.py

```
import pandas as pd

csv_data = pd.read_csv("./excel/fifa_100.csv", sep=',')
data = csv_data['Dribbling']
print(data)

num_over90 = (data>=90).sum()
print('Dribbling 90이상인 선수의 수: ', num_over90)
```

실행 결과

```
0      96
1      85
2      88
3      93
4      12
… 중략 …
95     79
96     78
97     78
98     77
99     85
Name: Dribbling, Length: 100, dtype: int64
Dribbling 90이상인 선수의 수: 12
```

13 드리블 능력이 90 이상인 선수의 이름 출력하기

fifa_100.csv 파일에서 Dribbling 능력이 90 이상인 선수의 이름을 출력하는 프로그램을 만들어 보자. 먼저 넘파이의 where 함수를 사용하여 90점 이상인 선수는 1로 값을 설정하고 미만인 선수는 0으로 설정한다. 1과 0으로 구성된 데이터를 data2에 담는다.

np.where(조건식, 참일 때 값, 거짓일 때 값)

fifa_100.csv 파일에서 열 'Name' 데이터들을 data_name에 담도록 한다. 그리고 for 구문을 사용하여 data2에 담긴 값이 1인 경우 append 함수를 사용하여 리스트 heroes에 해당하는 이름을 추가하면 된다.

코드 내역

dataframe_ex12.py

```
import pandas as pd
import numpy as np

csv_data = pd.read_csv("./excel/fifa_100.csv", sep=',')
data = csv_data['Dribbling']

data2 = np.where(data>=90, 1, 0)
print(data2)

data_name = csv_data['Name']
heroes = []
for i in range(0,100,1):
  if(data2[i]==1):
      heroes.append(data_name[i])

print(heroes)
```

실행 결과

```
[1 0 0 1 0 0 1 0 0 0 0 0 0 0 0 1 0 0 1 0 0 0 0 0 0 0 0 0 0 0 1 0 0 0 0 0 0 0 0
1 0 0 0 0 0 0 1 0 0 0 1 0 0 0 1 0 0 0 0 0 0 1 0 0 0 0 0 1 0 0 0 0 0 0 0 0 0 0
0 0 0 0 0 0 0 0 0 0 0 0 0 0 0 0 0 0 0 0 0 0 0 0 0 0]
['L. Messi', 'Mbappe', 'Neymar Jr', 'S. Mane', 'M. Salah', 'M. Verratti', 'P.
Dybala', 'J. Sancho', 'L. Insigne', 'Thiago', 'R. Mahrez', 'Bernardo Silva']
```

14 최댓값과 최솟값의 인덱스를 반환하기

argmax() 함수를 사용하여 데이터값이 가장 큰 인덱스값을 얻을 수 있고 **argmin()** 함수를 사용하여 데이터값이 가장 작은 인덱스값을 얻을 수 있다. 이를 사용하여 축구 선수 중에 키가 가장 큰 선수와 작은 선수의 이름을 출력하는 프로그램을 만들어 보자.

코드 내역

dataframe_ex13.py

```
import pandas as pd
import numpy as np
```

```
csv_data = pd.read_csv("./excel/fifa_100.csv", sep=',')
data = csv_data['Height']

max_index = data.argmax()
min_index = data.argmin()
data_name = csv_data['Name']

print(data[max_index])
print(data_name[max_index])
print(data[min_index])
print(data_name[min_index])
```

실행 결과

```
199
T. Courtois
163
L. Insigne
```

15 특정 데이터를 히스토그램으로 나타내기

히스토그램은 데이터를 한눈에 직관적으로 파악하기에 도움이 된다. 100명의 축구 선수들의 키를 히스토그램으로 나타내 보겠다. 키가 180 이상 190 미만인 선수가 50명 있는 것을 확인해 보도록 하자. arange() 함수를 사용하여 배열을 만들어 bin에 할당한다. 여기서 배열 bin은 150, 160, 170, 180, 190, 200의 값을 가지게 된다.

코드 내역 dataframe_hist.py

```
import matplotlib.pyplot as plt
import pandas as pd
import numpy as np

csv_data = pd.read_csv("./excel/fifa_100.csv", sep=',')
height_data = csv_data["Height"]
bin = np.arange(150, 210, 10)
print(height_data )

plt.hist(height_data, bins =bin)
plt.show()
```

실행 결과

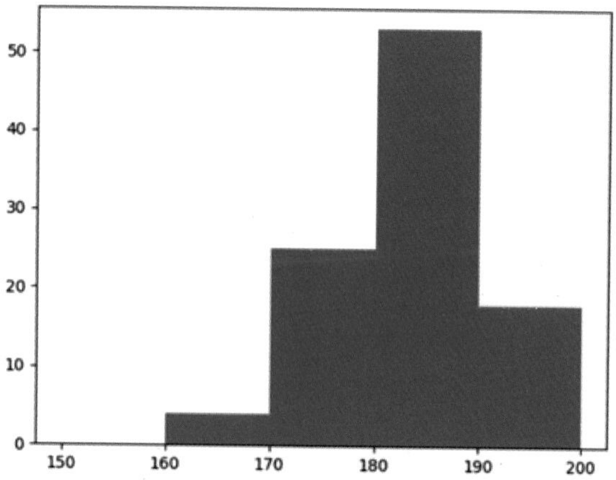

16 DataFrame 객체 생성하기

딕셔너리를 사용하여 DataFrame 객체를 만들어 보자. 다음 예제에서는 인덱스 0, 1, 2가 자동으로 생성되고 key값인 Name, Height, Weight는 열의 이름이 된다.

코드 내역

dataframe_ex14.py

```
import pandas as pd

data = { 'Name':['Messi', 'Ronaldo', 'Mbappe'],
         'Height':[170, 187, 182],
         'Weight':[72, 83, 73]}

dataFrame = pd.DataFrame(data)
print(dataFrame)
```

실행 결과

```
      Name  Height  Weight
0    Messi     170      72
1  Ronaldo     187      83
2   Mbappe     182      73
```

딕셔너리를 사용하여 만든 DataFrame을 그래프로 나타내 보자.

코드 내역 dataframe_ex15.py

```
import pandas as pd
import matplotlib.pyplot as plt

data = { 'Name':['Messi', 'Ronaldo', 'Mbappe'],
         'Height':[170, 187, 182],
         'Weight':[72, 83, 73]}

dataFrame = pd.DataFrame(data)
plt.scatter(dataFrame['Height'], dataFrame['Weight'], color='blue')
plt.show()
```

실행 결과

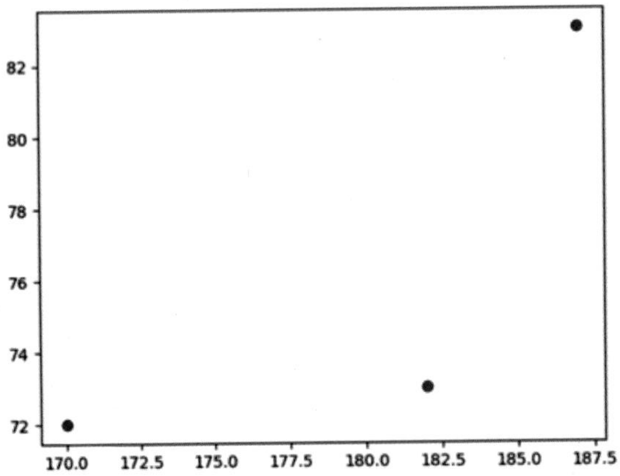

plt.scatter(dataFrame['Height'], dataFrame['Weight'])를 iloc를 사용하여 다음과 같이 바꿀 수 있다.

```
plt.scatter(dataFrame.iloc[0:3,1], dataFrame.iloc[0:3,2], color='blue')
```

17 csv 파일로 DataFrame 저장하기

csv 파일로 저장하기 위해서는 DataFrame 클래스의 to_csv() 함수를 사용한다.

코드 내역 dataframe_ex16.py

```
import pandas as pd
import matplotlib.pyplot as plt

data = { 'Name':['Messi', 'Ronaldo', 'Mbappe', 'Lewandowski', 'Neymar Jr'],
         'Height':[170, 187, 182, 185, 175 ],
         'Weight':[72, 83, 73, 81, 68]}
dataFrame = pd.DataFrame(data)
dataFrame.to_csv('./excel/save_test.csv')
```

실행 결과

	A	B	C	D	E	F
1		Name	Height	Weight		
2	0	Messi	170	72		
3	1	Ronaldo	187	83		
4	2	Mbappe	182	73		
5	3	Lewandow	185	81		
6	4	Neymar Jr	175	68		
7						
8						

18 DataFrame의 sum() 함수 사용하기

성적에 대한 합계를 구해 보도록 하자. 3명의 학생은 국어, 수학, 과학 점수를 가지고 있다. sum() 함수 안에 인자로 axis=1을 넣으면 행의 합을 구할 수 있다.

코드 내역 dataframe_ex17.py

```
import pandas as pd
import matplotlib.pyplot as plt

data = { 'Name':['Park', 'Cho', 'Kim'],
         'Korean':[70, 87, 82],
         'Math':[76, 93, 75],
         'Science':[90, 92, 94]}

dataFrame = pd.DataFrame(data)
```

```
print(dataFrame)

sum_data=dataFrame.iloc[:,1:4]
total = sum_data.sum(axis=1)
print(total)
```

실행 결과

```
  Name  Korean  Math  Science
0  Park      70    76       90
1   Cho      87    93       92
2   Kim      82    75       94
0    236
1    272
2    251
dtype: int64
```

19 pygal로 선수 능력치를 radar로 표시하기

pygal 라이브러리는 데이터를 쉽게 멋있는 차트로 시각화할 수 있도록 돕고 크기 조절이 가능한 SVG 파일을 지원한다. fifa22_1000.csv 파일에는 FIFA 22 축구 게임 1000명의 선수들의 키와 몸무게 그리고 34개의 영역에서의 능력치가 담겨 있다. 상위 5명 선수들의 5개 영역의 능력치를 radar로 표시하고 SVG 파일로 저장해 보도록 한다.

SVG는 2차원 벡터 그래픽의 표현을 위한 XML 기반의 언어이다. 확대나 축소를 해도 픽셀이 깨지지 않고 화질이 유지되며 용량이 PNG, GIF보다 작은 장점이 있다. chrome 등 웹 브라우저로 파일을 실행시킬 수도 있다. pygal.Radar() 클래스의 객체를 만들고 add() 함수를 사용하여 Radar() 객체에 데이터를 추가하면 된다.

코드 내역 pygal_radar.py

```
import pygal
import matplotlib.pyplot as plt
import pandas as pd
import numpy as np
```

```
csv_data = pd.read_csv("./excel/fifa22_1000.csv", sep=',')
height_data = csv_data["Height"]
name = csv_data["Name"]

dribbling= csv_data["Dribbling"]
ballControl=csv_data["BallControl"]
stamina=csv_data["Stamina"]
sprintSpeed=csv_data["SprintSpeed"]
shortPassing = csv_data["ShortPassing"]

radar_chart = pygal.Radar() #pygal.Radar()클래스 객체 생성
radar_chart.title = 'fifa 5 players'
radar_chart.x_labels = ['Dribbling', 'BallControl', 'Stamina',
    'SprintSpeed', 'ShortPassing']

for i in range(0,5,1):
  radar_chart.add(name[i], [dribbling[i], ballControl[i],
     stamina[i],sprintSpeed[i], shortPassing[i]])

radar_chart.render_to_file('radar_chart.svg')
radar_chart.render_in_browser()
```

실행 결과

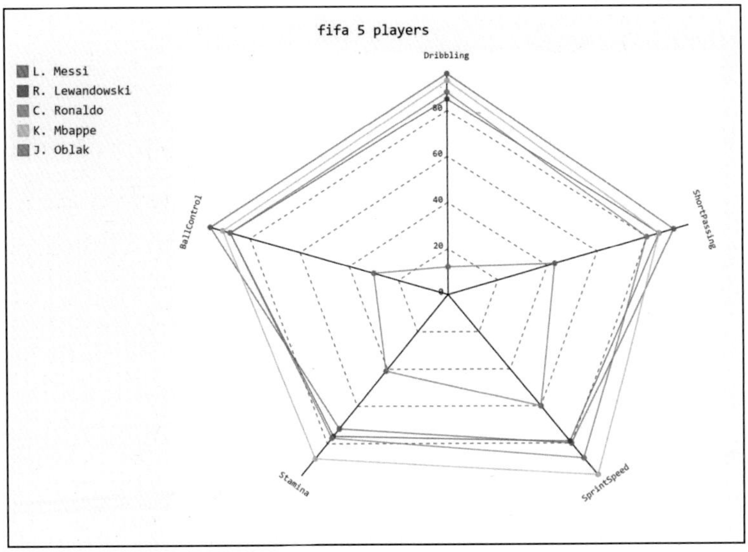

SVG 파일은 역동적인 파일이다. Mbappe 선수만 표시하기 위해서는 다른 선수들을 체크 해제하면 된다.

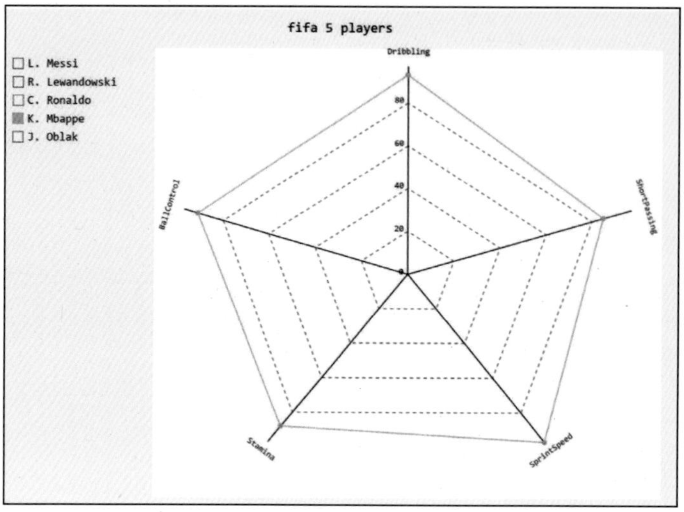

1000명의 선수 중 랜덤으로 5명의 데이터를 레이더로 표시하는 프로그램을 만들어 보자.

코드 내역 pygal_radar2.py

```
import pygal
import matplotlib.pyplot as plt
import pandas as pd
import numpy as np

csv_data = pd.read_csv("./excel/fifa22_1000.csv", sep=',')

name = csv_data["Name"]

dribbling= csv_data["Dribbling"]
ballControl=csv_data["BallControl"]
stamina=csv_data["Stamina"]
sprintSpeed=csv_data["SprintSpeed"]
shortPassing = csv_data["ShortPassing"]


radar_chart = pygal.Radar()
radar_chart.title = 'fifa 5 players'
radar_chart.x_labels = ['Dribbling', 'BallControl', 'Stamina',₩
     'SprintSpeed', 'ShortPassing']
```

```
for i in range(0,5,1):

  imsy =  np.random.randint(0,1000)
  radar_chart.add(name[imsy], [dribbling[imsy], ballControl[imsy],₩
     stamina[imsy],sprintSpeed[imsy], shortPassing[imsy]])

radar_chart.render_to_file('radar_chart.svg')
radar_chart.render_in_browser()
```

실행 결과

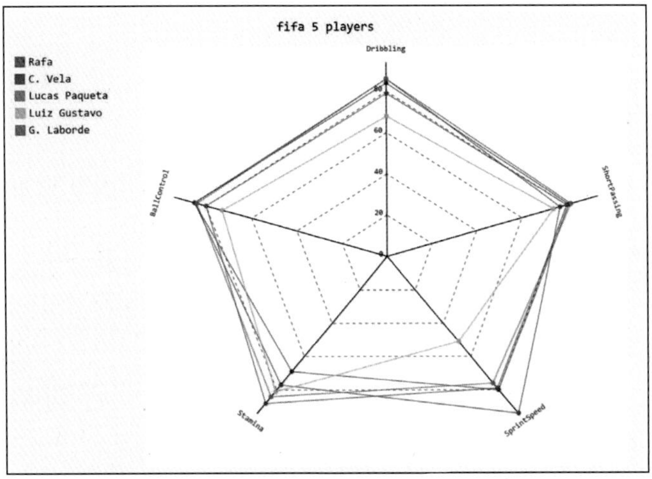

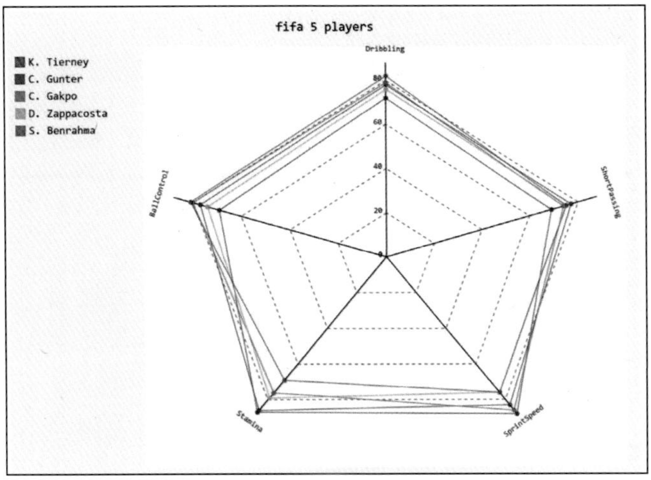

차트 모형을 Line으로 바꾸어 보자. pygal.Bar() 클래스의 객체 line_chart를 만들고 선수들의 데이터를 add() 함수를 사용하여 추가한다.

코드 내역

pygal_line.py

```
import pygal
import matplotlib.pyplot as plt
import pandas as pd
import numpy as np

csv_data = pd.read_csv("./excel/fifa22_1000.csv", sep=',')
name = csv_data["Name"]

dribbling= csv_data["Dribbling"]
ballControl=csv_data["BallControl"]
stamina=csv_data["Stamina"]
sprintSpeed=csv_data["SprintSpeed"]
shortPassing = csv_data["ShortPassing"]

line_chart = pygal.Bar(box_mode="stdev")
line_chart.title = 'fifa 5 players'
line_chart.x_labels = ['Dribbling', 'BallControl', 'Stamina',₩
    'SprintSpeed',    'ShortPassing']

for i in range(0,5,1):
  imsy =  np.random.randint(0,1000)
  line_chart.add(name[imsy], [dribbling[imsy], ballControl[imsy],₩
     stamina[imsy],sprintSpeed[imsy], shortPassing[imsy]])

line_chart.render_to_file('line_chart.svg')
line_chart.render_in_browser()
```

실행 결과

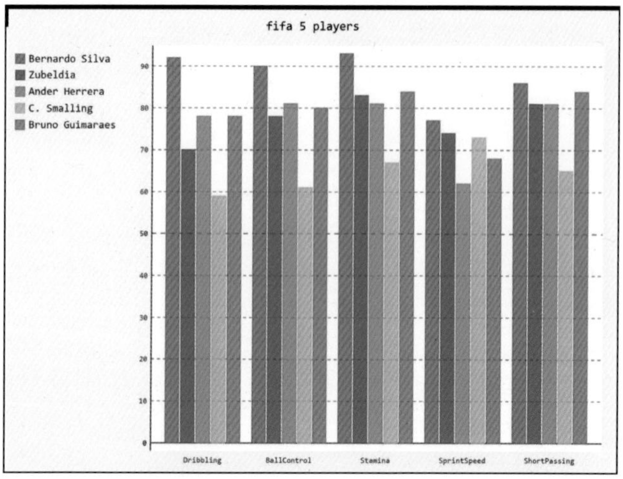

folium 라이브러리

folium 라이브러리는 지도의 시각화 작업에 많이 쓰인다. 지도를 사용하여 다양한 데이터를 시각적으로 표현하고 지도에 마커를 만들 수 있다.

1 value_counts() 함수를 사용하여 국가별 선수 구하기

FIFA 22 게임에서 전체 능력 점수 상위 1000명의 선수를 대상으로 국적을 조사하여 세계 지도에 표시해 보도록 하자. 먼저 국적이 포함된 1000명의 선수 데이터가 있는 fifa_nationality_1000.csv 파일을 불러온다. value_counts() 함수를 사용하여 국가별 선수가 몇 명 포함되어 있는지를 구한다. print(counts) 함수를 사용하여 출력하면 다음과 같다.

코드 내역 num_of_players.py

```
import pandas as pd

csv_data = pd.read_csv("./excel/fifa_nationality_1000.csv", sep=',')
data = csv_data['Nationality']
counts = data.value_counts()
print(counts)
```

실행 결과

```
Spain              157
France              96
Brazil              94
United Kingdom      65
Argentina           63
… 중략 …
Gabon                1
Costa Rica           1
Egypt                1
South Korea          1
Tunisia              1
Name: Nationality, Length: 75, dtype: int64
```

2 folium에서 사용할 csv 만들기

이렇게 얻은 counts에서 index값과 header값을 True로 설정하고 to_csv() 함수를 사용하여 imsy.csv 파일에 저장한다. 그리고 다시 imsy.csv 파일을 불러와서 출력해 보면 다음과 같다.

코드 내역 csv_for_folium.py

```
import pandas as pd

csv_data = pd.read_csv("./excel/fifa_nationality_1000.csv", sep=',')
data = csv_data['Nationality']
counts = data.value_counts()

counts.to_csv('imsy.csv', index=True, header = True)
csv_data = pd.read_csv("./imsy.csv", sep=',')
print(csv_data)
```

실행 결과

```
        Unnamed: 0  Nationality
0            Spain          157
1           France           96
2           Brazil           94
3   United Kingdom           65
4        Argentina           63
               … 중략 …
70           Gabon            1
71      Costa Rica            1
72           Egypt            1
73     South Korea            1
74         Tunisia            1
```

국적을 나타내는 Column값이 설정되어 있지 않고 선수 수를 의미하는 Column이 Nationality로 되어 있다. 이를 columns를 사용하여 다음과 같이 고쳐 준다. 이렇게 열 이름을 변경하고 fifa22_1000_nationality.csv에 저장하도록 한다.

```
csv_data.columns=['Nationality','Player']
```

코드 내역 csv_fifa22_file.py

```
import pandas as pd

csv_data = pd.read_csv("./excel/fifa_nationality_1000.csv", sep=',')
data = csv_data['Nationality']
counts = data.value_counts()
print(counts)

counts.to_csv('imsy.csv', index=True, header = True)
csv_data = pd.read_csv("./imsy.csv", sep=',')
csv_data.columns=['Nationality','Player']
print(csv_data)

csv_data.to_csv('./data/fifa22_1000_nationality.csv', index=True, header = True)
```

실행 결과

```
        Nationality  Player
0             Spain     157
1            France      96
2            Brazil      94
3    United Kingdom      65
4         Argentina      63
           … 중략 …
70            Gabon       1
71       Costa Rica       1
72            Egypt       1
73      South Korea       1
74          Tunisia       1
```

3 folium을 사용하여 세계 지도에 국가별 선수 시각화하기

이제 folium 모듈을 사용하여 상위 선수 1000명이 많은 곳을 세계 지도로 나타내 보자. world.json 파일을 보면 국가를 나타내는 key값이 "name"임을 확인할 수 있다. Choropleth 클래스에 쓰이는 key_on값을 "feature.properties.name"으로 설정해야 한다. webbrowser.open() 함수를 사용하여 브라우저로 직접 열어서 확인할 수 있으며 save() 함수를 사용하여 html 파일로 저장하고 크롬 같은 브라우저로 열어서 확인할 수도 있다.

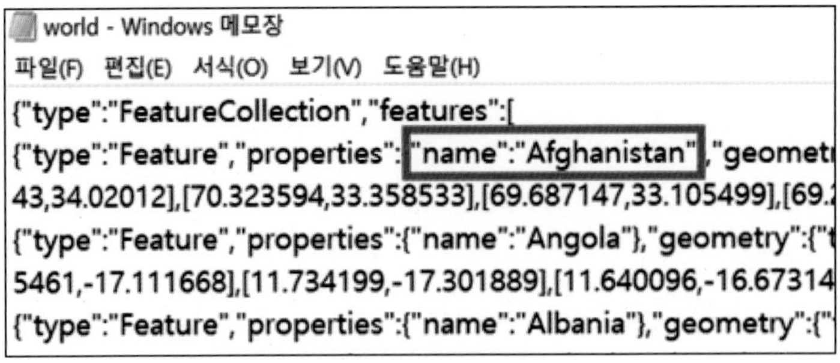
world - Windows 메모장
파일(F) 편집(E) 서식(O) 보기(V) 도움말(H)
{"type":"FeatureCollection","features":[
{"type":"Feature","properties":{"name":"Afghanistan"},"geomet
43,34.02012],[70.323594,33.358533],[69.687147,33.105499],[69.
{"type":"Feature","properties":{"name":"Angola"},"geometry":{"t
5461,-17.111668],[11.734199,-17.301889],[11.640096,-16.67314
{"type":"Feature","properties":{"name":"Albania"},"geometry":{"

코드 내역 folium_world.py

```
import folium
import webbrowser
import pandas as pd

state_geo = './data/world.json'
player_data = pd.read_csv("./data/fifa22_1000_nationality.csv")
m = folium.Map(location=[48, -102], zoom_start=3)

folium.Choropleth(
    geo_data=state_geo,
    name="choropleth",
    data=player_data,
    columns=["Nationality", "Player"],
    key_on="feature.properties.name",
    fill_color="YlGn",
    fill_opacity=0.7,
    line_opacity=0.2,
    legend_name="피파상위 축구선수 (명)",
).add_to(m)

folium.LayerControl().add_to(m)
m.save("soccer_players1000.html")
webbrowser.open("soccer_players1000.html")
```

실행 결과

fill_color값을 "YlOrBr"로 변경하고 실행해 보자. 다른 색으로 채워지는 것을 확인할 수 있다. 대표적으로 사용하는 fill_color값에는 "YlGnBu", "YlOrRd", "PuRd", "PuBuGn", "RdPu" 등이 있다.

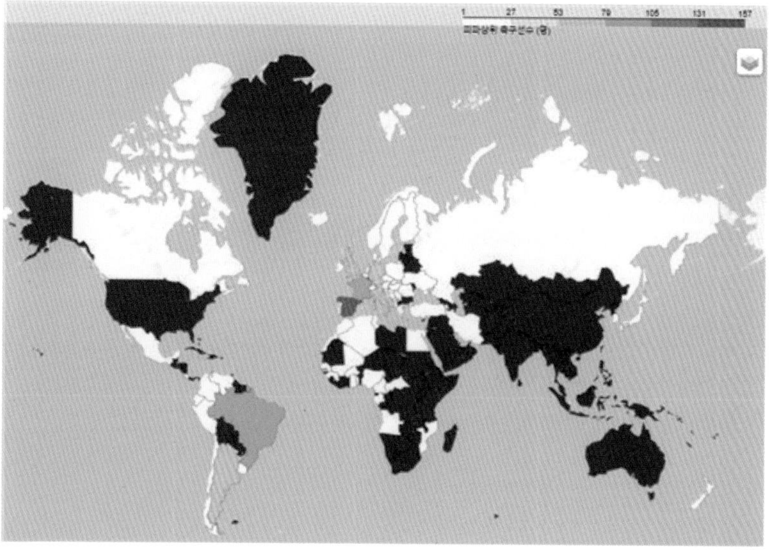

4 지도에 마커 표시하기

첨성대와 천마총의 위치를 지도에 마커로 표시해 보자. 그렇게 하기 위해서는 첨성대와 천마총의 경도와 위도를 알아야 한다. 구글 맵을 통해서 경도와 위도값을 얻을 수 있다. 구글 맵에서 검색어 첨성대를 입력한다. 빨간 마커가 나오면 마우스 오른쪽 버튼을 클릭한다. 맨 위에 나온 정보가 경도와 위도값이며 클릭하면 값이 복사된다. 복사된 값을 첨성대와 천마총의 경도와 위도 변수에 할당해 주도록 한다.

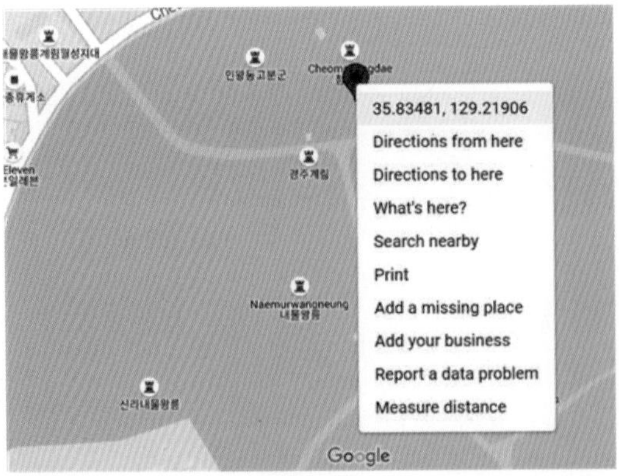

코드 내역

folium_loc_test.py

```
import webbrowser
import folium

location = "첨성대"
location2 ="천마총"
cheomseongdae_latitude = 35.834856739367844
cheomseongdae_longitude = 129.21910601323637
chenmachong_latitude = 35.83914207630184
chenmachong_longitude = 129.21034670298084

place = folium.Map(location=[cheomseongdae_latitude,
     cheomseongdae_longitude], zoom_start=16)

folium.Marker(location=[cheomseongdae_latitude,
     cheomseongdae_longitude], popup= location,
     icon=folium.Icon(color='red')).add_to(place) #마커 설정하기

folium.Marker(location=[chenmachong_latitude,
     chenmachong_longitude], popup= location2,
     icon=folium.Icon(color='red')).add_to(place) #마커 설정하기

place.save('chenmachong.html')
webbrowser.open_new("chenmachong.html")
```

실행 결과

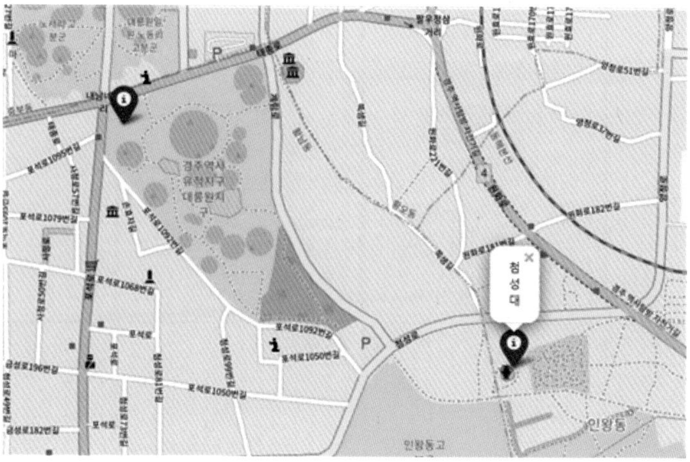

5 나만의 아이콘으로 마커 표시하기

마커를 클릭할 경우 글씨를 가로로 사용하기 위해서는 〈pre〉 ~ 〈/pre〉 태그를 사용하며 이 안에 마크에 표시될 텍스트를 넣으면 된다. 나만의 커스텀 아이콘 마커를 사용하기 위해서는 CustomIcon을 Import해야 한다. data 디렉터리에 이미지를 준비하고 CustomIcon 클래스의 객체 icon1을 만든다.

코드 내역 folium_loc_test_icon.py

```
import webbrowser
import folium
from folium.features import CustomIcon

location = "<pre>첨성대</pre>"
location2 ="<pre>천마총</pre>"

cheomseongdae_latitude = 35.834856739367844
cheomseongdae_longitude = 129.21910601323637
chenmachong_latitude = 35.83914207630184
chenmachong_longitude = 129.21034670298084

icon='data/spaceship.png'
icon1=CustomIcon(
    icon,
    icon_size=(75,95),
    icon_anchor=(10,30),
```

```
    popup_anchor=(30,-30)
)

place = folium.Map(location=[cheomseongdae_latitude,
               cheomseongdae_longitude], zoom_start=16)

folium.Marker([ 35.834856739367844,129.21910601323637],
    tooltip='', icon=icon1, popup= location,).add_to(place)

folium.Marker(location=[chenmachong_latitude,
               chenmachong_longitude], popup= location2,

icon=folium.Icon(color='red')).add_to(place) #마커를 설정하기

place.save('icon_marker.html')
webbrowser.open_new("icon_marker.html")
```

실행 결과

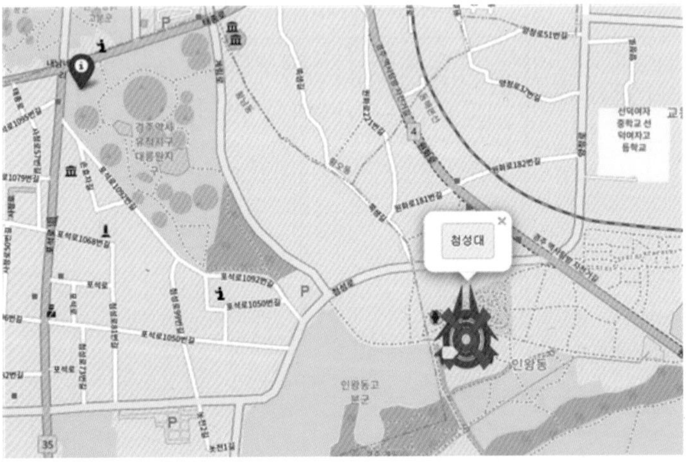

6 통계청 데이터 활용하기

전국 출생아 수 중에 다문화 가정의 출생아 수를 시각화하여 나타내 보자. 먼저 통계청(KOSIS)에 접속하여 원하는 데이터를 다운로드받도록 한다. 본 예제에서는 "지역별 다문화 출생"과 관련된 데이터를 다운로드받아 사용하였다.

1) 지역별 다문화 출생

자료갱신일: 2020-11-05 / 수록기간: 년 2008 ~ 2019 / 자료문의처 : 042-481-2258 / 기능문의: KOSIS Q

일괄설정 + | 항목[3/3] | 시군구별[18/293] | 시점[1/12]

(단위 : 명)

시군구별	2019		
	전체 출생아수 (명)	다문화 출생아수 (명)	다문화 출생비중 (%)
전국	302,676	17,939	5.9
서울특별시	53,673	3,053	5.7
부산광역시	17,049	850	5.0
대구광역시	13,233	691	5.2
인천광역시	18,522	1,139	6.1
광주광역시	8,364	449	5.4
대전광역시	8,410	423	5.0
울산광역시	7,539	358	4.7
세종특별자치시	3,819	108	2.8
경기도	83,198	4,804	5.8
강원도	8,283	441	5.3
충청북도	9,333	614	6.6
충청남도	13,228	929	7.0
전라북도	8,971	726	8.1
전라남도	10,832	849	7.8
경상북도	14,472	970	6.7
경상남도	19,250	1,185	6.2
제주특별자치도	4,500	350	7.8

본 예제에서는 약간의 형식을 수정하여 multicultural.csv 파일로 저장하였다.

	A	B	C	D
1	시군구별	전체출생	다문화출생	비율
2	서울특별시	53673	3053	5.7
3	부산광역시	17049	850	5
4	대구광역시	13233	691	5.2
5	인천광역시	18522	1139	6.1
6	광주광역시	8364	449	5.4
7	대전광역시	8410	423	5
8	울산광역시	7539	358	4.7
9	세종특별지	3819	108	2.8
10	경기도	83198	4804	5.8
11	강원도	8283	441	5.3
12	충청북도	9333	614	6.6
13	충청남도	13228	929	7
14	전라북도	8971	726	8.1
15	전라남도	10832	849	7.8
16	경상북도	14472	970	6.7
17	경상남도	19250	1185	6.2
18	제주특별지	4500	350	7.8

또한 우리나라 지도 구역을 시각적으로 나누기 위해서 korea.json 파일을 사용하였다.

코드 내역

folium_multicultural.py

```
import webbrowser
import folium, json
import pandas as pd

m = folium.Map(location=[36, 127], tiles="OpenStreetMap", zoom_start=8)
geo_data = json.load(open('./data/korea.json', encoding='utf-8'))

file_dir = './data/multicultural.csv'

df = pd.read_csv(file_dir, encoding='CP949', dtype={'code':'str'})

folium.Choropleth(geo_data=geo_data,
                  data = df,
                  columns=['시군구별', '다문화출생'],
                  key_on="feature.properties.CTP_KOR_NM",
                  fill_color='YlGn',
                  fill_opacity=0.8
                  ).add_to(m)

m.save('folium_kr.html')
webbrowser.open_new("folium_kr.html")
```

실행 결과

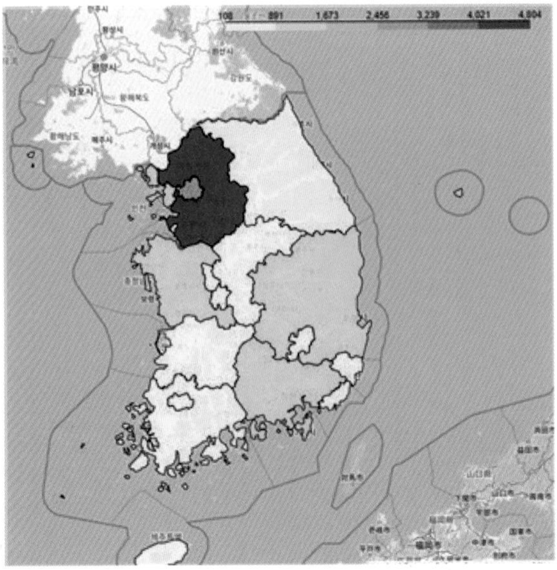

columns=['시군구별', '다문화출생'] 항목에서 '다문화출생'을 '비율'로 수정하고 프로그램을 실행해 보자.

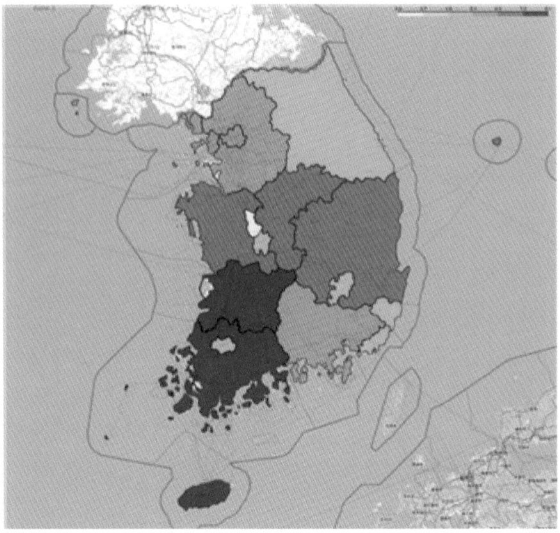

JSON(JavaScript Object Notation) 이해하기

JSON은 웹과 컴퓨터 프로그램에서 데이터를 교환하기 위해 키와 값의 쌍으로 이루어진 데이터 포맷이다. 확장자는 .json이며 텍스트로 이루어져 있어 사람이 이해하기 쉽다.

1 기본 자료형

1) 수(정수, 실수)

ex)

```
16, 24, 19.28
```

2) 문자열

문자열은 큰 따옴표(")로 묶어서 사용한다.

ex)

```
"홍길동", "대한민국", "Love"
```

3) 배열(Array)

배열은 대괄호([])로 표현하며 각 원소들은 쉼표(,)로 구별한다.

ex)

```
[ {"height": 180}, [1, 2], 24 ]
```

4) 객체(Object)

키와 값의 쌍으로 구성되며 중괄호({})를 사용한다. 키(이름)는 문자열이기 때문에 큰따옴표를 사용해야 하며 값으로는 기본 자료형이 올 수 있다. 각 쌍들은 쉼표(,)로 구별한다. 배열은 원소의 순서가 의미 있으나 객체는 순서가 의미 없다.

ex)

```
{
  "name" ; "홍길동",
  "age": 30,
  "height" : 170,
  "familey" : ["단비", "은비"]
}
```

2 JSON 파일 만들기

키와 값으로 이루어진 딕셔너리를 원소로 갖는 리스트 heroes를 JSON 파일로 저장해 보자. JSON의 dump() 함수를 사용하여 파이썬 자료형을 JSON 문자열로 변경하여 저장할 수 있다.

코드 내역 json_make.py

```python
import json

heroes=[{"Name": "홍길동", "Height": 180, "Weight": 60},
        {"Name": "홍길순", "Height": 170, "Weight": 55},
        {"Name": "홍길자", "Height": 160, "Weight": 50},]

with open('./data/heroes.json','w') as f:
    json.dump(heroes, f, ensure_ascii=False)
```

실행 결과로 data 디렉터리에 heroes.json 파일이 생성된다.

실행 결과

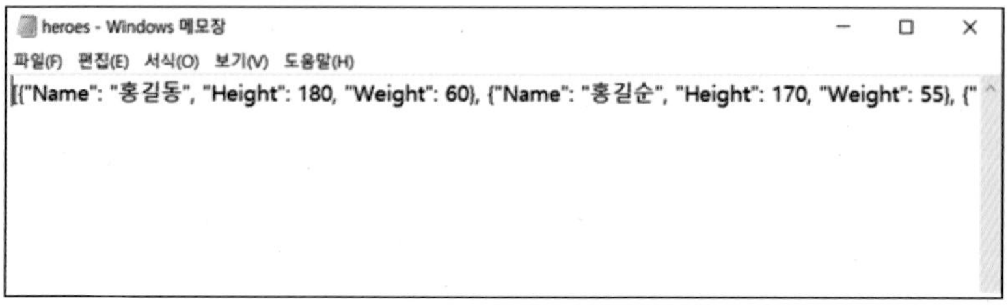

3 JSON 파일 가져오기

이제 JSON 파일을 로드해서 활용해 보자. json.load() 함수를 사용하여 JSON 파일에 있는 데이터를 리스트형으로 가지고 온다. type() 함수를 사용하여 확인해 보자.

코드 내역 json_load.py

```
import json

with open('./data/heroes.json','r') as f:
    data = json.load(f)  #리스트 형태로 가져온다.
print(type(data))

for i in data:
    for k, v in i.items(): #items()를 사용하면 key와 value를 튜플로 묶어 반환한다.
        print(k,v)

print(data[0]["Name"])


for i in range(0,len(data),1):
    print(data[i]["Weight"])
```

실행 결과

```
<class 'list'>
Name 홍길동
Height 180
Weight 60
Name 홍길순
Height 170
Weight 55
Name 홍길자
Height 160
Weight 50
홍길동
60
55
50
```

Chapter

13

인공지능 (머신러닝과 딥러닝)

1 K-최근접 이웃 알고리즘을 활용한 머신러닝 프로그램 만들기
2 훈련 세트와 테스트 세트 나누기
3 K-최근접 이웃 회귀
4 선형 회귀
5 비지도 학습(Unsupervised Learning)
6 로지스틱 회귀로 확률 예측하기
7 퍼셉트론
8 딥러닝 알아보기
9 iris 품종 딥러닝 설계하기

Chapter 13

인공지능(머신러닝과 딥러닝)

인공지능이라는 용어는 다트머스대학교 교수인 존 매카시에 의해 처음 사용되었다. 인공지능 알파고와 이세돌 9단의 대결을 계기로 인공지능에 대한 관심이 증대되었고 많은 분야에서 인공지능 개발 및 활용이 이루어지고 있다. 인공지능에 대한 기본적인 개념과 활용 방법을 학습하도록 한다.

K-최근접 이웃 알고리즘을 활용한 머신러닝 프로그램 만들기

ai1.py

1. 데이터 불러오기

1 데이터 준비하기

A열은 성인 남자 키, B열은 성인 남자 몸무게, C열은 성인 여자 키, D열은 성인 여자 몸무게 데이터가 들어간 자료를 엑셀 파일로 구성했다. 여기서는 남녀 각각 50명의 데이터를 준비했다.

	A	B	C	D	E	F	G	H	I
1	187.6	109.7	149.6	46.3					
2	174.7	73.6	165.7	64.1					
3	188.2	96.5	161	59.4					
4	182.2	99.8	163.8	58.1					
5	177.5	93.6	157	58.9					
6	170.8	69	167.6	71.1					
7	174.7	83.4	159.6	52.1					
8	173.6	76.2	166.8	74.9					
9	170.2	79.8	157.2	50.6					
10	161.2	70.9	161.7	47.2					
11	180.8	84.6	173	75.5					
12	182	96.9	157	48.2					
13	164.5	75.8	161	58.1					
14	176	85.9	149.6	46.1					
15	175.9	84.5	148.4	44.5					

2 데이터 가져오기

엑셀 파일 데이터를 리스트로 불러오도록 한다.

코드 내역

```
from openpyxl import load_workbook
import matplotlib.pyplot as plt

read_xlsx = load_workbook('./excel/height_weight_dataset.xlsx')
read_sheet = read_xlsx.active

name_col = read_sheet['A']   #A열에 있는 모든 데이터를 name_col에 담는다.
men_height = []
for cell in name_col:
    men_height.append(cell.value)

name_col = read_sheet['B']
men_weight = []
for cell in name_col:
    men_weight.append(cell.value)

name_col = read_sheet['C']
women_height = []
for cell in name_col:
    women_height.append(cell.value)

name_col = read_sheet['D']
women_weight = []
for cell in name_col:
    women_weight.append(cell.value)

print(men_height)
print(men_weight)
print(women_height)
print(women_weight)
```

실행 결과

```
[187.6, 174.7, 188.2, 182.2, 177.5, 170.8, 174.7, 173.6, 170.2, 161.2, 180.8,
182, 164.5, 176, 175.9, 171.8, 183.9, 162.5, 176.9, 172.6, 172.5, 176.4, 168,
191,
 172.4, 173.1, 175.5, 184.9, 171.2, 174, 174.3, 188, 181.7, 175.7, 176.7,
178.8, 175.5, 170.7, 167.2, 163.3, 172.7, 183.4, 165.8, 167.9, 171.5, 178.1,
173.4, 183.3, 175.7, 185.1]
[109.7, 73.6, 96.5, 99.8, 93.6, 69, 83.4, 76.2, 79.8, 70.9, 84.6, 96.9, 75.8,
85.9, 84.5, 78.1, 88.9, 78.4, 84.3, 82.7, 79, 89.7, 67.7, 103.7, 73.5, 87.2,
83.6, 93.8, 79.5, 70, 85, 96.6, 88.4, 93.1, 92.6, 87.5, 89.6, 83.4, 74.3, 74,
78.1, 88, 76.5, 73.1, 74.7, 85.7, 84.8, 94.8, 87.1, 95.8]
```

```
[149.6, 165.7, 161, 163.8, 157, 167.6, 159.6, 166.8, 157.2, 161.7, 173, 157,
161, 149.6, 148.4, 154.5, 178.1, 158.1, 156.8, 160.2, 158.2, 157, 168.5, 165.9,
167.9, 163.9, 143.6, 159.4, 156.4, 157.5, 165.9, 155.5, 170.2, 152.9, 162.4,
160.9, 161.8, 153.1, 161.1, 154, 171.1, 169.9, 152.5, 163, 161.2, 170.8, 168.2,
164.3, 168.1, 167.3]
[46.3, 64.1, 59.4, 58.1, 58.9, 71.1, 52.1, 74.9, 50.6, 47.2, 75.5, 48.2, 58.1,
46.1, 44.5, 57.6, 68.6, 52.5, 48.9, 66, 63.3, 55.7, 71.4, 65.8, 67.4, 60.2,
38.5, 62.8, 62.3, 56.5, 63.6, 49.1, 68.1, 54, 63.3, 57, 60, 59.2, 58.4, 49.8,
66.2, 72, 52, 60.4, 58.5, 69.9, 63, 62.9, 81.9, 67.6]
```

3 산점도표 표시하기

산점도(상관도)는 2개의 변수 x, y 간의 관계를 보기 위하여 좌표계의 평면에 관측점을 찍어 만든 통계 그래프이다. matplotlib 모듈의 scatter 함수를 통해 쉽게 표시할 수 있다.

```
plt.scatter( x 좌표에 표시될 리스트, y 좌표에 표시될 리스트)
```

위에서 제시한 남성의 키와 몸무게를 scatter 함수를 사용하여 표시해 보자.

ai_scatter.py

```
plt.scatter(men_height, men_weight)
plt.xlabel('height')
plt.ylabel('weight')
plt.show()
```

실행 결과

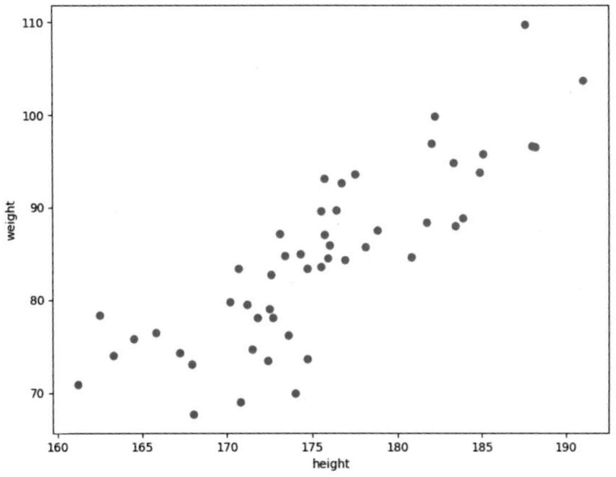

남성과 여성의 키와 몸무게도 scatter 함수를 사용하여 표시해 보자.

ai_scatter2.py

```
plt.scatter(men_height, men_weight)
plt.xlabel('height')
plt.ylabel('weight')

plt.scatter(women_height, women_weight)
plt.xlabel('height')
plt.ylabel('weight')
plt.show()
```

실행 결과

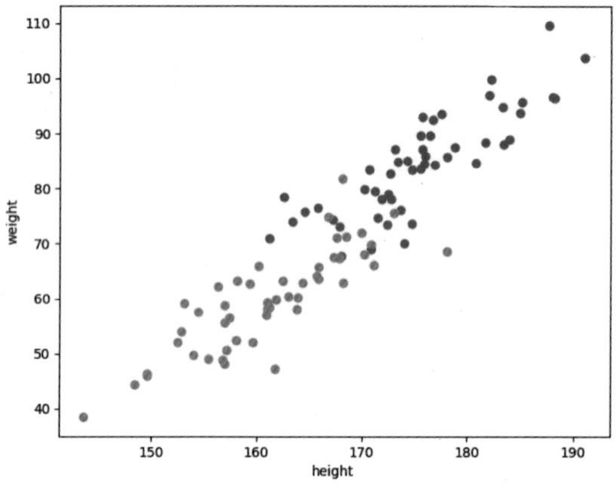

2. 사이킷런 활용하여 머신러닝 프로그램 만들기

1 리스트 하나로 합치기

사이킷런 모듈을 사용하여 머신러닝 프로그램을 제작하기 위해서는 데이터를 하나의 리스트로 합치고 2차원 리스트를 만들어야 한다. 먼저 다음과 같이 남성과 여성의 키 데이터는 리스트 **height_data**로, 남성과 여성의 몸무게 데이터는 리스트 **weight_data**로 합쳐 준다.

```
height_data = men_height + women_height
weight_data = men_weight + women_weight
```

사이킷런은 2차원 리스트를 가지고 다양한 함수를 사용하여 인공지능 프로그램을 만들도록 지원한다. zip 함수와 리스트 표현식을 사용하여 [키, 몸무게]로 구성된 2차원 리스트를 쉽게 만들 수 있다.

```
gender_data = list( [x, y] for x, y in zip(height_data, weight_data) )
```

print() 함수를 사용하여 2차원 리스트로 만든 gender_data 내용을 확인해 보자. 앞에서부터 50개의 리스트 원소는 남성의 키와 몸무게 자료이고 51부터 끝까지 50개는 여성의 키와 몸무게 자료이다.

실행 결과

```
[[187.6, 109.7], [174.7, 73.6], [188.2, 96.5], [182.2, 99.8], [177.5, 93.6],
[170.8, 69], [174.7, 83.4], [173.6, 76.2], [170.2, 79.8], [161.2, 70.9],
[180.8, 84.6], [182, 96.9], [164.5, 75.8], [176, 85.9], [175.9, 84.5], [171.8,
78.1], [183.9, 88.9], [162.5, 78.4], [176.9, 84.3], [172.6, 82.7], [172.5,
79], [176.4, 89.7], [168, 67.7], [191, 103.7], [172.4, 73.5], [173.1, 87.2],
[175.5, 83.6], [184.9, 93.8], [171.2, 79.5], [174, 70], [174.3, 85], [188,
96.6], [181.7, 88.4], [175.7, 93.1], [176.7, 92.6], [178.8, 87.5], [175.5,
89.6], [170.7, 83.4], [167.2, 74.3], [163.3, 74], [172.7, 78.1], [183.4, 88],
[165.8, 76.5], [167.9, 73.1], [171.5, 74.7], [178.1, 85.7], [173.4, 84.8],
[183.3, 94.8], [175.7, 87.1], [185.1, 95.8], [149.6, 46.3], [165.7, 64.1],
[161, 59.4], [163.8, 58.1], [157, 58.9], [167.6, 71.1], [159.6, 52.1], [166.8,
74.9], [157.2, 50.6], [161.7, 47.2], [173, 75.5], [157, 48.2], [161, 58.1],
[149.6, 46.1], [148.4, 44.5], [154.5, 57.6], [178.1, 68.6], [158.1, 52.5],
[156.8, 48.9], [160.2, 66], [158.2, 63.3], [157, 55.7], [168.5, 71.4], [165.9,
65.8], [167.9, 67.4], [163.9, 60.2], [143.6, 38.5], [159.4, 62.8], [156.4,
62.3], [157.5, 56.5], [165.9, 63.6], [155.5, 49.1], [170.2, 68.1], [152.9, 54],
[162.4, 63.3], [160.9, 57], [161.8, 60], [153.1, 59.2], [161.1, 58.4], [154,
49.8], [171.1, 66.2], [169.9, 72], [152.5, 52], [163, 60.4], [161.2, 58.5],
[170.8, 69.9], [168.2, 63], [164.3, 62.9], [168.1, 81.9], [167.3, 67.6]]
```

2 타깃 만들기

지금까지 데이터를 준비했다. 이 데이터에 준하는 정답을 만들어 주어야 한다. 이를 타깃(target)이라고 한다. 여기서는 남성을 1로, 여성을 0으로 설정했다.

```
gender_target = [1] * 50 + [0] * 50
```

3 KNeighborsClassifier 클래스

K-최근접 이웃 알고리즘 분류 모델을 만들어 주는 클래스이다. 이웃의 개수를 매개변수로 넘겨주는데 디폴트값은 5이다. 만약 디폴트인 경우 사이킷런의 K-최근접 이웃 알고리즘은 테스트하고자 하는 데이터와 가장 가까운 5개의 데이터를 보고 다수결의 원칙으로 데이터를 예측한다.

KNeighborsClassifier 클래스는 데이터를 훈련시키는 fit(), 정확도를 측정하는 score(), 값을 예측하는 predict() 메소드로 구성되어 있다.

사이킷런 패키지의 KNeighborsClassifier 클래스를 사용하기 위해서는 다음과 같이 import해 준다.

```
from sklearn.neighbors import KNeighborsClassifier
```

KNeighborsClassifier의 객체인 kn을 생성한다.

```
kn = KNeighborsClassifier( )  #매개변수로 검사할 이웃의 개수를 써 줄 수 있다.
```

4 fit() 함수

데이터를 학습시키는 중요한 함수이다. 매개변수인 데이터와 타깃을 가지고 알고리즘을 훈련시킨다. 훈련 데이터는 2차원 리스트 또는 2차원 배열로 입력해야 한다는 것을 꼭 기억해야 한다.

```
kn.fit(gender_data, gender_target)
```

5 score() 함수

학습시킨 정확도를 구해 준다. 0에서 1까지의 값을 리턴하여 정확도가 1이면 모델의 정확도가 100%라는 의미이다. 이 함수를 사용하여 모델이 얼마나 잘 훈련되었는지 확인한다.

```
print(kn.score(gender_data, gender_target))
```

6 predict() 함수

데이터를 매개변수로 넣어 1 또는 0으로 예측값을 돌려준다.

```
print(kn.predict([[190,100]])) #남성으로 예측하여 1을 돌려줌
print(kn.predict([[150,70]])) #여성으로 예측하여 0을 돌려줌
```

다음과 같이 scatter() 함수를 사용하여 예측할 데이터를 표시해 보자. 빨간색 별은 [150,70], 녹색 별은 [190,100]을 나타낸다.

코드 내역

```
plt.scatter(men_height, men_weight)
plt.scatter(women_height, women_weight)
plt.scatter(190,100, marker='*')
plt.scatter(150,70, marker='*')
plt.xlabel('height')
plt.ylabel('weight')
```

7 전체 코드

코드 내역

```
from openpyxl import load_workbook
import matplotlib.pyplot as plt
from sklearn.neighbors import KNeighborsClassifier

read_xlsx = load_workbook('./excel/height_weight_dataset.xlsx')
read_sheet = read_xlsx.active

name_col = read_sheet['A']
men_height = []

for cell in name_col:
    men_height.append(cell.value)

name_col = read_sheet['B']
men_weight = []
```

```
for cell in name_col:
    men_weight.append(cell.value)

name_col = read_sheet['C']
women_height = []

for cell in name_col:
    women_height.append(cell.value)

name_col = read_sheet['D']
women_weight = []
for cell in name_col:
    women_weight.append(cell.value)

"""
print(men_height)
print(men_weight)
print(women_height)
print(women_weight)
"""
height_data = men_height + women_height
weight_data = men_weight + women_weight

gender_data = list( [x, y] for x, y in zip(height_data, weight_data) )
print(gender_data)

gender_target = [1] * 50 + [0] * 50

kn = KNeighborsClassifier(2)
kn.fit(gender_data, gender_target)

print(kn.score(gender_data, gender_target))
print(kn.predict([[190,100]]))
print(kn.predict([[150,70]]))

plt.scatter(men_height, men_weight)
plt.scatter(women_height, women_weight)
plt.scatter(190,100, marker='*')
plt.scatter(150,70, marker='*')
plt.xlabel('height')
plt.ylabel('weight')

plt.show()
```

실행 결과, 신장이 190이고 몸무게가 100인 경우는 남자이며 신장이 150이고 몸무게가 70인 경우는 여자라고 예측했다.

실행 결과

```
0.95
[1]
[0]
```

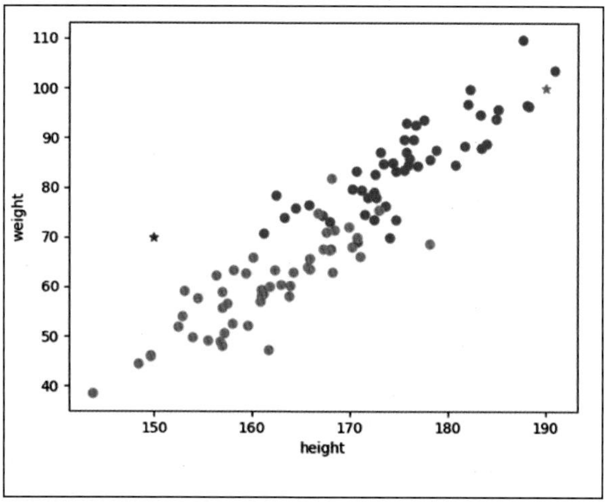

3. pandas 활용하기

1 csv 파일에 있는 데이터 가져오기

column이 있는 csv 파일을 불러와서 사용해 보도록 하자. 이전에 사용한 height_weight_dataset.xlsx 파일과는 다르게 column값들이 들어 있다. column값들이 들어 있는 경우 DataFrame을 사용하면 쉽게 데이터를 불러와서 조작할 수 있다. 다음과 같이 column값이 있는 csv 파일을 준비한다. 남녀 각각 50명의 신장과 몸무게 데이터가 들어 있다(파일명: height_weight_csv).

	A	B	C	D	E
1	Man_height	Man_weight	Woman_height	Woman_weight	
2	187.6	109.7	149.6	46.3	
3	174.7	73.6	165.7	64.1	
4	188.2	96.5	161	59.4	
5	182.2	99.8	163.8	58.1	
6	177.5	93.6	157	58.9	
7	170.8	69	167.6	71.1	
8	174.7	83.4	159.6	52.1	
9	173.6	76.2	166.8	74.9	
10	170.2	79.8	157.2	50.6	
11	161.2	70.9	161.7	47.2	

height_weight_csv 파일에서 열의 이름은 다음과 같다.

```
'Man_height', Man_weight', 'Woman_height', 'Woman_weight'
```

pandas의 read_csv() 함수를 이용하여 csv 파일의 데이터를 불러와서 csv_data에 담도록 한다.

```
csv_data = pd.read_csv("./excel/height_weight_csv.csv", sep=',')
```

2 특정 열의 데이터 가져오기

특정 열에 있는 데이터를 얻는 방법은 간단하다. 'Man_height' 열에 있는 데이터를 저장하기 위해서는 다음과 같이 한다. men_height는 'Man_height' 열에 있는 데이터를 가지게 된다.

```
men_height = csv_data['Man_height']
```

3 concatenate() 함수

Numpy의 concatenate() 함수를 사용하여 배열을 합칠 수 있다. 2개의 열을 하나의 열로 합칠 수 있다. 예를 들어 다음 코드를 실행하면 men_height 열 뒤에 women_height이 가지고 있는 데이터가 추가된다. 즉, men_height과 women_height은 각각 50개의 데이터를 가지고 있으며 2개의 데이터를 세로로 합친 height_data는 100개의 데이터를 가지게 된다.

```
height_data = np.concatenate((men_height, women_height))
```

코드를 작성하고 테스트해 보도록 하자.

코드 내역 concatenate_test.py

```
import pandas as pd
import numpy as np
from openpyxl import load_workbook
import matplotlib.pyplot as plt
from sklearn.neighbors import KNeighborsClassifier


csv_data = pd.read_csv("./excel/height_weight_csv.csv", sep=',')

men_height = csv_data['Man_height']
women_height = csv_data['Woman_height']

men_weight = csv_data['Man_weight']
women_weight = csv_data['Woman_weight']

height_data = np.concatenate((men_height, women_height))
weight_data = np.concatenate((men_weight, women_weight))


print(men_height.size)
print(women_height.size)
print(height_data.size)
```

실행 결과

```
50
50
100
```

4 column_stack() 함수

이전에 사용한 zip() 함수를 대신하여 Numpy의 column_stack() 함수를 사용하여 2개의 1차원 배열을 합쳐서 2차원 배열 하나로 만들어 줄 수 있다. 사이킷런 함수를 사용하기 위해서는 2차원 배열이 필요하기 때문에 column_stack() 함수를 사용하여 신장 데이터와 몸무게 데이터로 구성된 2차원 배열로 변경해 주도록 한다.

코드 내역 column_stack.py

```
import pandas as pd
import matplotlib.pyplot as plt
from sklearn.neighbors import KNeighborsClassifier
from sklearn.model_selection import train_test_split
import numpy as np


csv_data = pd.read_csv("./excel/height_weight_csv.csv", sep=',')

men_height = csv_data['Man_height'] #.to_numpy()
women_height = csv_data['Woman_height']#.to_numpy()

men_weight = csv_data['Man_weight']#.to_numpy()
women_weight = csv_data['Woman_weight']#.to_numpy()

height_data = np.concatenate((men_height, women_height))
weight_data = np.concatenate((men_weight, women_weight))
gender_data = np.column_stack((height_data, weight_data))

print(gender_data)
```

실행 결과

```
[[187.6 109.7]
 [174.7  73.6]
 [188.2  96.5]
 [182.2  99.8]
 [177.5  93.6]
 [170.8  69. ]
 [174.7  83.4]
```

```
[173.6  76.2]
[170.2  79.8]
  … 생략 …
```

5 전체 코드

이제 2차원 배열을 사이킷런의 fit() 함수를 통해 훈련시키고 predict() 함수를 사용하여 새로운 데이터가 남성인지 여성인지 판별하도록 해 보자.

코드 내역 ai_csv1.py

```
import pandas as pd
import numpy as np
from openpyxl import load_workbook
import matplotlib.pyplot as plt
from sklearn.neighbors import KNeighborsClassifier

csv_data = pd.read_csv("./excel/height_weight_csv.csv", sep=',')

men_height = csv_data['Man_height']
women_height = csv_data['Woman_height']
men_weight = csv_data['Man_weight']
women_weight = csv_data['Woman_weight']

height_data = np.concatenate((men_height, women_height))
weight_data = np.concatenate((men_weight, women_weight))

gender_data = np.column_stack((height_data, weight_data))
gender_target = [1] * 50 + [0] * 50

kn = KNeighborsClassifier(2)
kn.fit(gender_data, gender_target)

print(kn.score(gender_data, gender_target))
print(kn.predict([[190,100]]))
print(kn.predict([[150,70]]))

plt.scatter(men_height, men_weight)
```

```
plt.scatter(women_height, women_weight)
plt.scatter(190,100, marker='*')  #실행결과 1: 남자라고 예측
plt.scatter(150,70, marker='*')   #실행결과 0: 여자라고 예측
plt.xlabel('height')
plt.ylabel('weight')

plt.show()
```

실행 결과, 데이터 프레임을 사용하지 않았던 ai1.py 파일의 실행 결과와 같음을 확인할 수 있다.

실행 결과

```
0.95
[1]
[0]
```

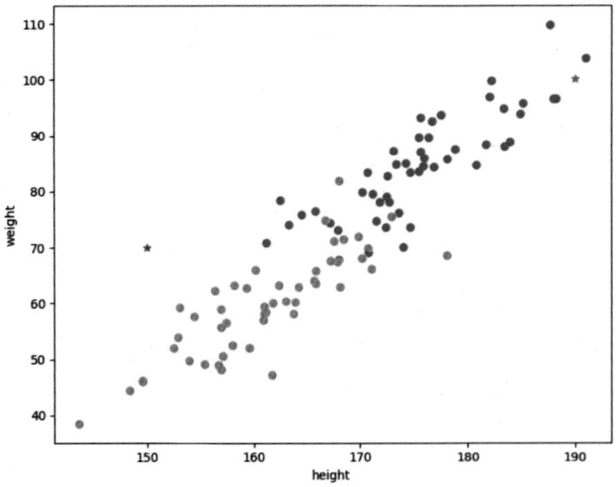

훈련 세트와 테스트 세트 나누기

1 numpy 모듈 import하기

pip 명령어를 사용하여 cmd 창에서 numpy 모듈을 import한다.

```
pip install numpy
```

이전에는 아래와 같이 zip() 함수를 사용하여 남성과 여성의 키와 몸무게로 이루어진 리스트를 만들었다.

```
gender_data = list( [x, y] for x, y in zip(height_data, weight_data) )
```

하지만 numpy 모듈의 column_stack() 함수를 사용하면 zip() 함수를 사용하지 않고 쉽게 필요한 원소들을 모아서 리스트를 만들 수 있다. height_data에는 남성과 여성의 키 데이터가 각각 50개씩 들어 있고 weight_data에는 남성과 여성의 몸무게 데이터가 각각 50개씩 들어 있다. 코드로 살펴보면 다음과 같다.

```
gender_data = np.column_stack((height_data, weight_data))
```

column_stack() 함수를 쉽게 이해하기 위해 아래의 코드를 보도록 하자. column_stack() 함수를 사용하여 1차원 배열인 data_x와 data_y를 2차원 배열로 만들고 확인해 보자. np.array() 함수는 리스트를 배열로 변경해 주는 함수이다.

코드 내역 column_test.py

```
from sklearn.preprocessing import StandardScaler

import numpy as np
import matplotlib.pyplot as plt

std_scaler = StandardScaler()

data_x = np.array(
```

```
    [1, 2, 3, 4, 5, 6, 7, 8, 9, 10]
    )
data_y = np.array(
    [11, 22, 33, 44, 55, 66, 77, 88, 99, 100]
    )

data=np.column_stack((data_x, data_y))
print(data)
```

실행 결과

```
[[  1  11]
 [  2  22]
 [  3  33]
 [  4  44]
 [  5  55]
 [  6  66]
 [  7  77]
 [  8  88]
 [  9  99]
 [ 10 100]]
```

TIP

리스트와 배열의 차이점 이해하기

파이썬은 자체적으로 배열을 제공하지 않는다. 머신러닝과 딥러닝 프로그램을 위해서는 속도가 빠르고 연산 기능을 지원하는 배열이 필요하다. 배열이 필요한 경우에는 넘파이의 array() 함수를 사용하여 리스트를 배열로 변경해 사용해야 한다. 넘파이는 array() 함수 외에도 연산과 관련한 많은 유용한 함수를 제공한다.

리스트와 배열의 차이점을 확인하기 위해 + 연산을 통해 비교해 보자. 리스트를 + 연산한 경우 원소들의 합이 이루어지지 않고 원소가 추가되는 결과를 보여 준다.

코드 내역

```
a=[1,2,3,4,5]
b=[6,7,8,9,10]
print(a+b)
```

실행 결과

```
[1, 2, 3, 4, 5, 6, 7, 8, 9, 10]
```

넘파이의 array() 함수를 사용하여 배열로 변환하여 + 연산을 해 보자. 배열의 경우 원소들이 자동으로 서로 더해지는 것을 확인할 수 있다.

코드 내역

```
import numpy as np

a=[1,2,3,4,5]
b=[6,7,8,9,10]

a=np.array(a)
b=np.array(b)

print(a+b)
```

실행 결과

```
[ 7  9 11 13 15]
```

2 train_test_split() 함수

train_test_split() 함수를 사용하여 훈련 세트와 테스트 세트를 나눈다. train_test_split() 함수를 사용하기 위해서는 다음과 같이 train_test_split을 import해야 한다.

```
from sklearn.model_selection import train_test_split
```

sklearn 패키지는 train_test_split() 함수를 가지고 있다. 이 함수를 사용하여 훈련 데이터, 테스트용 데이터, 훈련 타깃, 테스트 타깃을 자동으로 나눌 수 있다. 비율은 훈련용 데이터가 전체 데이터의 75%를 차지하고 테스트용 데이터는 25%를 차지하게 된다. 즉 여기서 100개의 데이터 중에 75개는 훈련용, 25개는 테스트용으로 나누게 된다.

```
train_data, test_data, train_target, test_target =
train_test_split(gender_data,   gender_target,     stratify=gender_target,
random_state=42)
```

매개변수로 **stratify=gender_target**을 넣으면 비율에 맞게 훈련용 데이터와 테스트용 데이터를 나눈다. 즉, 매개변수 **stratify**를 사용하여 훈련용 데이터에 남성 데이터나 여성 데이터가 너무 많은 것을 막을 수 있다.

이때 만들어진 **train_data** 등은 **'numpy.ndarray'**형이다. **type** 내장함수를 통해 자료형과 **shape** 결과를 확인해 보자.

```
print(type(train_data))
print(train_data.shape)
```

실행 결과는 다음과 같다.

실행 결과

```
<class 'numpy.ndarray'>
(75, 2)
```

train_data는 **75**개의 훈련 데이터를 배열 형태로 가지고 있다. 이제 **print(train_data)**를 통해 데이터 값을 확인해 보자. 키와 몸무게 **2**개의 특성을 가지고 있다.

실행 결과

```
[[182.   96.9]
 [176.4  89.7]
 [154.5  57.6]
 [171.8  78.1]
    … 중략 …
 [170.8  69. ]
 [165.7  64.1]
 [170.2  68.1]]
```

다음과 같이 입력하여 train_target의 type, shape와 데이터를 확인해 보자.


```
print(type(train_target))
print(train_target.shape)
print(train_target)
```

실행 결과

```
<class 'numpy.ndarray'>
(75,)
[1. 1. 0. 1. 1. 0. 1. 0. 0. 1. 1. 0. 1. 1. 1. 0. 1. 0. 0. 0. 0. 1. 0. 1.
 0. 1. 0. 1. 1. 1. 1. 1. 0. 0. 0. 0. 0. 1. 1. 0. 0. 1. 1. 1. 0. 1. 1. 0.
 0. 1. 1. 1. 0. 1. 0. 0. 1. 1. 1. 0. 0. 0. 1. 1. 1. 0. 0. 0. 0. 1. 0. 0.
 1. 0. 0.]
```

3 훈련시키기

fit() 함수는 모델을 학습시키는 기능을 한다. 훈련용 데이터와 훈련용 타깃값으로 모델을 학습시켜 보자.

```
kn.fit(train_data, train_target)
```

4 테스트 데이터를 사용하여 정확도 측정하기

score() 함수를 사용하여 학습한 모델의 정확도를 측정할 수 있다.

```
print(kn.score(test_data, test_target))
```

실행 결과 0.88의 정확도가 측정되었다. 1에 가까울수록 정확도가 높다.

5 최근접 이웃 구하기

170cm에 76kg 값을 가진 데이터의 인접한 이웃을 찾아보도록 하자. kneighbors() 함수에 새로운

데이터를 입력하면 새로운 데이터와 인접한 5개를 찾아 준다. **kneighbors()** 함수에서 반환한 배열 **distances**를 출력하면 새로운 데이터와 인접한 이웃 샘플까지의 거리를 확인할 수 있다.

코드 내역 ai2_1.py

```
from openpyxl import load_workbook
import matplotlib.pyplot as plt
from sklearn.neighbors import KNeighborsClassifier
from sklearn.model_selection import train_test_split
import numpy as np

read_xlsx = load_workbook('./excel/height_weight_dataset.xlsx')
read_sheet = read_xlsx.active

name_col = read_sheet['A']
men_height = []

for cell in name_col:
    men_height.append(cell.value)

name_col = read_sheet['B']
men_weight = []

for cell in name_col:
    men_weight.append(cell.value)

name_col = read_sheet['C']
women_height = []

for cell in name_col:
    women_height.append(cell.value)

name_col = read_sheet['D']
women_weight = []
for cell in name_col:
    women_weight.append(cell.value)

height_data = men_height + women_height
weight_data = men_weight + women_weight

gender_data = np.column_stack((height_data, weight_data))
```

```
gender_target = np.concatenate((np.ones(50), np.zeros(50)))

train_data, test_data, train_target, test_target = train_test_split(
 gender_data, gender_target,  stratify=gender_target, random_state=42)

kn = KNeighborsClassifier(5)
kn.fit(train_data, train_target)
print(kn.score(test_data, test_target))

plt.scatter(train_data[:,0], train_data[:,1])
plt.scatter(170, 76, marker='^')

distances, indexes = kn.kneighbors([[170, 76]])
print('distances: ', distances)
plt.scatter(train_data[indexes,0], train_data[indexes,1])

plt.xlabel('height')
plt.ylabel('weight')

plt.show()
```

실행 결과

```
0.88
distances:  [[1.98494332 2.76586334 3.27566787 3.42052628 3.46554469]]
```

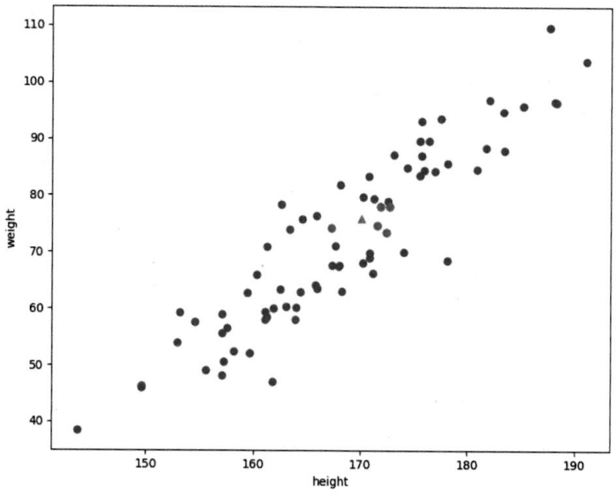

산점도를 확인하면 170cm에 76kg 값을 가진 데이터는 주황색 삼각형으로 표시되어 있다. 그리고 인접한 5개의 데이터가 녹색 원으로 표시되어 있다. 하지만 육안으로 보면 주황색 삼각형 위에 있는 데이터가 왼쪽에 있는 녹색 이웃보다 더 가까워 보인다. 이러한 문제를 해결하기 위해 데이터 전처리가 필요하다.

6 데이터 전처리

인접한 이웃을 찾는데 가로, 세로 크기 단위가 다르기 때문에 어느 한 단위에 영향을 더 크게 받을 수 있다. 321p의 산점도를 보면 y축인 몸무게가 x축인 키보다 범위가 넓기 때문에 x축보다 y축 값이 상대적으로 큰 값으로 계산된다. 즉, 무게가 키보다 큰 영향을 미치게 된다.

샘플 간의 거리에 의한 영향을 동일하게 받게 하기 위해서는 데이터 전처리(data preprocessing) 작업을 해야 한다. 전처리 작업으로 가장 많이 사용되는 것은 표준점수이다. 표준점수를 구하는 방법은 다음과 같다.

> 편차 = 데이터 - 평균값
> 분산 = 편차제곱을 개수로 나눈 값이다.
> 표준편차 = 분산의 제곱근이다.
> 표준점수(z) = 원값에서 평균을 빼고 그 값을 표준편차로 나눈 값이다.

파이썬 numpy는 평균과 표준편차를 쉽게 계산해 주는 함수를 제공한다. mean() 함수를 사용하여 평균을 구하고 std() 함수를 사용하여 표준편차를 구할 수 있다. 2개의 함수는 첫 번째 인자에 데이터를 넣고 두 번째 인자에 axis값을 넣는다. axis값으로 0을 넣으면 열의 값을 계산한다.

```
ave = np.mean(train_data, axis=0)
std_devia = np.std(train_data, axis=0)
```

표준점수로 변환한 데이터를 K-최근접 이웃 모델에 훈련시킨다.

```
kn.fit(train_standard_score, train_target)
test_standard_score = (test_data - ave) /std_devia
print(kn.score(test_standard_score, test_target))
```

실행 결과를 통해 표준점수로 변환한 데이터를 사용한 것이 정확도가 더 높게 나왔다.

실행 결과

```
0.88 #표준점수 이전의 kn.score(test_data, test_target))
0.92 #표준점수로 변환한 데이터 kn.score(test_standard_score, test_target))
```

7 전체 코드

전체 코드는 다음과 같다.

코드 내역

ai2_2.py

```
from openpyxl import load_workbook
import matplotlib.pyplot as plt
from sklearn.neighbors import KNeighborsClassifier
from sklearn.model_selection import train_test_split
import numpy as np

read_xlsx = load_workbook('./excel/height_weight_dataset.xlsx')
read_sheet = read_xlsx.active


name_col = read_sheet['A']
men_height = []

for cell in name_col:
    men_height.append(cell.value)

name_col = read_sheet['B']
men_weight = []

for cell in name_col:
    men_weight.append(cell.value)

name_col = read_sheet['C']
women_height = []

for cell in name_col:
    women_height.append(cell.value)
```

```
name_col = read_sheet['D']
women_weight = []
for cell in name_col:
    women_weight.append(cell.value)

height_data = men_height + women_height
weight_data = men_weight + women_weight

#gender_data = list( [x, y] for x, y in zip(height_data, weight_data) )
gender_data = np.column_stack((height_data, weight_data))
gender_target = np.concatenate((np.ones(50), np.zeros(50)))

train_data, test_data, train_target, test_target = train_test_₩
    split(gender_data, gender_target,  stratify=gender_target, random_₩
    state=42)
#print(train_data.shape, test_data.shape)
kn = KNeighborsClassifier(5)
kn.fit(train_data, train_target)
print(kn.score(test_data, test_target))

distances, indexes = kn.kneighbors([[170, 76]])
print('distances: ', distances)

ave = np.mean(train_data, axis=0)
std_devia = np.std(train_data, axis=0)
train_standard_score = (train_data - ave) / std_devia

new = ([170, 76]-ave)/std_devia
plt.scatter(train_standard_score[:,0], train_standard_score[:,1])

kn.fit(train_standard_score, train_target)
test_standard_score = (test_data - ave) /std_devia

plt.scatter(new[0], new[1], marker='^')

print(kn.score(test_standard_score, test_target))

distances, indexes = kn.kneighbors([[new[0], new[1]]])
plt.scatter(train_standard_score[indexes,0], train_standard_₩
    score[indexes,1], marker='^')
```

```
print('distances: ', distances)

plt.xlabel('height')
plt.ylabel('weight')

plt.show()
```

실행 결과

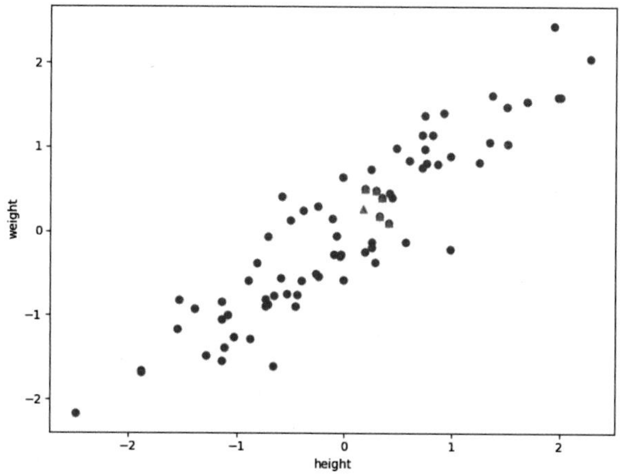

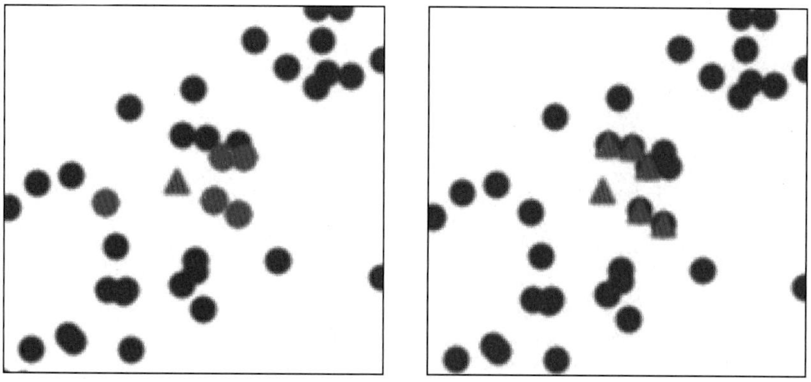

녹색 원과 주황색 삼각형 부분을 확대해서 보자. 왼쪽은 표준점수 이전의 데이터이고 오른쪽은 표준점수로 변환한 데이터이다. 표준점수로 변환한 데이터는 거리에 의한 최근접 이웃이 잘 표시되는 것을 확인할 수 있다. 오른쪽은 y측 몸무게를 x측과 동일한 간격으로 조정한 표준점수로 변환한 산점도이다. 가장 가까운 이웃이 왼쪽과 오른쪽이 다르다는 것을 확인할 수 있다. 왼쪽 그림은 몸무게의 범위가 넓기 때문에 키보다는 몸무게의 영향이 남녀를 구별하는 데 더 많은 영향을 주고 있음을 의미한다. 이에 오른쪽 산점도처럼 2가지 요소의 영향을 균형 있게 조정하기 위해서는 키의 범위를 늘려서 몸무게와 동일하게 맞추어 주어야 한다. 이러한 작업을 데이터 전처리라고 한다.

8 Pandas 데이터 프레임으로 처리하기

동일한 내용을 데이터 프레임으로 다루어 보자. 실행 결과는 ai2_2.py와 같으며 pandas로 처리하는 방법은 위에서 설명했기에 생략하도록 한다.

코드 내역 ai_csv2.py

```
import pandas as pd
import matplotlib.pyplot as plt
from sklearn.neighbors import KNeighborsClassifier
from sklearn.model_selection import train_test_split
import numpy as np

csv_data = pd.read_csv("./excel/height_weight_csv.csv", sep=',')

men_height = csv_data['Man_height']
women_height = csv_data['Woman_height']

men_weight = csv_data['Man_weight']
women_weight = csv_data['Woman_weight']

height_data = np.concatenate((men_height, women_height))
weight_data = np.concatenate((men_weight, women_weight))
gender_data = np.column_stack((height_data, weight_data))
gender_target = np.concatenate((np.ones(50), np.zeros(50)))

train_data, test_data, train_target, test_target =
       train_test_split(gender_data, gender_target,  stratify=gender_₩
       target, random_state=42)
print(type(train_data))
print(train_data.shape)
#print(train_data)
print(type(train_target))
print(train_target.shape)
```

```
print(train_target)
kn = KNeighborsClassifier(5)
kn.fit(train_data, train_target)
print(kn.score(test_data, test_target))

distances, indexes = kn.kneighbors([[170, 76]])
print('distances: ', distances)

ave = np.mean(train_data, axis=0)
std_devia = np.std(train_data, axis=0)
train_standard_score = (train_data - ave) / std_devia

new = ([170, 76]-ave)/std_devia
plt.scatter(train_standard_score[:,0], train_standard_score[:,1])

kn.fit(train_standard_score, train_target)
test_standard_score = (test_data - ave) /std_devia

plt.scatter(new[0], new[1], marker='^')

print(kn.score(test_standard_score, test_target))

distances, indexes = kn.kneighbors([[new[0], new[1]]])
plt.scatter(train_standard_score[indexes,0], train_standard_₩
    score[indexes,1], marker='^')

print('distances: ', distances)

plt.xlabel('height')
plt.ylabel('weight')

plt.show()
```

K-최근접 이웃 회귀

지금까지는 sample 자료를 특정 클래스에 분류하는 문제를 다루었다. 특정 sample 자료(키, 몸무게)를 입력받아 남성인지 여성인지 분류하는 작업을 했다. 이번에는 회귀(regression)를 통해 어떤 숫자를 예측하는 활동을 할 것이다.

1 훈련 데이터와 타깃 데이터 랜덤으로 나누기

train_test_split() 함수를 사용하여 훈련 데이터와 타깃 데이터를 랜덤으로 나눈다. 분류 작업을 할 때는 훈련 데이터에 사람의 키와 몸무게를 입력했다. 그리고 타깃 데이터로 남성의 경우 **1**을, 여성의 경우 **0**을 입력했다. 회귀에서는 훈련 데이터에 사람의 키만 넣는다. 타깃 데이터에는 몸무게를 입력한다. 즉, 입력된 키를 가지고 몸무게를 예측할 것이다. 이에 **train_test_split()** 함수에 인자로 **height_data**와 **weight_data**를 넣고 결과를 확인해 보자.

코드 내역

```
from openpyxl import load_workbook
import matplotlib.pyplot as plt
from sklearn.neighbors import KNeighborsClassifier
from sklearn.model_selection import train_test_split
import numpy as np

read_xlsx = load_workbook('./excel/height_weight_dataset.xlsx')
read_sheet = read_xlsx.active


name_col = read_sheet['A']
men_height = []

for cell in name_col:
    men_height.append(cell.value)

name_col = read_sheet['B']
men_weight = []

for cell in name_col:
    men_weight.append(cell.value)

name_col = read_sheet['C']
women_height = []

for cell in name_col:
    women_height.append(cell.value)

name_col = read_sheet['D']
women_weight = []
```

```
for cell in name_col:
    women_weight.append(cell.value)

height_data = men_height + women_height
weight_data = men_weight + women_weight

train_data, test_data, train_target, test_target =
train_test_split(height_data, weight_data, random_state=42)

print(train_data)
print(train_target)
```

실행 결과

```
[171.8, 172.7, 168.2, 161.2, 168.5, 182, 183.3, 160.9, 171.2, 163, 170.8,
178.1, 154.5, 178.8, 183.9, 185.1, 176.7, 173.6, 170.8, 184.9, 172.6, 155.5,
173.1, 161, 176, 172.4, 182.2, 162.5, 167.2, 170.2, 156.4, 174.7, 148.4, 175.5,
154, 159.6, 167.3, 157, 167.9, 149.6, 158.1, 173.4, 156.8, 157, 164.3, 157.5,
183.4, 157.2, 175.7, 168.1, 166.8, 163.9, 181.7, 161.2, 161.7, 149.6, 162.4,
170.7, 174, 174.7, 161, 176.4, 188.2, 191, 153.1, 169.9, 167.9, 161.8, 170.2,
172.5, 173, 157, 175.9, 152.5, 165.7]
[78.1, 78.1, 63, 70.9, 71.4, 96.9, 94.8, 57, 79.5, 60.4, 69, 68.6, 57.6, 87.5,
88.9, 95.8, 92.6, 76.2, 69.9, 93.8, 82.7, 49.1, 87.2, 58.1, 85.9, 73.5, 99.8,
78.4, 74.3, 79.8, 62.3, 83.4, 44.5, 89.6, 49.8, 52.1, 67.6, 58.9, 73.1, 46.3,
52.5, 84.8, 48.9, 48.2, 62.9, 56.5, 88, 50.6, 87.1, 81.9, 74.9, 60.2, 88.4,
58.5, 47.2, 46.1, 63.3, 83.4, 70, 73.6, 59.4, 89.7, 96.5, 103.7, 59.2, 72,
67.4, 60, 68.1, 79, 75.5, 55.7, 84.5, 52, 64.1]
```

train_data와 train_target은 1차원 리스트로 되어 있음을 확인할 수 있다.

2 array() 함수를 사용하여 배열로 변환하기

사이킷런 패키지의 함수에서 사용할 2차원 배열로 만들기 위해 array() 함수를 사용하여 리스트를 배열로 변환해 준다. type() 함수를 통해 변환된 자료형을 확인해 보도록 한다.

코드 내역

```
train_data = np.array(train_data)
test_data = np.array(test_data)

print(train_data)
print(test_target)
print(type(train_data))
print(type(test_data))
```

실행 결과

```
[171.8 172.7 168.2 161.2 168.5 182.  183.3 160.9 171.2 163.  170.8 178.1
 154.5 178.8 183.9 185.1 176.7 173.6 170.8 184.9 172.6 155.5 173.1 161.
 176.  172.4 182.2 162.5 167.2 170.2 156.4 174.7 148.4 175.5 154.  159.6
 167.3 157.  167.9 149.6 158.1 173.4 156.8 157.  164.3 157.5 183.4 157.2
 175.7 168.1 166.8 163.9 181.7 161.2 161.7 149.6 162.4 170.7 174.  174.7
 161.  176.4 188.2 191.  153.1 169.9 167.9 161.8 170.2 172.5 173.  157.
 175.9 152.5 165.7]
[54, 58.1, 63.3, 85.7, 74.7, 74, 67.7, 63.6, 84.6, 109.7, 84.3, 85, 65.8, 93.1,
66.2, 93.6, 38.5, 62.8, 75.8, 96.6, 71.1, 58.4, 83.6, 76.5, 66]
<class 'numpy.ndarray'>
<class 'numpy.ndarray'>
```

3 reshape()을 사용하여 배열 변경하기

reshape()을 사용하여 1차원 배열을 2차원 배열로 변경한다. 사이킷런 패키지의 함수는 2차원 배열을 훈련 세트로 사용한다. 하지만 이전 실행 결과를 보면 train_data와 train_target은 1차원 리스트이다. 이를 2차원 배열로 변경해 주어야 한다. fit() 함수에서는 훈련 데이터로 2차원 배열을 사용하기 때문이다. reshape() 함수를 사용하면 원하는 형태의 reshape 명령어를 이용하여 (행) x (열)로 변경할 수 있다. 첫 번째 인자값으로 -1을 입력하면 모든 데이터를 행으로 변경한다는 의미이다. 두 번째 인자는 열의 개수이다.

코드 내역

```
train_data=train_data.reshape(-1,1)
test_data=test_data.reshape(-1,1)
print(type(train_data))
print(type(test_data))
print(train_data.shape)  #shape를 통해 행렬 구조 확인
```

```
print(test_data.shape)
print(train_data)
print(test_data)
```

실행 결과

```
<class 'numpy.ndarray'>
<class 'numpy.ndarray'>
(75, 1)      #75개의 행에 1개의 열을 의미한다.
(25, 1)
[[171.8]
[172.7]
[168.2]
… 생략 …
```

4 결정계수

결정계수()는 0에서 1까지의 값을 가진다. 1에 가까울수록 모델 성능이 우수하다. 회귀 문제에서 모델 성능을 측정할 때 사용한다.

코드 내역

```
from sklearn.neighbors import KNeighborsRegressor
knr = KNeighborsRegressor()
knr.fit(train_data, train_target)
print(knr.score(test_data, test_target))
```

실행 결과

```
0.7982752005668883
```

5 predict() 함수를 사용하여 몸무게 예측하기

키가 190과 130인 경우 몸무게를 예측해 보자. 다음과 같이 입력하고 결과를 확인해 본다.

코드 내역

```
print(knr.predict([[190,]]))
print(knr.predict([[160,]]))
```

실행 결과

```
[95.74]
[59.5]
```

6 scatter로 산점도 그리기

코드 내역

```
plt.scatter(train_data, train_target)
plt.scatter([[190,]], knr.predict([[190,]]), marker='^')
plt.scatter([[160,]], knr.predict([[160,]]), marker='^')
plt.xlabel('height')
plt.ylabel('weight')
plt.show()
```

7 전체 코드

코드 내역

ai_Neighbors_regression.py

```
from openpyxl import load_workbook
import matplotlib.pyplot as plt
from sklearn.neighbors import KNeighborsClassifier
from sklearn.model_selection import train_test_split
import numpy as np

read_xlsx = load_workbook('./excel/height_weight_dataset.xlsx')
read_sheet = read_xlsx.active



name_col = read_sheet['A']
men_height = []
```

```
for cell in name_col:
    men_height.append(cell.value)

name_col = read_sheet['B']
men_weight = []

for cell in name_col:
    men_weight.append(cell.value)

name_col = read_sheet['C']
women_height = []

for cell in name_col:
    women_height.append(cell.value)

name_col = read_sheet['D']
women_weight = []
for cell in name_col:
    women_weight.append(cell.value)

height_data = men_height + women_height
weight_data = men_weight + women_weight

train_data, test_data, train_target, test_target = train_test_split(height_₩
    data, weight_data, random_state=42)
"""
print(train_data)
print(train_target)
"""
train_data = np.array(train_data)

test_data = np.array(test_data)
"""
print(train_data)
print(test_target)
print(type(train_data))
print(type(test_data))
"""
```

```
train_data=train_data.reshape(-1,1)
test_data=test_data.reshape(-1,1)
"""
print(type(train_data))
print(type(test_data))
print(train_data.shape)
print(test_data.shape)
print(train_data)
print(test_data)
"""
from sklearn.neighbors import KNeighborsRegressor
knr = KNeighborsRegressor()
knr.fit(train_data, train_target)

print(knr.score(test_data, test_target))
print(knr.predict([[190,]]))
print(knr.predict([[160,]]))

plt.scatter(train_data, train_target)
plt.scatter([[190,]], knr.predict([[190,]]), marker='^')
plt.scatter([[160,]], knr.predict([[160,]]), marker='^')
plt.xlabel('height')
plt.ylabel('weight')
plt.show()
```

실행 결과

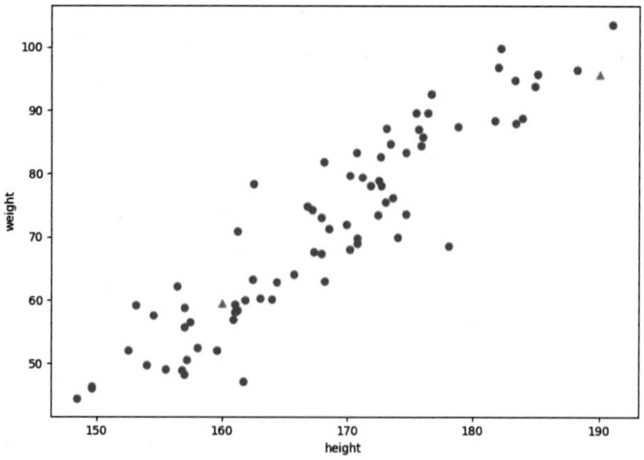

8 K-최근접 이웃 회귀의 문제점

키가 매우 크거나 매우 작을 경우 몸무게도 적게 나와야 할 것이다. 하지만 K-최근접 이웃 회귀의 경우 가까이 있는 데이터의 평균값으로 제시되기 때문에 일정 부분에서는 키가 계속 커지더라도 동일한 몸무게값을 돌려 줄 뿐이다.

코드 내역

```
print(knr.predict([[190,]]))
print(knr.predict([[210,]]))
print(knr.predict([[220,]]))
print(knr.predict([[240,]]))
```

실행 결과

```
[95.74]
[95.74]
[95.74]
[95.74]
```

선형 회귀

K-최근접 이웃 회귀의 단점을 극복하기 위해 선형 회귀 알고리즘을 사용한다. 선형이라는 말은 직선을 의미하며 이를 통해 값이 매우 크거나 작은 데이터의 결과도 예측 가능하다.

1 LinearRegression 클래스

클래스 LinearRegression은 KNeighborsClassifier 클래스처럼 fit(), score(), predict() 메소드를 가지고 있다.

LinearRegression 클래스를 사용하기 위해서 다음과 같이 import한다.

```
from sklearn.linear_model import LinearRegression
```

LinearRegression 클래스의 함수를 사용하기 위해 다음과 같이 객체를 만든다.

```
lr = LinearRegression()
```

2 coef_ 속성, intercept_ 속성

LinearRegression 클래스는 선형 방정식을 지원한다. 선형 방정식은 중학교 때 학습했던 1차 함수와 동일하다. y=ax+b처럼 나타낼 수 있다. 여기서 x는 키의 값이고 y는 몸무게의 값을 의미한다. 속성 coef_를 통해 기울기 a값을 얻을 수 있으며 속성 intercept_를 통해서 y절편 b값을 얻을 수 있다.

```
a= lr.coef_
b= lr.intercept_
```

3 1차 방정식 그리기 연습

기울기가 1이고 y절편이 5인 직선을 그려 보자. matplotlib 패키지의 plot 함수를 사용하여 직선을 그릴 수 있다. 첫 번째 인수 리스트에는 그리기를 시작할 x 좌표의 시작과 마지막 값이 담겨 있다. 두 번째 인수 리스트에는 1차 방정식을 사용한 공식을 넣어 준다.

코드 내역

```
import matplotlib.pyplot as plt
a=1
b=5
x = 0
x2 = 50
plt.plot([x,x2],[a*x + b, a*x2 + b])

plt.show()
```

실행 결과

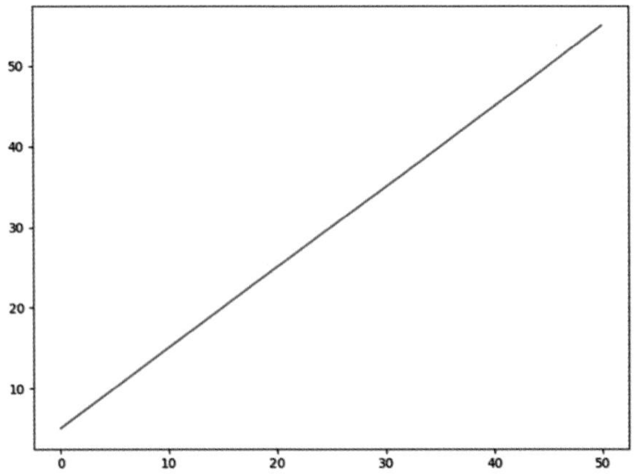

본 예제에서는 x값의 범위를 150에서 210으로 설정했다.

```
plt.plot([150,210],[lr.coef_ * 150 + lr.intercept_, lr.coef_ * 210 +lr.intercept_])
```

4 LinearRegression을 활용한 1차 방정식 그리기

선형 회귀를 통해서 키값으로 190, 200, 210을 넣어 보자. K-최근접 이웃 회귀의 단점을 극복하는지 확인해 보자.

코드 내역

```
print(lr.predict([[190,]]))
print(lr.predict([[200,]]))
print(lr.predict([[210,]]))
```

실행 결과

```
[102.63283258]
[116.94903033]
[131.26522807]
```

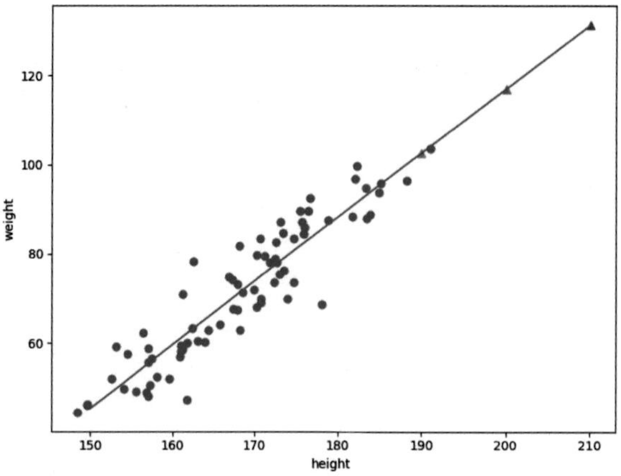

5 선형 회귀 전체 코드

코드 내역

ai_linear_regression.py

```
from openpyxl import load_workbook
import matplotlib.pyplot as plt
from sklearn.neighbors import KNeighborsClassifier
from sklearn.model_selection import train_test_split
import numpy as np

read_xlsx = load_workbook('./excel/height_weight_dataset.xlsx')
read_sheet = read_xlsx.active


name_col = read_sheet['A']
men_height = []

for cell in name_col:
    men_height.append(cell.value)

name_col = read_sheet['B']
men_weight = []

for cell in name_col:
    men_weight.append(cell.value)

name_col = read_sheet['C']
```

```
women_height = []

for cell in name_col:
    women_height.append(cell.value)

name_col = read_sheet['D']
women_weight = []
for cell in name_col:
    women_weight.append(cell.value)

height_data = men_height + women_height
weight_data = men_weight + women_weight

train_data, test_data, train_target, test_target = train_test_₩
    split(height_data, weight_data, random_state=42)
train_data = np.array(train_data)
test_data = np.array(test_data)


train_data=train_data.reshape(-1,1)
test_data=test_data.reshape(-1,1)

from sklearn.linear_model import LinearRegression

lr = LinearRegression()

lr.fit(train_data, train_target)

print(lr.coef_, lr.intercept_)

print(lr.predict([[190,]]))
print(lr.predict([[200,]]))
print(lr.predict([[210,]]))

plt.scatter(train_data, train_target)

plt.plot([150,210],[150*lr.coef_ + lr.intercept_, 210*lr.coef_+lr.₩
    intercept_])
plt.scatter([[190,]], lr.predict([[190,]]), marker='^')
plt.scatter([[200,]], lr.predict([[200,]]), marker='^')
plt.scatter([[210,]], lr.predict([[210,]]), marker='^')
#plt.scatter([[160,]], knr.predict([[160,]]), marker='^')
```

```
plt.xlabel('height')
plt.ylabel('weight')
plt.show()
```

6 선형 방정식을 직접 코드로 구해 보기

linear_equation.py

최소 제곱법을 사용하여 기울기와 절편을 구해 보도록 하자. 어렵다고 느껴지면 패스하도록 한다. 기울기 a와 y절편 b는 다음 공식으로 구할 수 있다.

$$a=\frac{\sum_{i=1}^{n}\left(x_i-\overline{x}\right)\left(Y_i-\overline{Y}\right)}{\sum_{i=1}^{n}\left(x_i-\overline{x}\right)^2} \qquad b=\overline{Y_i}-a\overline{x}$$

($\overline{X}$: 데이터들의 x값 평균, $\overline{Y}$: 데이터들의 y값 평균)

이를 바탕으로 선형 방정식을 코드로 구현해 보자.

코드 내역

```
import numpy as np
import matplotlib.pyplot as plt

X = [1,2,3,4,5,6,7,8,9,10]
Y= [14, 11, 14, 56, 66, 44, 68, 95, 92, 100]

mX = np.mean(X)
mY = np.mean(Y)

f2 = sum([(i - mX)**2 for i in X])

f1=0
for i in range(len(X)):
    f1 += ( X[i] - mX ) * (Y[i] - mY)
```

```
a = f1/f2
a = round(a,2)
b = mY - (mX * a)
b= round(b,2)
print(a)
print(b)

linear_equation =[]

for i in range(len(X)):
    linear_equation.append(a*X[i]+b)

plt.scatter(X,Y)
plt.plot(X,linear_equation, c='r')
plt.show()
```

실행 결과

```
10.67
-2.69
```

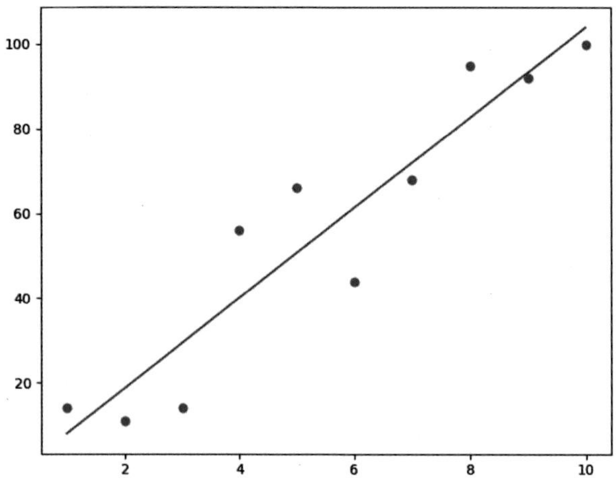

심화 학습

기울기와 절편 공식을 유도해 보자.

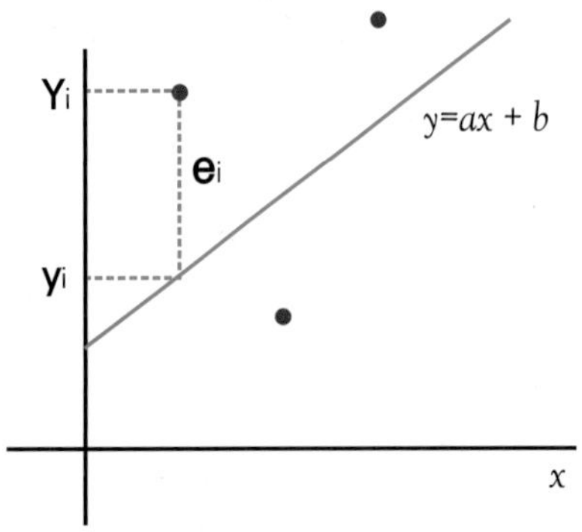

1. y절편 b 구하기

$$Y_i - y_i = e_i$$

(1) 분산 S_r은 편차제곱을 개수로 나눈 값이므로 다음과 같이 표기할 수 있다.

$$s_r = \sum_{i=1}^{n} (e_i)^2 = \sum_{i=1}^{n} (Y_i - y_i)^2$$

(2) 위 그래프를 보면 $e_i = Y_i - y_i$ 이고 $y_i = ax_i + b$ 이므로 다음과 같이 나타낼 수 있다.

$$s_r = \sum_{i=1}^{n} (e_i)^2 = \sum_{i=1}^{n} (Y_i - y_i)^2 = \sum_{i=1}^{n} (Y_{i\,LSUP} - ax_i - b)^2$$

$$= \sum_{i=1}^{n} (Y_{i\,LSUP} - ax_i - b)(Y_{i\,LSUP} - ax_i - b)$$

$$= \sum_{i=1}^{n} (Y_i^2 - 2ax_iY_i - 2bY_i + 2abx_i + a^2x_i^2 + b^{2)}$$

(3) 위 식을 a로 편미분한다.

$$-\sum_{i=1}^{n} (2x_iY_i - 2bx_i - 2ax_i^2) = -2\sum_{i=1}^{n} x_iY_i + 2b\sum_{i=1}^{n} x_i + 2a\sum_{i=1}^{n} x_i^2$$

값이 최소가 되어야 하므로 $-2\sum_{i=1}^{n} x_iY_i + 2b\sum_{i=1}^{n} x_i + 2a\sum_{i=1}^{n} x_i^2 = 0$ 으로 계산한다.

식을 간단히 하기 위해 양변을 $2x_i$ 로 나누어 주면 다음과 같이 된다.

$$-\sum_{i=1}^{n} Y_i + b\sum_{i=1}^{n} 1 + a\sum_{i=1}^{n} x_i$$

$b\sum_{i=1}^{n} 1$ 은 bn 과 같다.

$-\sum_{i=1}^{n} Y_i$ 부분을 오른쪽 항으로 옮기고 정리하면 다음과 같다.

$$bn + a\sum_{i=1}^{n} x_i = \sum_{i=1}^{n} Y_i \quad \text{-------------- ①}$$

(4) 위에서 구한 ①을 n으로 나눈다.

$$b + a\frac{1}{n}\sum_{i=1}^{n} x_i = \frac{1}{n}\sum_{i=1}^{n} Y_i$$

$\frac{1}{n}\sum_{i=1}^{n} x_i$ 는 평균이므로 $\overline{x}$ 와 같고 $\frac{1}{n}\sum_{i=1}^{n} Y_i$ 는 $\overline{Y_i}$ 와 같으므로 다음과 같이 쓸 수 있다.

$$b + a\overline{x} = \overline{Y_i}$$

$a\overline{x}$ 를 오른쪽 항으로 옮기면 y절편 b를 구할 수 있다.

최종 식 $b = \overline{Y_i} - a\overline{x}$

---

2. 기울기 a 구하기

(1) $\sum_{i=1}^{n}(Y_i^2 - 2ax_iY_i - 2bY_i + 2abx_i + a^2{x_i}^2 + b^2)$를

b로 편미분하면 $-2\sum_{i=1}^{n} Y_i + 2\sum_{i=1}^{n} ax_i + 2\sum_{i=1}^{n} b$ 이다.

(2) 최솟값이 되어야 하므로 0으로 놓고 식을 풀어 간다.

$$-2\sum_{i=1}^{n} Y_i + 2a\sum_{i=1}^{n} x_i + 2\sum_{i=1}^{n} b = 0$$

$$-\sum_{i=1}^{n} Y_i + a\sum_{i=1}^{n} x_i + \sum_{i=1}^{n} b = 0$$

$$-\sum_{i=1}^{n} Y_i + a\sum_{i=1}^{n} x_i + bn = 0$$

$$bn + a\sum_{i=1}^{n} x_i = \sum_{i=1}^{n} Y_i \quad \text{-------------} ②$$

(3) ②에 x의 평균을 곱한다.

$$bn\frac{1}{n}\sum_{i=1}^{n} x_i + a\sum_{i=1}^{n} x_i \frac{1}{n}\sum_{i=1}^{n} x_i = \sum_{i=1}^{n} Y_i \frac{1}{n}\sum_{i=1}^{n} x_i$$

$$bn\frac{1}{n}\sum_{i=1}^{n} x_i + a\frac{1}{n}\sum_{i=1}^{n} x_i \sum_{i=1}^{n} x_i = \frac{1}{n}\sum_{i=1}^{n} Y_i \sum_{i=1}^{n} x_i$$

$$b\sum_{i=1}^{n} x_i + a\frac{1}{n}\sum_{i=1}^{n} x_i \sum_{i=1}^{n} x_i = \frac{1}{n}\sum_{i=1}^{n} Y_i \sum_{i=1}^{n} x_i \quad \text{-------------} ③$$

$$b\sum_{i=1}^{n} x_i + a\sum_{i=1}^{n} {x_i}^2 = \sum_{i=1}^{n} x_i Y_i \quad \text{-------------} ④$$

(4) ③에서 ④를 뺀다. ④는 ①식에 x_i를 곱해서 만든다.

$$bn + a\sum_{i=1}^{n} x_i = \sum_{i=1}^{n} Y_i$$

(5) $\frac{1}{n}\sum_{i=1}^{n}x_i$ 는 $\bar{x}$ 이므로 $a\frac{1}{n}\sum_{i=1}^{n}x_i\sum_{i=1}^{n}x_i$ 는 $a\bar{x}\sum_{i=1}^{n}x_i$ 와 같다.

따라서 다음과 같은 계산식이 나온다.

$$a\bar{x}\sum_{i=1}^{n}x_i - a\sum_{i=1}^{n}{x_i}^2 = \bar{x}\sum_{i=1}^{n}Y_i - \sum_{i=1}^{n}x_iY_i$$

(6) $\bar{x}\sum_{i=1}^{n}x_i = n\bar{x}^2$ 이고 $\bar{x}\sum_{i=1}^{n}Y_i = n\bar{x}\bar{Y}$ 이므로

$$an\bar{x}^2 - a\sum_{i=1}^{n}{x_i}^2 = n\bar{Y}\bar{x} - \sum_{i=1}^{n}x_iY_i$$

$$a = \frac{n\bar{Y}\bar{x} - \sum_{i=1}^{n}x_iY_i}{n\bar{x}\bar{x} - \sum_{i=1}^{n}x_i^2} = \frac{\sum_{i=1}^{n}x_iY_i - n\bar{x}\bar{Y}}{\sum_{i=1}^{n}x_i^2 - n\bar{x}\bar{x}}$$ 가 나온다.

(7) $n\bar{x}\bar{Y} = n\bar{x}\frac{1}{n}\sum_{i=1}^{n}Y_i = \bar{x}\sum_{i=1}^{n}Y_i = \frac{1}{n}\sum_{i=1}^{n}x_i \times n\frac{1}{n}\sum_{i=1}^{n}Y_i = \sum_{i=1}^{n}x_i\bar{Y}$ 이고

$n = \sum_{i=1}^{n}1$ 이므로 $n\bar{x}\bar{Y} = \sum_{i=1}^{n}\bar{x}\bar{Y}$

$$a = \frac{\sum_{i=1}^{n}x_iY_i - n\bar{x}\bar{Y}}{\sum_{i=1}^{n}x_i^2 - n\bar{x}\bar{x}} = \frac{\sum_{i=1}^{n}x_iY_i - \sum_{i=1}^{n}x_i\bar{Y} + \sum_{i=1}^{n}\bar{x}\bar{Y} - \sum_{i=1}^{n}\bar{x}Y_i}{\sum_{i=1}^{n}x_i^2 - n\bar{x}\bar{x}}$$

$$a = \frac{\sum_{i=1}^{n}x_iY_i - n\bar{x}\bar{Y}}{\sum_{i=1}^{n}x_i^2 - n\bar{x}\bar{x}} = \frac{\sum_{i=1}^{n}(x_iY_i - \bar{x}\bar{Y} + 2\bar{x}\bar{Y} - \bar{x}Y_i - x_i\bar{Y})}{\sum_{i=1}^{n}{x_i}^2 - n\frac{1}{n}\sum_{i=1}^{n}x_i\bar{x}}$$

$$= \frac{\sum_{i=1}^{n}(x_i Y_i - \bar{x}\,\overline{Y} + 2\bar{x}\,\overline{Y} - \bar{x}\,Y_i - x_i\,\overline{Y})}{\sum_{i=1}^{n}x_i(x_i - \bar{x})} = \frac{\sum_{i=1}^{n}(x_i - \bar{x})(Y_i - \overline{Y})}{\sum_{i=1}^{n}(x_i - \bar{x})^2}$$

$$= \frac{\sum_{i=1}^{n}(x_i Y_i - \bar{x}\,\overline{Y} + 2\bar{x}\,\overline{Y} - \bar{x}\,Y_i - x_i\,\overline{Y})}{\sum_{i=1}^{n}x_i(x_i - \bar{x})} = \frac{\sum_{i=1}^{n}(x_i - \bar{x})(Y_i - \overline{Y})}{\sum_{i=1}^{n}(x_i - \bar{x})^2}$$

$\sum_{i=1}^{n}x_i(x_i - \bar{x})$가 $\sum_{i=1}^{n}(x_i - \bar{x})^2$ 와 같음을 증명하겠다.

(8) $$\sum_{i=1}^{n}(x_i - \bar{x})^2 = \sum_{i=1}^{n}x_i^2 - \sum_{i=1}^{n}x_i\bar{x} - \sum_{i=1}^{n}x_i\bar{x} + \sum_{i=1}^{n}\bar{x}^2$$

$$= \sum_{i=1}^{n}x_i(x_i - \bar{x}) - \sum_{i=1}^{n}\bar{x}(x_i - \bar{x})$$

$$= \sum_{i=1}^{n}x_i(x_i - \bar{x}) - \bar{x}\left(\sum_{i=1}^{n}x_i - \sum_{i=1}^{n}\bar{x}\right)$$

$$= \sum_{i=1}^{n}x_i(x_i - \bar{x})$$

여기서 $\sum_{i=1}^{n}x_i$ 는 $\sum_{i=1}^{n}\bar{x}$ 와 같기 때문에 $\bar{x}\left(\sum_{i=1}^{n}x_i - \sum_{i=1}^{n}\bar{x}\right)$는 0이 된다.

(9) 최종 식은 다음과 같다.

$$a = \frac{\sum_{i=1}^{n}(x_i - \bar{x})(Y_i - \overline{Y})}{\sum_{i=1}^{n}(x_i - \bar{x})^2}$$

7 평균 제곱 오차(MSE)

mseteset.py

측정값 또는 예측값과 실제값의 차이에 대한 제곱의 평균을 평균 제곱 오차(Mean Square Error, MSE)라고 한다. 많이 쓰이는 오차 계산법이다.

$$MSE = \frac{1}{n}\sum_{i=1}^{n}(p_i - y_i)^2$$

(p_i : 예측값, y_i : 실제값)

선형 회귀란 평균 제곱 오차를 가장 적게 만들어 주는 a와 b값을 찾아가는 작업이다. 평균 제곱 오차를 구해 보도록 하자.

코드 내역

```
import numpy as np

X = [1,2,3,4,5,6,7,8,9,10]
Y= [14, 11, 14, 56, 66, 44, 68, 95, 92, 100]  #실제값

imsy_a = 10.67
imsy_b = -2.6
predict_Y = [] #예측값 저장

mX = np.mean(X)
mY = np.mean(Y)

def predictFunc(x):
    return imsy_a*x + imsy_b

def mse(p, y):
    return((p**2).mean())

def mse_val(predict_result, y):
    return mse(np.array(predict_Y), np.array(y))

for i in range(len(X)):
```

```
        predict_Y.append(predictFunc(X[i])) #예측값 y 구하기
        print(X[i],Y[i], predictFunc(X[i]))  #실제 X값, 실제 Y값, 예측 Y값

    print(mse_val(predict_Y,Y))
```

실행 결과

```
1 14 8.07
2 11 18.74
3 14 29.409999999999997
4 56 40.08
5 66 50.75
6 44 61.419999999999995
7 68 72.09
8 95 82.76
9 92 93.43
10 100 104.10000000000001
MSE = 4084.7806500000006    #평균 제곱 오차
```

8 오차 역전파, 학습률(Learning Rate)

gradient_descent.py

오차 역전파는 신경망 내부의 가중치를 조정한다. 오차 역전파를 사용하면 속도는 느리지만 안정적인 결과를 얻을 수 있다는 장점이 더 크기 때문에 딥러닝에 사용한다. 지금까지는 미리 정해진 가중치와 바이어스값을 입력해서 결과값을 확인했다. 하지만 실제 딥러닝에서는 임의의 초기 가중치와 바이어스값을 준 후 결과를 계산한다. 그 값과 우리가 원하는 값 사이의 오차를 구하고 가중치와 절편(바이어스)을 오차가 작아지는 방향으로 업데이트해야 한다. 이러한 방법을 경사 하강법이라고 한다. 텐서플로우 케라스에서는 다양한 경사 하강법을 제공하고 있기 때문에 학습자는 쉽게 이를 이용할 수 있지만 원리를 알고 사용하는 게 중요하다.

기울기가 너무 커지거나 너무 작아지면 오차값이 커지게 된다. 이를 다음과 같이 2차 함수로 표현한다. 기울기가 양수이면 x값이 커질수록 함수의 값이 커지고, 반대로 기울기가 음수이면 x값이 커질수록 함수의 값이 작아진다. 기울기 a가 너무 크거나 작으면 오차가 커진다. 다음 그래프에서 빨간 원이 있는 곳의 기울기가 0이다. 오차를 줄이기 위해서는 이 지점을 찾아야 한다.

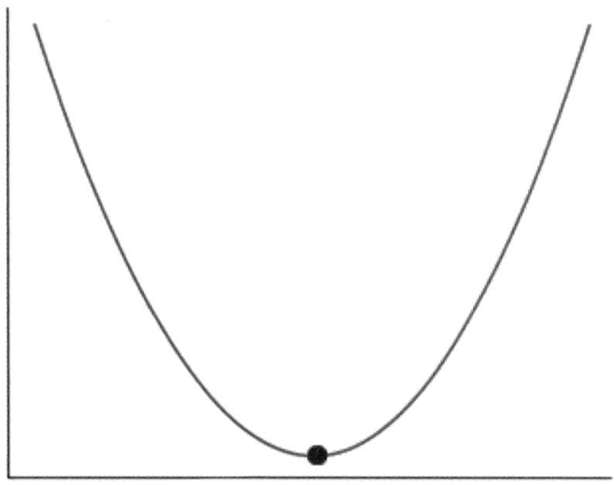

x가 커질수록 함수값이 커지는 중(기울기가 양의 값)이라면 음의 방향으로 x를 옮겨야 할 것이고, 반대로 x가 커질수록 함수값이 작아지면 기울기의 부호는 음수이므로 양의 방향으로 x를 옮기면 될 것이다. 이 논리를 수식으로 쓰면 다음과 같다.

$$x_{i+1} = x_i - \alpha\frac{df}{dx}(x_i)$$

간단히 다음과 같은 식으로 고쳐서 다음 이동 방향을 살펴보겠다.

$x_{i+1} = x_i$ - 이동 거리 * (기울기)

만약에 x_i 위치에서 기울기값이 양의 값이었다면 다음 x_{i+1} 값은 왼쪽으로 이동해야 한다.

예를 들어 x값이 5이고 이동 거리를 1로 하고 기울기가 +1이었다면 다음 값은 4로 변경되어야 한다.

x = 5 - 1 * (+1) = 4

x값이 5이고 이동 거리를 1로 하고 기울기가 −1이었다면 다음 값은 6으로 변경되어야 한다.

x = 5 -1 * (-1) = 6

학습률은 이동 거리를 정해 주는 것이다. 기울기의 부호를 바꿔 이동시킬 때 적절한 이동 거리를 찾지 못할 경우 너무 멀리 이동시키면, 한 점으로 모이지 않고 위로 올라가 버리는 경우가 발생한다. 딥러닝에서는 학습률의 값을 적절히 바꾸면서 최적의 학습률을 찾는 것도 중요한 최적화 과정 중 하나이다.

평균 제곱 오차를 사용하여 경사 하강법을 살펴보자.

오차= 예측값 - 실제값

$$\frac{1}{n}\sum_{i=1}^{n}(p_i - y_i)^2$$ (p_i : 예측값, y_i : 실제값)

$p_i = ax_1 + b$ 이므로

$$\frac{1}{n}\sum_{i=1}^{n}(ax_{1} + b - y_i)^2$$

우리가 구하고자 하는 값은 a, b이며 편미분으로 계산할 수 있다.

a를 편미분하면 $$\frac{2}{n}\sum_{i=1}^{n}(ax_1 + b - y_i)\,x_i$$

b를 편미분하면 $\frac{2}{n}\sum_{i=1}^{n}(ax_i + b - y_i) = -\frac{2}{n}\sum_{i=1}^{n}(y_i - (ax_i + b))$ 이다.

$ax_i + b - y_i$ 는 예측값에서 실제값을 뺀 오차(error)이므로 다음과 같이 코딩한다.

error = $ax_i + b - y_i$

$ax_i + b$ 값을 predict_y에 입력한다.

```
predict_y = a* data_x + b
```

이를 활용해서 다음과 같이 코딩한다.

```
a_delta = -(1/len(data_x)) * sum(error * data_x)
b_delta = -(1/len(data_x)) * sum(data_y - predict_y)
```

9 전체 코드

여기까지의 모든 코드는 다음과 같다.

코드 내역 gadient_descent.py

```
import numpy as np
import matplotlib.pyplot as plt

x = [1,2,3,4,5,6,7,8,9,10]
y= [14, 11, 14, 56, 66, 44, 68, 95, 92, 100]  #실제값

data_x = np.array(x)
data_y = np.array(y)

a=0
b=0
lr=0.05

epochs = 10

for i in range(epochs):
    predict_y = a* data_x + b
    error = data_y - predict_y

    a_delta = -(1/len(data_x)) * sum(data_x * error)
    b_delta = -(1/len(data_x)) * sum(data_y - predict_y)

    a = a - lr * a_delta
    b = b - lr * b_delta

predict_y = a* data_x + b
plt.scatter(x,y)
```

```
plt.plot([min(data_x), max(data_x)], [min(predict_y),max(predict_y)])
print(round(a,2), round(b,2))
plt.show()
```

실행 결과

epochs	10	50	200	300	500	700	1000	1500
a	3.12	8.66	10.59	10.64	10.66	10.67	10.67	10.67
b	0.03	-0.48	-2.17	-2.49	-2.65	-2.66	-2.67	-2.67

epochs값이 증가할수록 직선이 어떻게 달라지는지 확인해 보자.

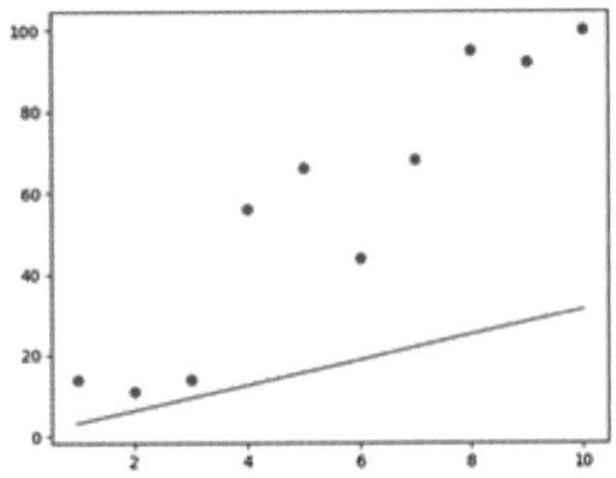

epochs값이 10일 때

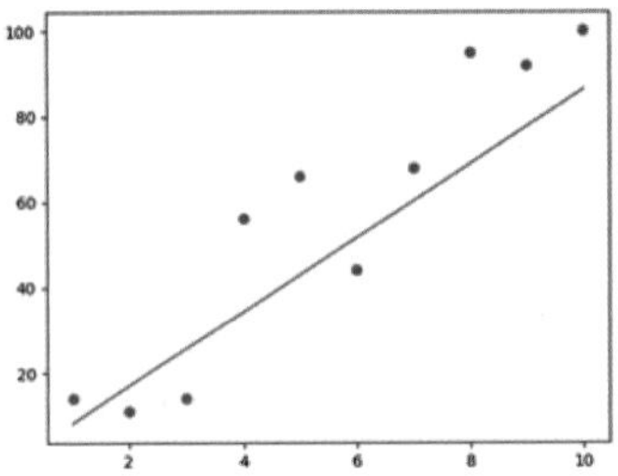

epochs값이 50일 때

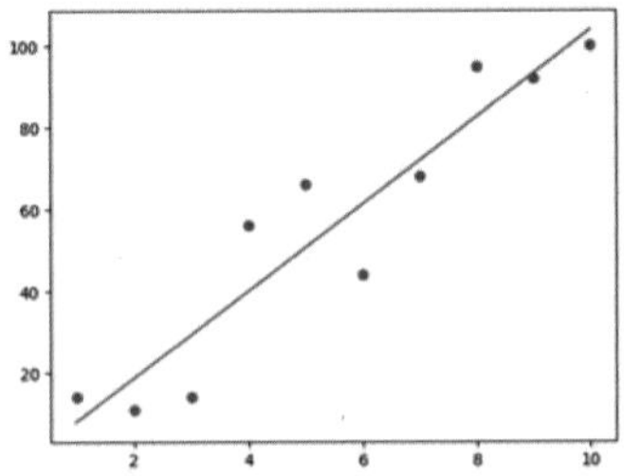

epochs값이 1000일 때

다음은 epochs값이 1500일 때 그래프이다.

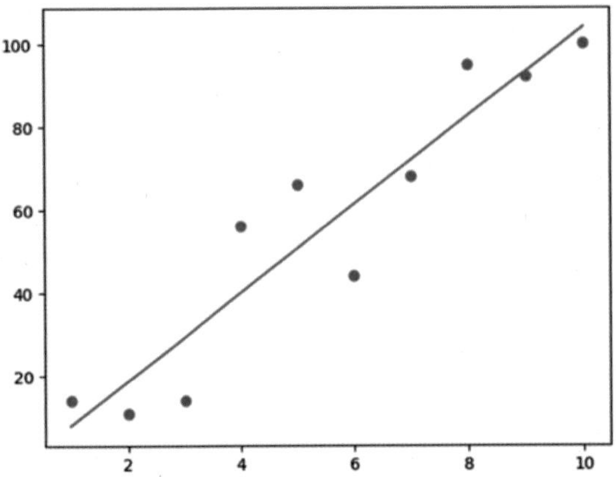

비지도 학습(Unsupervised Learning)

지도 학습은 훈련 데이터와 타깃 데이터(정답)를 필요로 했다. 비지도 학습은 정답을 알려 주지 않아도 데이터를 가지고 무엇인가를 학습하는 것이다. 비지도 학습에서 가장 많이 사용하는 것이 K-means 알고리즘이다.

1. K-means 알고리즘과 클러스터

1 K-means 알고리즘

K-means 클러스터링은 주어진 데이터를 클러스터 수만큼 나누는 분할법에 속한다. 클러스터(군집) 수를 k라고 하면 그룹 수를 k개로 나누고 데이터를 유사한 것끼리 분할하는 것이다.

K-means 알고리즘은 클러스터의 중심에서 데이터와의 거리를 제곱한 값을 비용함수로 설정한다. 비용함수를 최소화하는 방향으로 각 데이터의 소속 클러스터의 위치를 조정해 준다. 예를 들어 30개의 데이터가 존재하고 클러스터 수를 3개로 설정하면 하나의 클러스터(군집)에는 10개의 데이터가 들어간다.

2 클러스터 찾기

클러스터 수를 2개로 가정해 보자. 처음에 랜덤으로 2개의 클러스터를 배치한다. 아래 그림의 사각형이 클러스터이다. 클러스터와 가까운 데이터들이 같은 그룹이 된다.

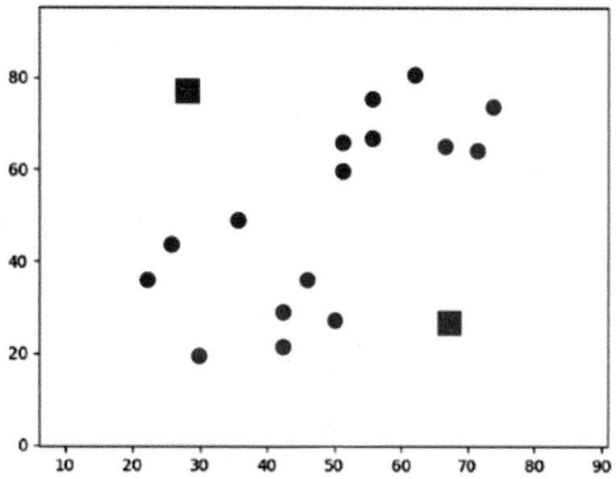

같은 데이터들의 위치 평균을 구하고 클러스터 위치를 조정한다.

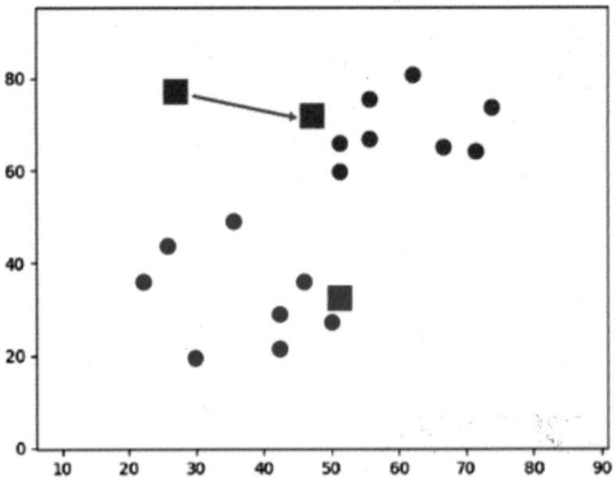

반복 실행을 하여 클러스터의 위치를 데이터의 중심에 오도록 한다.

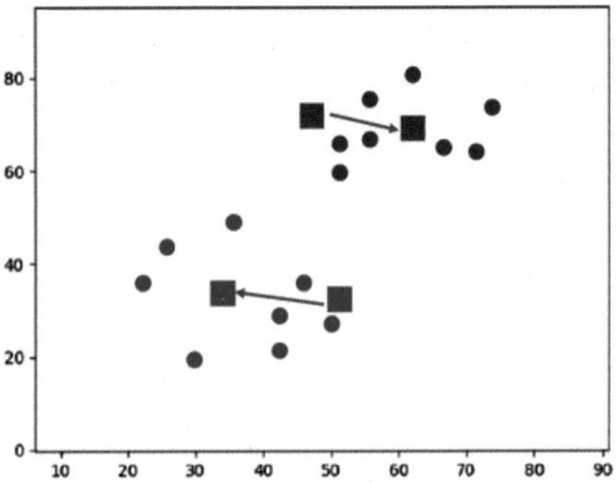

2. 클러스터 활용하기

1 데이터 준비하기

다음과 같이 24개의 2차원 리스트를 넘파일 배열로 변환한 data를 준비한다. 비지도 학습이므로 타깃 데이터가 필요하지 않다.

```
data = np.array([
  [16,7], [10,15], [15,12], [22,14], [18,10], [22,30], [16, 4],
[18, 12], [36, 23], [32, 25], [40, 41], [42, 32], [55,50], [67,71],
[61,72], [56,52], [81,91], [80,81], [77, 71], [59, 61], [87, 75],
[82, 81], [69, 80], [51, 62]
 ])
```

2 KMeans 클러스터

KMeans 클래스는 매개변수로 클러스터 개수를 넘겨주면 자동으로 클러스터를 만들어 준다.

```
kmeans = KMeans(n_clusters=2)
```

클러스터의 위치를 확인하기 위해서는 kmeans.cluster_centers_를 사용한다. print() 함수를 통해 확인해 본다.

```
print(kmeans.cluster_centers_)
```

2개의 클러스터 위치를 확인할 수 있다. 첫 번째 클러스터의 위치는 [23.91666667 18.75], 두 번째 클러스터의 위치는 [68.75 70.58333333]이다.

실행 결과

```
[[23.91666667 18.75      ]
 [68.75       70.58333333]]
```

3 numpy unique 함수

numpy unique 함수를 사용하여 label값에 대한 개수를 확인해 보자.

```
print(np.unique(kmeans.labels_, return_counts=True))
```

실행 결과

```
(array([0, 1]), array([12, 12], dtype=int64))
```

레이블 0, 1이 출력되었다. 레이블 0에 12개의 데이터, 레이블 1에 12개의 데이터가 할당된 것을 확인할 수 있다. 데이터 앞에 있는 12개의 자료는 레이블 0을 가지고 있고, 나머지 12개의 데이터는 레이블 1을 가지고 있다.

실행 결과

```
[0 0 0 0 0 0 0 0 0 0 0 0 1 1 1 1 1 1 1 1 1 1 1]
```

4 kmeans.labels_

kmeans.labels_를 통해서 각 데이터의 결과값인 레이블을 확인할 수 있다. print() 함수를 사용하여 확인해 본다.

5 전체 코드

데이터 24개를 가지고 비지도 학습을 진행한다. 클러스터의 수는 2개로 설정하였다.

코드 내역 ai_unsupervised_learning1.py

```
import matplotlib.pyplot as plt
import numpy as np
from sklearn.cluster import KMeans

data = np.array([
  [16,7], [10,15], [15,12], [22,14], [18,10], [22,30], [16, 4], [18, 12],
[36, 23], [32, 25],    [40, 41], [42, 32], [55,50], [67,71], [61,72],
[56,52], [81,91], [80,81], [77, 71], [59, 61],    [87, 75], [82, 81], [69,
80], [51, 62]
  ])
kmeans = KMeans(n_clusters=2)
kmeans.fit(data)

print(kmeans.cluster_centers_)
print(np.unique(kmeans.labels_,return_counts=True))
print(kmeans.labels_)

plt.scatter(kmeans.cluster_centers_[0][0], kmeans.cluster_centers_[0][1],₩
  marker='s')
plt.scatter(kmeans.cluster_centers_[1][0], kmeans.cluster_centers_[1][1],₩
  marker='s')

plt.scatter(data[:,0],data[:,1], c=kmeans.labels_, cmap='rainbow')
plt.show()
```

실행 결과

```
[[23.91666667 18.75       ]
 [68.75       70.58333333]]
(array([0, 1]), array([12, 12], dtype=int64))
[0 0 0 0 0 0 0 0 0 0 0 0 1 1 1 1 1 1 1 1 1 1 1 1]
```

사각형으로 표시된 2개의 클러스터 위치를 확인해 보자. 각각의 클러스터를 중심으로 데이터를 분류한 것을 확인할 수 있다.

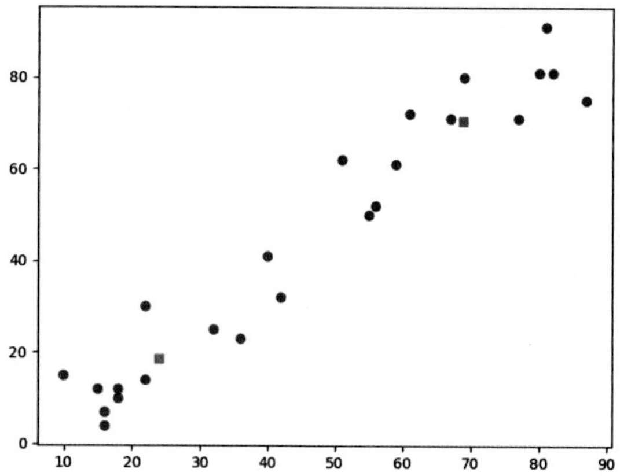

6 클러스터 수를 3으로 설정하기

ai_unsupervised_learning2.py

클러스터 수를 3으로 늘리고 3개의 그룹으로 분류하는 활동을 해 본다. n_clusters=3을 파라미터로 전달하여 KMeans 클래스 객체 kmeans를 만든다.

```
kmeans = KMeans(n_clusters=3)
```

클러스터 3개를 표시하기 위해 다음과 같이 해 준다.

```
plt.scatter(kmeans.cluster_centers_[0][0], kmeans.cluster_centers_[0][1], marker='s')
plt.scatter(kmeans.cluster_centers_[1][0], kmeans.cluster_centers_[1][1], marker='s')
plt.scatter(kmeans.cluster_centers_[2][0], kmeans.cluster_centers_[2][1], marker='s')
```

전체 코드는 다음과 같다.

코드 내역

```
import matplotlib.pyplot as plt
import numpy as np
from sklearn.cluster import KMeans

data = np.array([
  [16,7], [10,15], [15,12], [22,14], [18,10], [22,30], [16, 4], [18, 12],
[36, 23], [32, 25],    [40, 41], [42, 32], [55,50], [67,71], [61,72],
[56,52], [81,91], [80,81], [77, 71], [59, 61],    [87, 75], [82, 81], [69,
80], [51, 62]
 ])

kmeans = KMeans(n_clusters=3)
kmeans.fit(data)

print(kmeans.cluster_centers_)
print(np.unique(kmeans.labels_,return_counts=True))
print(kmeans.labels_)

plt.scatter(kmeans.cluster_centers_[0][0], kmeans.cluster_centers_[0][1],₩
  marker='s')
plt.scatter(kmeans.cluster_centers_[1][0], kmeans.cluster_centers_[1][1],₩
  marker='s')
plt.scatter(kmeans.cluster_centers_[2][0], kmeans.cluster_centers_[2][1],₩
  marker='s')

plt.scatter(data[:,0],data[:,1], c=kmeans.labels_, cmap='rainbow')
plt.show()
```

실행 결과

```
[[20.5        15.2        ]
 [75.5        77.75       ]
 [50.5        49.66666667]]
(array([0, 1, 2]), array([10,  8,  6], dtype=int64))
[0 0 0 0 0 0 0 0 0 0 2 2 2 1 1 2 1 1 1 2 1 1 1 2]
```

3개의 클러스터에 담긴 데이터 수가 다름을 확인할 수 있다. 첫 번째 클러스터에는 10개의 데이터가, 두 번째 클러스터에는 8개, 세 번째 클러스터에는 6개의 데이터가 들어가 있다. 다음 그래프를 통해 확인해 보자.

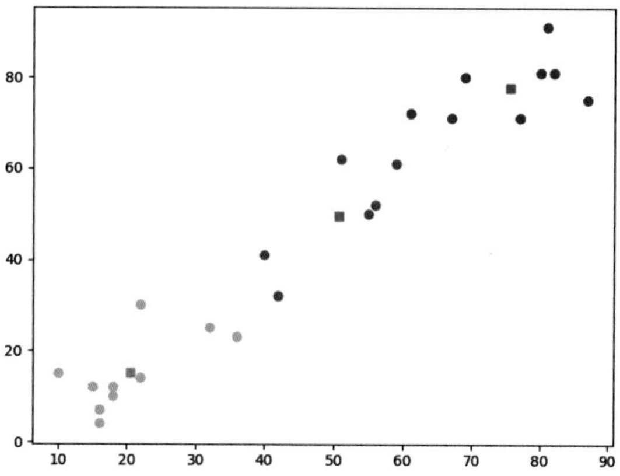

7 샘플값 분류하기

ai_unsupervised learning2_2.py

predict() 함수를 통해 샘플값을 분류해 보도록 한다.

불리언 인덱싱을 활용하여 True값만 얻을 수 있다. 이를 활용하여 특정 클러스터에 해당되는 데이터를 모을 수 있다. kmeans.labels_를 사용해서는 레이블만 얻을 수 있다. 이에 불리언 인덱싱을 활용하여 레이블이 0인 경우 리스트 data_label_0에 True값을 저장하고 레이블이 1인 경우 리스트 data_label_1에 True값을 저장했다. 그리고 그 값들을 np.array() 함수를 사용해 배열로 변환하여 재저장한다.

코드 내역

```
data_label_0 =[]
data_label_1 =[]

for i in range(0,24,1):
   if kmeans.labels_[i] == 0:
      data_label_0.append(True)
   else :
    data_label_0.append(False)

data_label0 = np.array(data_label_0)
```

```
for i in range(0,24,1):
   if kmeans.labels_[i] == 1:
      data_label_1.append(True)
   else :
    data_label_1.append(False)

data_label1 = np.array(data_label_1)
```

8 전체 코드

코드 내역 ai_unsupervised learning2_2.py

```
import matplotlib.pyplot as plt
import numpy as np
from sklearn.cluster import KMeans

data = np.array([
  [16,7], [10,15], [15,12], [22,14], [18,10], [22,30], [16, 4], [18, 12],
[36, 23], [32, 25],    [40, 41], [42, 32], [55,50], [67,71], [61,72],
[56,52], [81,91], [80,81], [77, 71], [59, 61],    [87, 75], [82, 81], [69,
80], [51, 62]
 ])

data_label_0 =[]
data_label_1 =[]

kmeans = KMeans(n_clusters=2)
kmeans.fit(data)


print(kmeans.cluster_centers_)

print(kmeans.labels_)

print(np.unique(kmeans.labels_,return_counts=True))

for i in range(0,24,1):
```

```
    if kmeans.labels_[i] == 0:
        data_label_0.append(True)
    else :
     data_label_0.append(False)

data_label0 = np.array(data_label_0)


for i in range(0,24,1):
    if kmeans.labels_[i] == 1:
        data_label_1.append(True)
    else :
     data_label_1.append(False)

data_label1 = np.array(data_label_1)

print("cluster 1:", data[data_label_1])


plt.scatter(kmeans.cluster_centers_[0][0], kmeans.cluster_centers_[0][1],₩
    label=kmeans.cluster_centers_[0], marker='s')
plt.scatter(kmeans.cluster_centers_[1][0], kmeans.cluster_centers_[1][1],₩
    label=kmeans.cluster_centers_[1], marker='s')
plt.scatter(data[:,0],data[:,1],c=kmeans.labels_, cmap='rainbow')

plt.legend(loc='upper left')

print(kmeans.predict([[10,10]]))
plt.scatter(10,10,marker='1')

print(kmeans.predict([[20,15]]))
plt.scatter(20,15,marker='1')

print(kmeans.predict([[70,70]]))
plt.scatter(70,70,marker='1')

plt.show()
```

실행 결과

```
[[23.91666667 18.75      ]
 [68.75       70.58333333]]
[0 0 0 0 0 0 0 0 0 0 0 0 1 1 1 1 1 1 1 1 1 1 1 1]
(array([0, 1]), array([12, 12], dtype=int64))
cluster 1: [[55 50]
 [67 71]
 [61 72]
 [56 52]
 [81 91]
 [80 81]
 [77 71]
 [59 61]
 [87 75]
 [82 81]
 [69 80]
 [51 62]]
[0]
[0]
[1]
```

그래프를 통해 샘플의 위치와 값을 확인해 본다.

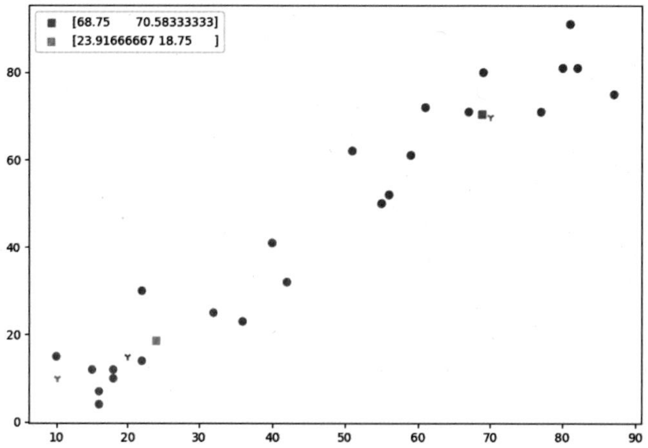

로지스틱 회귀로 확률 예측하기

1 로지스틱함수 이해하기

로지스틱 회귀는 이름과는 달리 회귀가 아닌 분류에 쓰인다. 일반적으로 이진 분류를 하는 데 사용된다.

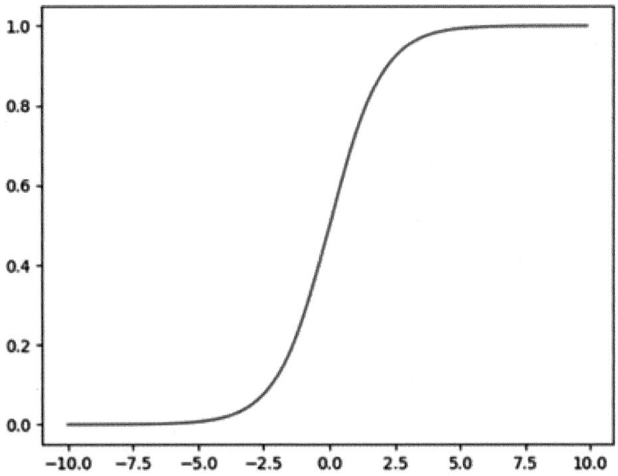

$$\text{로지스틱함수} = \frac{1}{1+e^{-z}}$$

z는 다음과 같은 과정을 통해 얻을 수 있다.

(평균 = μ, 표준 편차 = σ)

(편차 : 자료의 값 − 평균 = $x - \mu$)

$$\text{분산} = \frac{(\text{편차})^2\text{의 합}}{\text{자료의 개수}}$$

$$\text{표준 편차 } \sigma = \sqrt{\text{분산}}$$

$$z = \frac{(x - \mu)}{\sigma}$$

파이썬을 사용하면 위에 언급한 것처럼 많은 과정을 거치지 않고 z값을 얻을 수 있다. LogisticRegression 클래스의 decision_function() 함수를 통해 z값을 쉽게 얻을 수 있다. scipy 라이브러리에 시그모이드 함수 expit()가 있다. 이곳에 z값을 넣어 쉽게 시그모이드(로지스틱) 결과값을 얻을 수 있다.

2 코딩으로 로지스틱 회귀 구현하기

로지스틱 회귀를 통해 10개의 훈련 데이터를 가지고 남성일 확률과 여성일 확률을 구해 보도록 한다.

코드 내역

logistic_test.py

```
from openpyxl import load_workbook
import matplotlib.pyplot as plt
from sklearn.neighbors import KNeighborsClassifier
from sklearn.model_selection import train_test_split
import numpy as np

read_xlsx = load_workbook('./excel/height_weight_dataset.xlsx')
read_sheet = read_xlsx.active



name_col = read_sheet['A']
men_height = []

for cell in name_col:
    men_height.append(cell.value)

name_col = read_sheet['B']
men_weight = []

for cell in name_col:
    men_weight.append(cell.value)

name_col = read_sheet['C']
women_height = []

for cell in name_col:
    women_height.append(cell.value)

name_col = read_sheet['D']
```

```
women_weight = []
for cell in name_col:
    women_weight.append(cell.value)

height_data = men_height + women_height
weight_data = men_weight + women_weight

#gender_data = list( [x, y] for x, y in zip(height_data, weight_data) )
gender_data = np.column_stack((height_data, weight_data))
gender_target = np.concatenate((np.ones(50), np.zeros(50)))

train_data, test_data, train_target, test_target = train_test_₩
    split(gender_data, gender_target,  stratify=gender_target, random_₩
    state=42)

from sklearn.linear_model import LogisticRegression
lr = LogisticRegression()
lr.fit(train_data, train_target)

print(lr.predict_proba(train_data[:10]))
print(lr.predict_proba(test_data[:10]))

print(lr.classes_)
decisions = lr.decision_function(train_data[:10]) #decisions = z


print(decisions)

from scipy.special import expit

print(expit(decisions))

z=np.arange(-10,10,0.1)

phi = 1/(1+np.exp(-z))
plt.plot(z,phi)

plt.scatter(decisions,expit(decisions), marker='o'),
plt.show()
```

실행 결과

```
10.67
-2.69
```

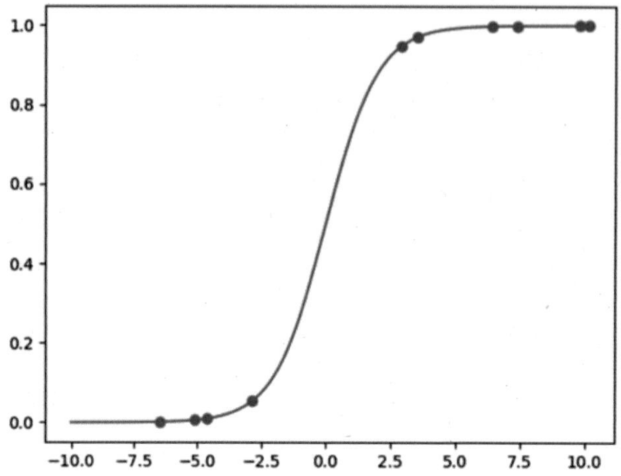

퍼셉트론

1 인공 신경망

뉴런과 뉴런이 연결되어 있는 인간의 뇌가 어떤 일을 처리하는 것처럼 어떤 문제를 해결하기 위해 컴퓨터에서 채택하고 있는 구조를 인공 신경망이라고 한다. 인공 신경망의 기본 단위는 퍼셉트론(perceptron)으로, 입력값과 활성화함수를 사용해 출력값을 만드는 가장 작은 단위이다.

2 퍼셉트론

입력값에 가중치(W1, W2)를 곱하고 바이어스(b)를 더한 값을 가중합(Weighted Sum)이라고 한다. 퍼셉트론은 가중합을 임계값과 비교하여 출력값을 결정한다. 가중합은 0이나 1이 아닐 경우가 많기 때문에 활성화함수를 사용하여 0 또는 1로 변경하여 다음으로 보내야 한다. 이때 활성화함수(Activation Function)로 시그모이드 등이 사용된다.

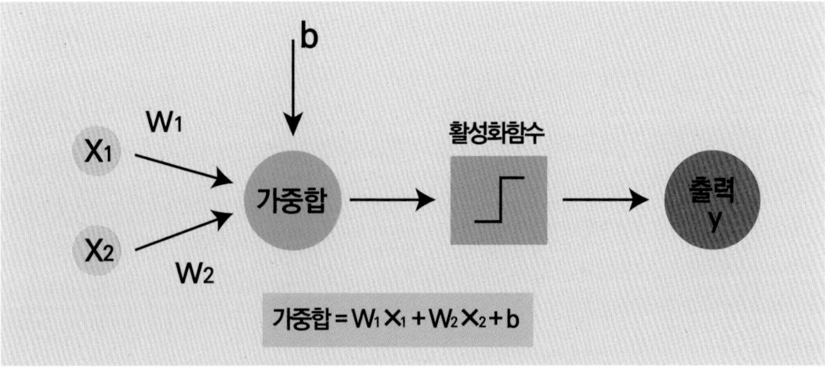

3 퍼셉트론의 한계

앞서 머신러닝을 통해 1차 방정식으로 데이터를 분류하는 작업을 학습했다. 다음 그림에서 And와 Or의 연산의 경우 1차 방정식(선형 방정식)으로 연산이 가능하다. 하지만 Xor의 경우 직선 1개로는 검은 점과 하얀 점을 분리할 수 없는 문제가 발생한다. 여기서는 하얀 점을 1로 표시했다.

And		
x1	x2	y
0	0	0
0	1	0
1	0	0
1	1	1

Or		
x1	x2	y
0	0	0
0	1	1
1	0	1
1	1	1

Xor		
x1	x2	y
0	0	0
0	1	1
1	0	1
1	1	0

Nand		
x1	x2	y
0	0	1
0	1	1
1	0	1
1	1	0

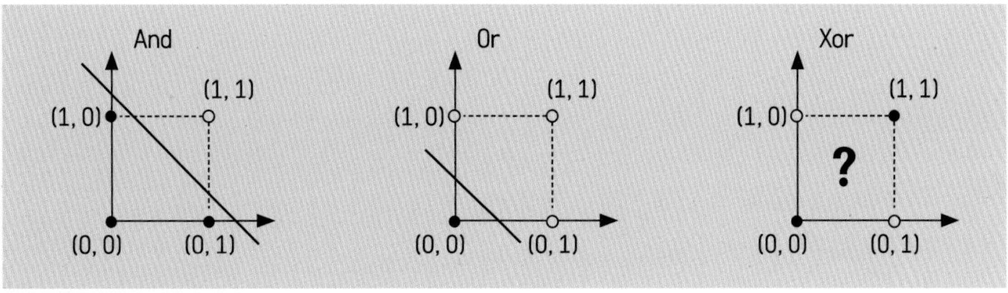

이를 해결하기 위해서는 Or 연산 결과와 Nand 연산 결과를 And하면 해결할 수 있다. 이를 위해 은닉층의 필요성이 제기되었다. 은닉층이 포함된 퍼셉트론을 다중 퍼셉트론이라고 한다.

4 Xor 문제를 해결하기

코드 내역

perceptron_xor.py

```
import numpy as np

def mPerceptron(x, w, bias):
    if np.sum(np.array(w) * np.array(x)) + bias > 0 :
        return 1
    else:
        return 0

w_and = [0.5, 0.5]
bias_and = -0.7

w_or = [1,1]
bias_or = -0.5

w_nand = [-0.5, -0.5]
bias_nand=0.8

def m_and(x,y):
    return mPerceptron([x,y], w_and, bias_and)

def m_or(x,y):
    return mPerceptron([x,y], w_or, bias_or)

def m_nand(x,y):
    return mPerceptron([x,y], w_nand, bias_nand)

def m_xor(x,y):
    return m_and(m_nand(x,y), m_or(x,y))

data = [[0,0], [0,1], [1,0], [1,1]]

for x in data:
    y = m_and(x[0], x[1])
    print("and", x,y)

for x in data:
    y = m_or(x[0], x[1])
    print("or", x,y)
```

```
for x in data:
    y = m_nand(x[0], x[1])
    print("nand", x,y)

for x in data:
    y = m_xor(x[0], x[1])
    print("xor", x,y)
```

실행 결과

```
and [0, 0] 0
and [0, 1] 0
and [1, 0] 0
and [1, 1] 1
or [0, 0] 0
or [0, 1] 1
or [1, 0] 1
or [1, 1] 1
nand [0, 0] 1
nand [0, 1] 1
nand [1, 0] 1
nand [1, 1] 0
xor [0, 0] 0
xor [0, 1] 1
xor [1, 0] 1
xor [1, 1] 0
```

5 새로 추가한 은닉층 그림

다음 그림은 입력층과 출력층 사이에 은닉층을 추가한 다층 퍼셉트론을 보여 준다. 이렇게 은닉층을 추가함으로써 단층 퍼셉트론으로는 해결하지 못한 Xor 연산을 해결할 수 있다.

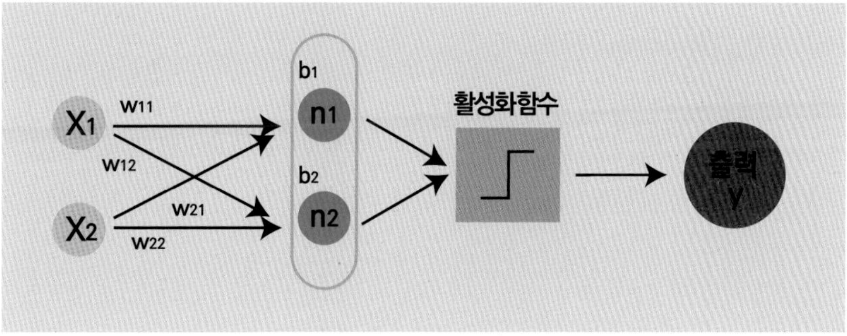

딥러닝 알아보기

1 딥러닝 개요

머신러닝 중에서 가장 좋은 효과를 낼 수 있는 방법이 딥러닝이다. 딥러닝은 인공 신경망을 이용하고 더 많은 데이터를 사용하며 더 많은 학습 기간이 필요한 기술이다. 딥러닝은 음성 제어, 이미지 분류 등에 적합한 기술이다. 대용량의 데이터를 처리할 경우 여러 층을 통해 학습하기 때문에 GPU 작업 용량이 필요하다.

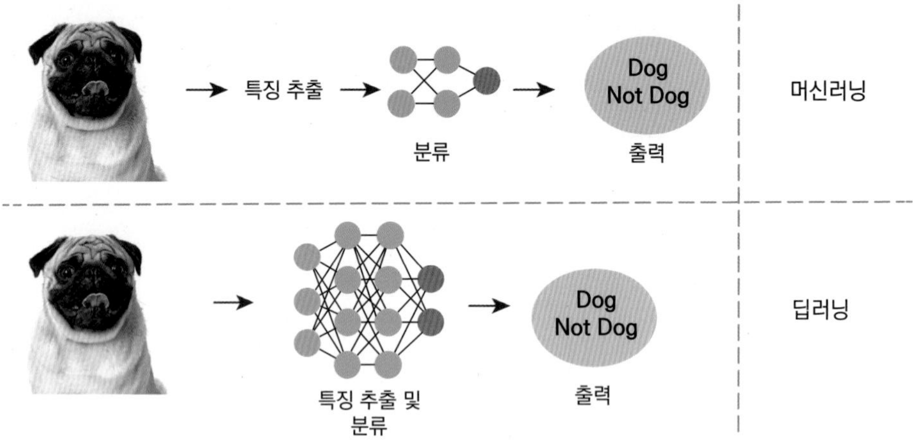

2 Sequential 클래스로 모델 만들기

텐서플로우 케라스에 있는 Sequential 클래스를 사용하여 신경망 모델을 만든다.

```
from tensorflow.keras.models import Sequential
model = Sequential()
```

3 add() 함수로 층을 추가하기

```
Dense(20, input_dim=7, activation='relu')
```

첫 번째 인자 20은 노드를 20개 만든다는 의미이며, 두 번째 인자 input_dim은 입력 데이터에서 몇 개를 가져올지를 의미한다. activation에는 활성화함수를 적어 주는데 첫 번째 층에서는 relu를 사용하였다.

Dense(1, activation='sigmoid')를 사용하여 두 번째 층을 만들었다. 두 번째 층은 활성화함수로 시그모이드를 선택했다. 이 두 층을 그림으로 그리면 다음과 같다.

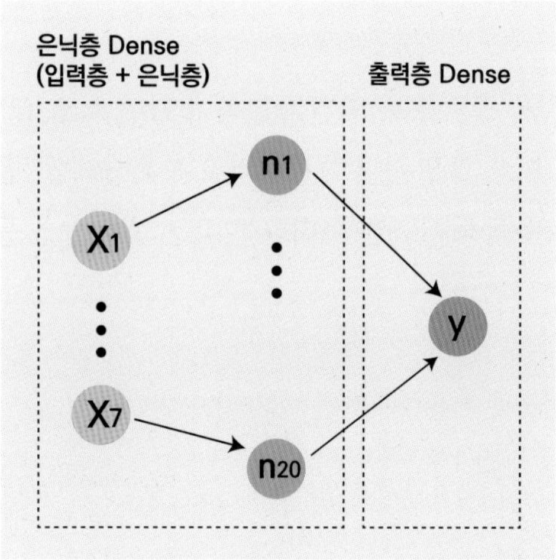

2개의 층을 add() 함수를 사용하여 모델에 추가해 주어야 한다.

```
model.add(Dense(30, input_dim=7, activation='relu'))
model.add(Dense(1, activation='sigmoid'))
```

4 모델 compile

층으로 구성된 모델이 효과적으로 구현될 수 있도록 환경을 설정해 주는 역할을 한다.

```
model.compile(loss='categorical_crossentropy', optimizer='adam',
              metrics=['accuracy'])
```

loss(손실함수)에는 교차 엔트로피를 사용할 경우 categorical_crossentropy와 binary_crossentropy가 사용된다. 2개의 클래스 중에서 하나를 선택하는 분류일 경우 보통 binary_crossentropy를 사용한다. 손실함수(lossd function)란 훈련하는 동안 모델의 오차를 측정하는 것으로 모델이 오차를 줄이고 더 정확한 방향으로 학습을 하도록 도와주는 함수이다. Optimizer는 데이터와 손실함수를 바탕으로 모델의 업데이트 방법을 결정하는 것이며 Metrics는 훈련 단계와 테스트 단계를 모니터링하기 위해 사용한다.

iris 품종 딥러닝 설계하기

1 데이터 분석하기

딥러닝에 사용할 iris.csv 파일을 살펴보자. 파일은 다음과 같이 A, B, C, D 열은 독립 변수, E열은 종속 변수로 구성되어 있다. A, B, C, D 열은 훈련 데이터로 사용하고 E열은 타깃 데이터로 사용한다. E열은 3가지 품종인 Setosa, Versicolor, Virginica로 구성되어 있다.

	A	B	C	D	E	F
1	sepal.lengt	sepal.widtl	petal.lengt	petal.widtł	variety	
2	5.1	3.5	1.4	0.2	Setosa	
3	4.9	3	1.4	0.2	Setosa	
4	4.7	3.2	1.3	0.2	Setosa	
5	4.6	3.1	1.5	0.2	Setosa	
6	5	3.6	1.4	0.2	Setosa	
7	5.4	3.9	1.7	0.4	Setosa	
8	4.6	3.4	1.4	0.3	Setosa	

2 pandas를 활용하여 데이터 가져오기

iris.csv 파일을 pandas의 데이터 프레임으로 가져온다.

```
df = pd.read_csv('./data/iris.csv', names=['sepal_length', 'sepal_width',
'petal_length', 'petal_width', 'species'])
```

파일에서 가져온 값을 dataset에 담는다.

```
dataset = df.values
```

파일에서 제목 줄을 뺀 두 번째 행부터 가져오기 위해 첫 번째 요소에 1을 넣었다. 열은 variety 열을 뺀 자료를 가져오기 위해서 0:4를 입력한다. 0:4를 입력하면 0부터 3까지 자료를 인덱싱한다. 가져온 자료를 astype(float)을 사용하여 실수형 변수로 변경해 준다.

```
train_data = dataset[1:,0:4].astype(float)
```

print(X.shape)를 실행하면 다음과 같다. 150개의 행과 4개의 열로 이루어져 있음을 확인할 수 있다.

실행 결과

```
(150, 4)
```

타깃 데이터도 다음과 같이 가져오도록 한다.

```
target_data = dataset[1:,4]
```

3 LabelEncoder

알파벳 순서로 숫자를 배분해 준다. 문자열을 숫자로 고칠 때 사용한다. 종속 항목으로 사용하는 variety 열을 숫자로 바꾸어 주어야 한다. 알파벳 순서에 의해 Setosa는 0으로, Versicolor는 1로, Virginica는 2로 변경해 준다.

```
e=LabelEncoder()
target_data=e.fit_transform(target_data)
print(target_data)
```

4 to_categorical

해당 클래스만 타깃값을 1로 만들고 나머지 클래스는 모두 0인 배열로 만드는 원-핫 인코딩(one-hot encoding) 작업을 수행해 준다. 다중 분류에서 크로스 엔트로피 손실 함수를 사용하기 위해서는 원-핫 인코딩을 하여 0, 1, 2로 되어 있는 타깃값들을 변경해 주어야 한다.

```
target_data_encoded=tf.keras.utils.to_categorical(target_data)
```

품종	
Setosa	0
Versicolor	1
Virginica	2
Versicolor	1

➡

Setosa	Versicolor	Virginica
1	0	0
0	1	0
0	0	1
0	1	0

5 모델 만들고 층(layer)을 추가하기

입력층과 출력층 사이에 있는 층을 은닉층이라고 한다. 다음과 같이 2개의 층을 add() 함수를 사용하여 model에 추가한다.

```
model = Sequential()
model.add(Dense(16,input_dim=4, activation='relu'))
model.add(Dense(3,activation='softmax'))
```

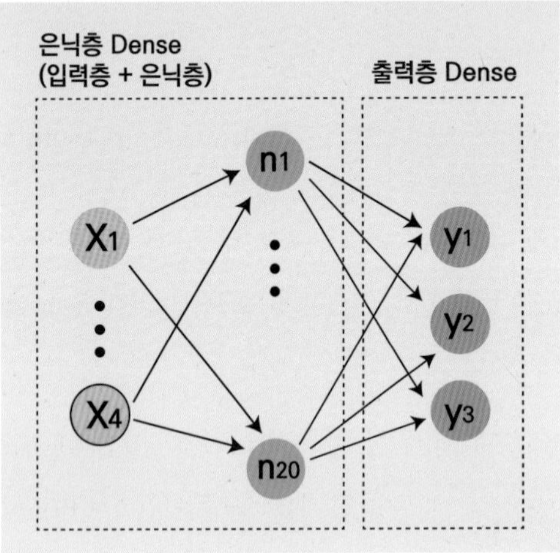

6 활성화함수 - softmax

아래 그림에서 빨간색 원으로 표시된 것이 활성화함수이다. 활성화함수를 통해 다음 층으로 넘어가는 값에 의미 있는 계산을 해 준다. 은닉층에 사용할 수 있는 함수에는 다양한 함수가 있지만 보통 relu 함수와 시그모이드함수가 많이 사용된다. 노란색 상자에 있는 활성화함수는 출력층에 적용하는 함수이다. 이진 분류의 경우에는 시그모이드함수를 사용하고 다중 분류의 경우에는 softmax 함수를 사용한다. softmax 함수는 결과값을 합하면 1이 되도록 하는 역할을 수행한다.

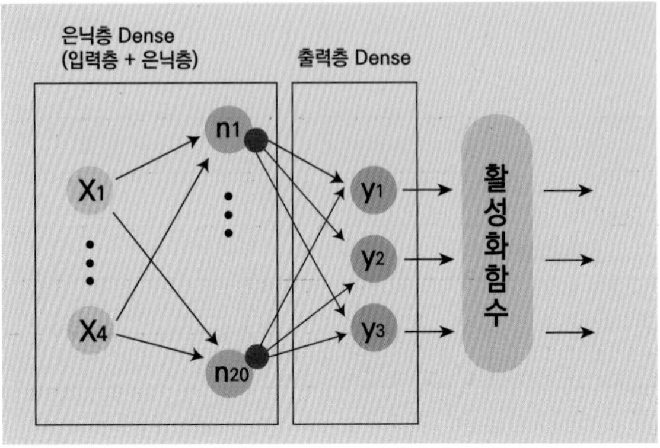

7 compile()

```
model.compile(loss='categorical_crossentropy',optimizer='adam',
        metrics=['accuracy'])
```

지금까지 만든 모델이 효과적으로 작동하도록 몇 가지 환경을 추가해 준다. 분류를 위한 모델인 경우에는 교차 엔트로피가 사용된다. 교차 엔트로피에는 categorical_crossentropy와 binary_crossentropy가 있다고 했다. 여기서는 3개 이상의 결과값을 사용하므로 categorical_crossentropy를 사용한다. keras는 optimizer라고 불리는 많은 경사 하강법 알고리즘을 제공한다. adam은 고급 경사 하강법 중에 하나로 속도가 빠르고 정확도가 높아서 많이 사용되고 있다. Metrics는 훈련 단계와 테스트 단계를 모니터링하기 위해 사용한다.

8 fit() 함수로 학습하기

epochs는 모든 데이터를 한 번 실행하면 1 epoch가 된다. 즉 모든 데이터를 몇 번 적용할지를 나타낸다. batch_size는 한 번에 샘플을 몇 개 처리할지를 의미한다. 1이라고 하면 150개(iris 예제)의 샘플 중에서 1개 샘플씩 처리하겠다는 의미이다. batch_size가 크면 학습 속도가 늦어질 수 있다.

```
model.fit(train_data, target_data_encoded, epochs=5, batch_size=1)
```

9 evaluate()

손실함수 loss와 정확도 accuracy를 구해 준다. 손실함수는 예측값과 실체값의 차이를 말하여 값이 작을수록 좋다. 딥러닝 학습을 통해 인공 신경망의 손실함수를 최소화하는 가중치와 절편의 조합을 찾는다.

```
print(model.evaluate(train_data,target_data_encoded)[1])
```

실행 결과

```
 loss: 0.5105 - accuracy: 0.7267
0.7266666889190674
```

10 predict()

softmax 함수를 사용하면 결과값들의 합을 1로 만든다. 확인해 보도록 하자.

코드 내역

```
print(model.predict(train_data[1:2,0:4]))
[[0.84031725 0.10878351 0.05089923]]
```

11 전체 코드

myiris.py

코드 내역

```
import pandas as pd
import matplotlib.pyplot as plt
#from tensorflow.keras.utils import np_utils
from tensorflow.keras.models import Sequential
from tensorflow.keras.layers import Dense
#from tensorflow.keras.layers import LabelEncoder
from sklearn.preprocessing import LabelEncoder

import tensorflow as tf
import numpy as np

df = pd.read_csv('./data/iris.csv', names=['sepal_length', 'sepal_width',₩
    'petal_length', 'petal_width', 'species'])
print(df.head())

dataset = df.values

#print(dataset)

train_data = dataset[1:,0:4].astype(float)
target_data = dataset[1:,4]
print(train_data.shape)
print(target_data.shape)

e=LabelEncoder()
target_data=e.fit_transform(target_data)
print(target_data)
```

```
np.random.seed(3)
tf.random.set_seed(3)
target_data_encoded=tf.keras.utils.to_categorical(target_data)

model = Sequential()

model.add(Dense(20,input_dim=4, activation='relu'))
model.add(Dense(3,activation='softmax'))

model.compile(loss='categorical_crossentropy', optimizer='adam',₩
   metrics=['accuracy'])

model.fit(train_data, target_data_encoded, epochs=5, batch_size=1)

print(model.evaluate(train_data,target_data_encoded)[1])

print(model.predict(train_data[1:2,0:4]))
```

전 과정을 그림으로 나타내면 다음과 같다.

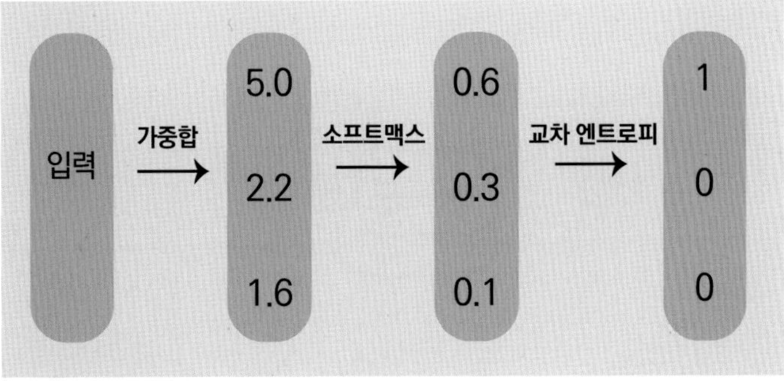

Chapter

14

파이썬으로 EV3 제어하기

1 EV3 코딩 준비하기

2 비주얼 스튜디오 코드(Visual Studio Code) 설치하기

3 EV3 파이썬으로 제어하기

4 로보틱스 모듈을 활용하여 EV3 제어하기

Chapter 14

파이썬으로 EV3 제어하기

레고 마인드스톰 EV3은 2세대 레고 마인드스톰 NXT 2.0 키트의 후속 제품인 레고의 마인드스톰 제품군의 3세대 로봇 키트이다. 로봇을 원하는 형태로 조립한 다음, 모터와 센서를 사용하여 프로그래밍을 할 수 있다.

EV3 코딩 준비하기

1 EV3의 특징

EV3은 LEGO EDUCATION에서 만든 제품으로 EV3 브릭(Brick)을 활용하여 MicroPython을 사용하는 파이썬 프로그래밍을 할 수 있다. 4개의 입력 포트와 4개의 출력 포트로 구성되어 있다. 72 × 128 픽셀의 디스플레이를 장착하고 있으며 음성을 지원하는 스피커를 갖추고 있다.

EV3 Brick

2 마이크로 SD카드에 EV3 MicroPython 이미지 설치하기

EV3 MicroPython 이미지를 마이크로 SD카드에 설치하고 EV3 Brick을 부팅하면 즉시 프로그래밍을 시작할 수 있다.

(1) Micro SD카드에 설치할 image를 다운로드받도록 한다. https://education.lego.com/en-us/downloads/mindstorms-ev3/software#downloads 사이트에 접속한다. 이미지가 있는 장소가 변경되기도 한다. 그럴 경우 레고 에듀케이션 홈페이지(https://education.lego.com)에 접속하여 찾도록 한다.

(2) 빨간 상자에 있는 [DOWNLOAD]를 클릭하여 PC에 다운로드한다.

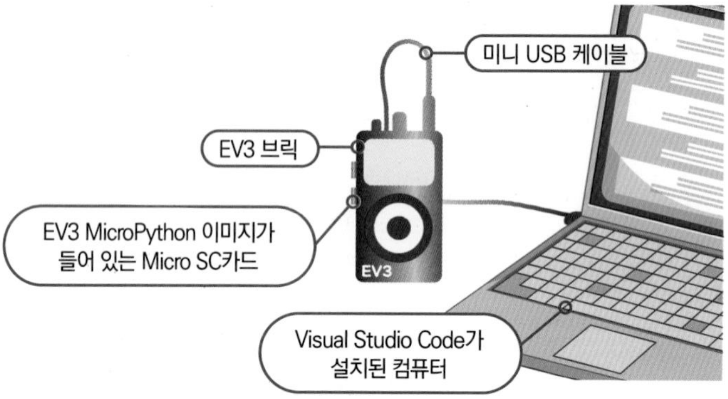

MicroPython 이미지가 탑재된 EV3을 노트북과 연결한 모습

이후 EV3 브릭과 노트북(컴퓨터)을 USB 케이블로 연결한다. 노트북에는 Visual Studio Code 프로그램을 설치하고 EV3에는 MicroPython 이미지가 들어있는 SD카드를 삽입해야 한다.

3 Etcher 프로그램 사용하여 SD카드에 Image 넣기

Etcher 프로그램을 사용하여 EV3 MicroPython Image를 SD카드에 넣어서 사용해야 한다. Etcher 프로그램은 iso나 img 파일과 같은 이미지 파일을 저장 매체에 기록하는 데 사용하는 유틸리티이다.

(1) 먼저 https://www.balena.io/etcher/에 접속한다. [Download for windows(x86/x64)] 버튼을 클릭하여 balenaEtcher-Setup 프로그램을 다운로드받아 설치한다.

(2) [동의함] 버튼을 클릭한다.

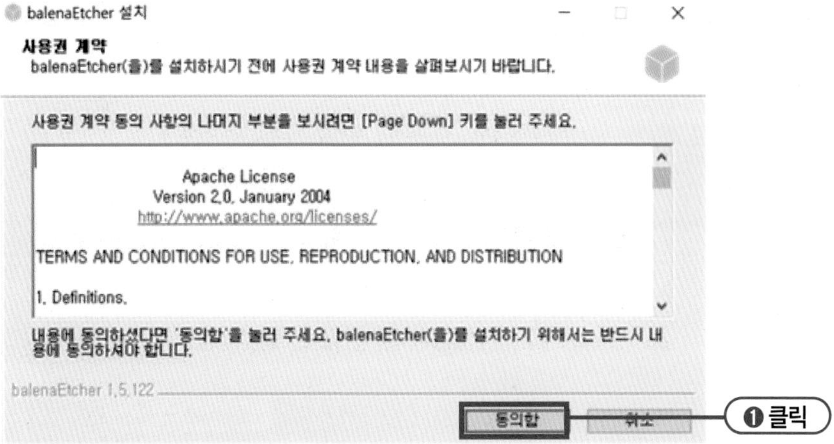

(3) 이제 Etcher 프로그램을 사용하여 EV3 MicroPython Image를 SD카드에 설치하도록 한다. Etcher 프로그램을 실행하고 [Flash from file] 버튼을 클릭한다.

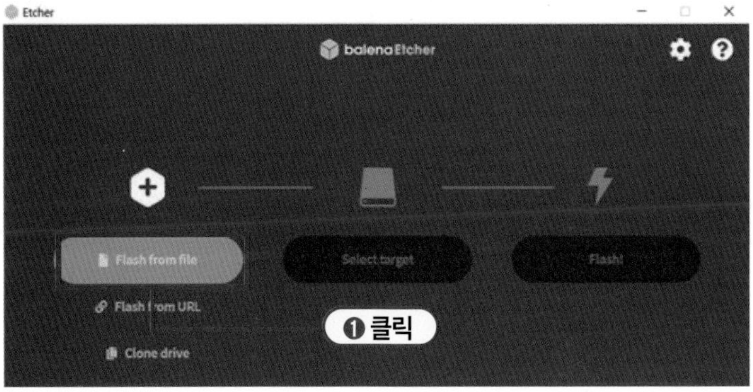

(4) 앞에서 다운로드받은 image 파일을 선택한다.

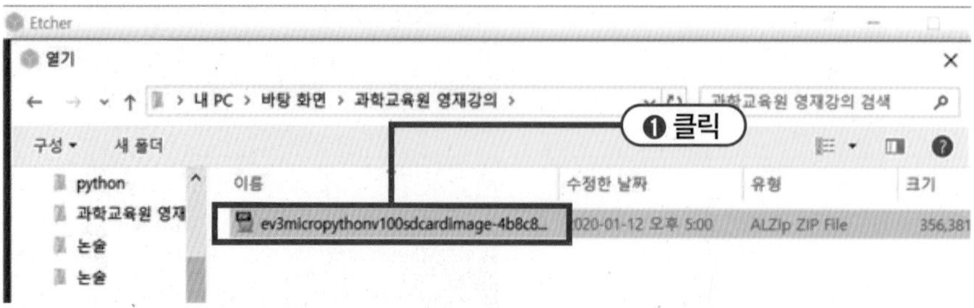

(5) Micro SD카드가 삽입된 장소를 선택하고 [Flash] 버튼을 클릭한다. 이때 SD카드에 들어 있는 내용은 모두 사라지므로 이전에 SD카드에 중요한 파일이 있다면 미리 백업받도록 한다. EV3에 SD카드를 삽입하고 EV3이 작동되는지 확인해 본다.

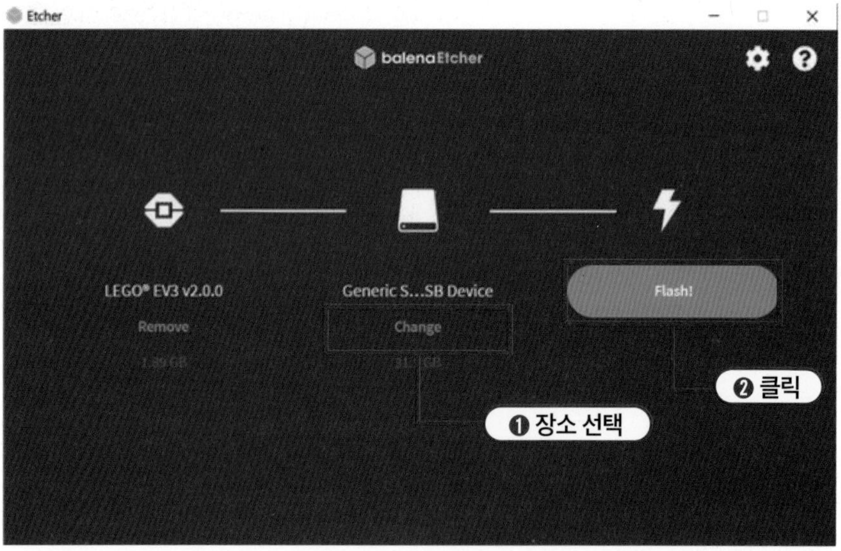

비주얼 스튜디오 코드(Visual Studio Code) 설치하기

1 Visual Studio Code 프로그램 설치하기

노트북에 Visual Studio Code를 설치한다. Visual Studio Code는 많이 사용되는 소스 코드 편집기로, 다양한 프로그래밍 언어를 지원하며 편리한 기능들을 제공한다.

(1) https://code.visualstudio.com에 접속한다.

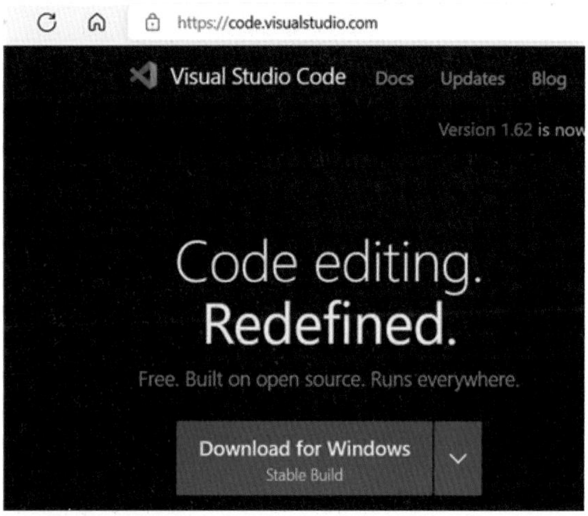

(2) [Download for Windows]를 클릭하여 프로그램을 다운로드한다.

(3) 다운로드받은 파일을 실행하여 프로그램을 설치한다.

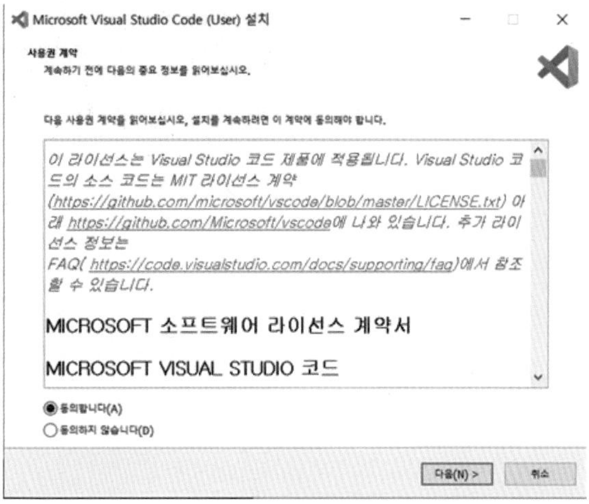

2 Visual Studio Code 활용하기

(1) Extensions 버튼( )을 클릭하고 검색 창에 ev3을 입력한다. Visual Studio Code 마켓플레이스에서 [Install] 버튼을 클릭하여 확장 원소를 설치한다.

(2) EV3 MicroPython 아이콘( )이 생성된 것을 확인할 수 있다.

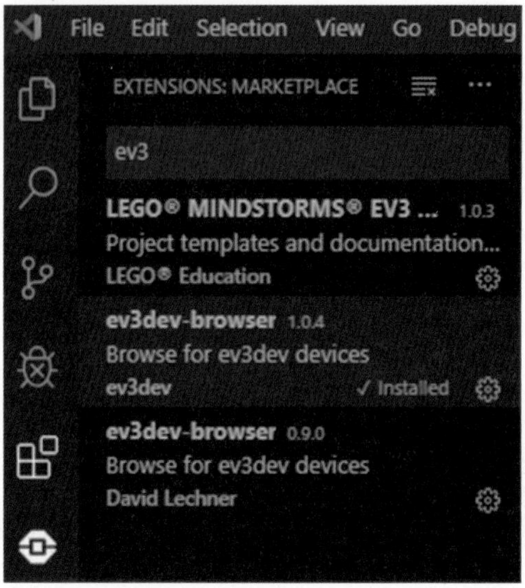

3 새 프로젝트 만들기

(1) EV3 MicroPython 아이콘( )을 선택하고 [Create a new project]를 선택한다.

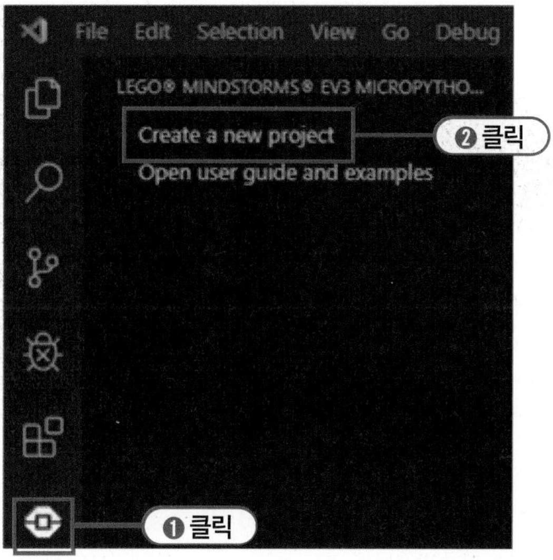

(2) 프로젝트명을 빈칸에 입력하고 완료 후 [Enter] 키를 클릭한다.

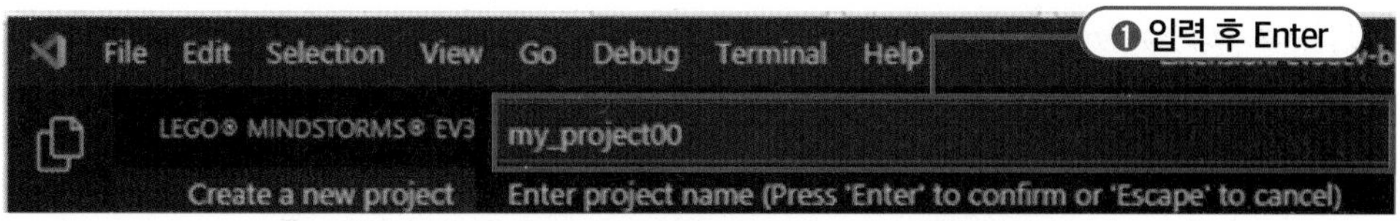

(3) 새 프로젝트를 만들 때 여러 개의 파일이 기본적으로 생성된다. main.py 파일도 기본적으로 만들어진다. main.py 파일에서 프로그램을 작성하도록 한다.

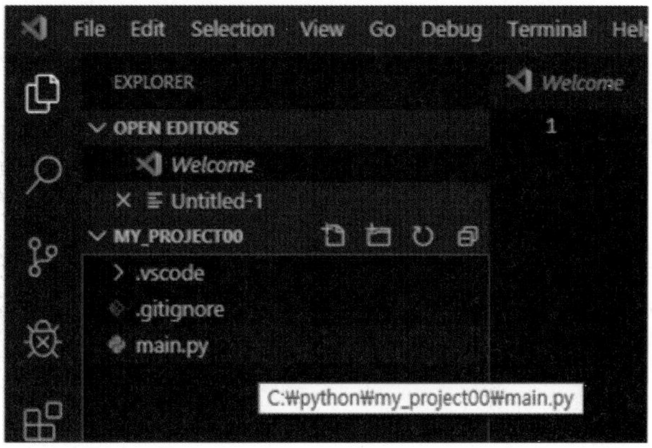

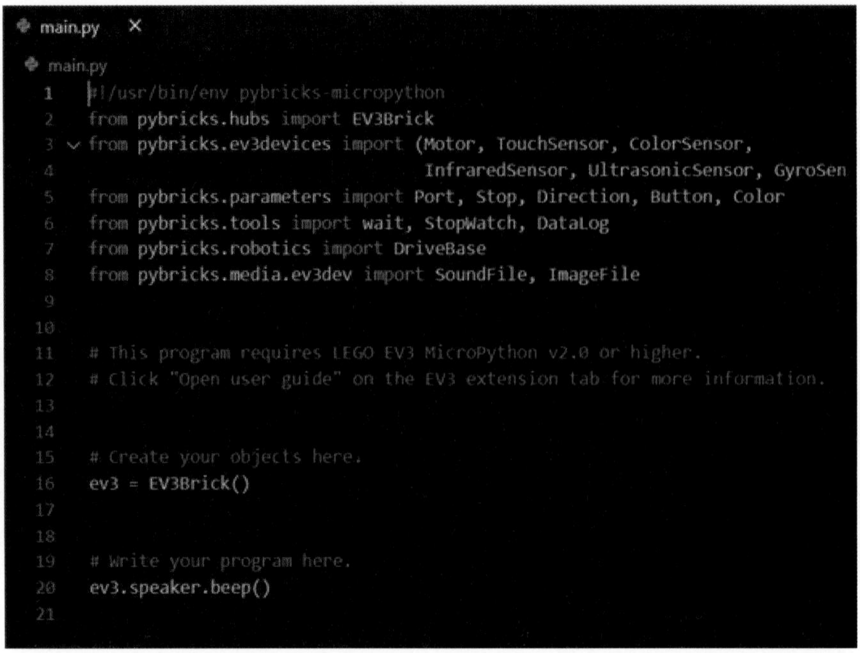

4 작성한 코드를 EV3 브릭으로 전송하기

Visual Studio Code 프로그램에서 작성한 코드를 EV3에서 실행해 보자. USB 케이블을 사용하여 EV3 브릭을 컴퓨터 또는 노트북과 연결한다. Visual Studio Code 프로그램에서 코드를 실행하기 위해서는 F5 키를 누른다. 화면에 다음과 같은 창이 뜨면 [ev3dev 이더넷]을 선택한다.

EV3 파이썬으로 제어하기

EV3은 4개의 입력 포트와 4개의 출력 포트를 가지고 있다. 입력 포트에는 적외선 센서, 접촉 센서 등을 연결하고 출력 포트에는 모터를 연결한다.

1 EV3에 센서와 모터 연결하기

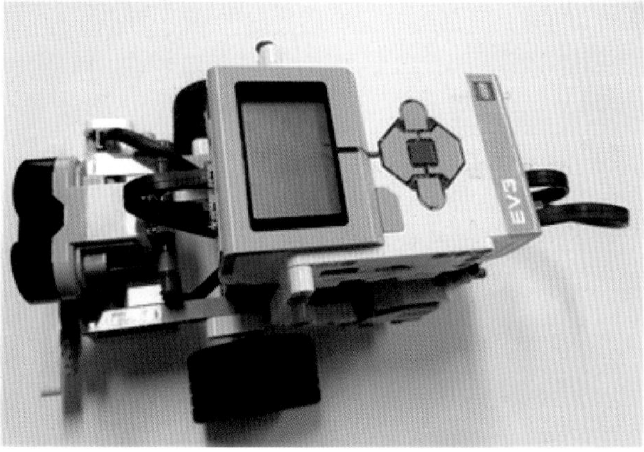

본 책에서는 다음과 같이 포트를 연결하여 사용했다.

모터 연결(라지 모터를 사용한다)

포트 B	왼쪽 바퀴 연결
포트 C	오른쪽 바퀴 연결

센서 연결(S는 센서를 의미한다)

포트 S1	TouchSensor(터치 센서)
포트 S2	Ultrasonic Sensor(초음파 센서)
포트 S4	ColorSensor(컬러 센서)

EV3에 연결한 센서 모양은 다음과 같다.

터치 센서

초음파 센서

컬러 센서

2 beep() 함수를 사용하여 소리 내기

for 구문과 beep() 함수를 사용하여 소리를 5번 내도록 한다. EV3Brick 클래스 객체 ev3을 만들고 beep() 함수를 사용하여 소리를 재생한다.

코드 내역 ev3_beep.py

```
from pybricks.hubs import EV3Brick
from pybricks.ev3devices import (Motor, TouchSensor, ColorSensor,
                                 InfraredSensor, UltrasonicSensor, GyroSensor)
from pybricks.parameters import Port, Stop, Direction, Button, Color
from pybricks.tools import wait, StopWatch, DataLog
from pybricks.robotics import DriveBase
from pybricks.media.ev3dev import SoundFile, ImageFile

ev3 = EV3Brick()

for i in range(5):
  ev3.speaker.beep()
  wait(300)
```

3 비상 깜박이 만들기

EV3Brick 클래스의 on(), off() 함수를 사용하고 tools 모듈에 있는 wait() 함수를 사용하여 비상 깜박이를 만들 수 있다. on() 함수에 인자로 Color.RED 등을 넣어 색상을 지정할 수 있다.

코드 내역 ev3_blink.py

```
from pybricks.hubs import EV3Brick
from pybricks.ev3devices import (Motor, TouchSensor, ColorSensor,
                                 InfraredSensor, UltrasonicSensor, GyroSensor)
from pybricks.parameters import Port, Stop, Direction, Button, Color
from pybricks.tools import wait, StopWatch, DataLog
from pybricks.robotics import DriveBase
from pybricks.media.ev3dev import SoundFile, ImageFile

ev3 = EV3Brick()

ev3.speaker.beep()
```

```
for i in range(10):
    ev3.light.on(Color.RED)
    wait(300)
    ev3.light.off()
    wait(300)
```


4 왼쪽 바퀴 360도 회전하기

포트 B에 왼쪽 바퀴를 연결한다. run_target() 함수를 사용하여 바퀴 회전을 정확하게 제어할 수 있다. run_target() 함수의 두 번째 인자로 넣은 값만큼 회전한다. 여기에서는 360을 인자로 넣었으므로 한 바퀴를 회전하게 된다.

코드 내역

ev3_rotate.py

```
from pybricks.hubs import EV3Brick
from pybricks.ev3devices import (Motor, TouchSensor, ColorSensor,
                                 InfraredSensor, UltrasonicSensor, GyroSensor)
from pybricks.parameters import Port, Stop, Direction, Button, Color
from pybricks.tools import wait, StopWatch, DataLog
from pybricks.robotics import DriveBase
from pybricks.media.ev3dev import SoundFile, ImageFile

left_motor = Motor(Port.B)
left_motor.run_target(500, 360)
```

5 지그재그로 앞으로 이동하기

run_time() 함수를 사용하여 원하는 시간만큼 EV3을 움직일 수 있다. 첫 번째 인수는 속도이며 두 번째 인수가 시간이다. 이 시간만큼 EV3은 움직인다. 왼쪽 모터, 오른쪽 모터가 0.3초씩 번갈아가면서 5번 움직이도록 했다.

코드 내역 ev3_zigzag.py

```
from pybricks.hubs import EV3Brick
from pybricks.ev3devices import (Motor, TouchSensor, ColorSensor,
                                 InfraredSensor, UltrasonicSensor, GyroSensor)
from pybricks.parameters import Port, Stop, Direction, Button, Color
from pybricks.tools import wait, StopWatch, DataLog
from pybricks.robotics import DriveBase
from pybricks.media.ev3dev import SoundFile, ImageFile

left_motor = Motor(Port.B)
right_motor = Motor(Port.C)
for i in range(5):
   left_motor.run_time(500, 300)
   right_motor.run_time(500, 300)
```

6 ColorSensor 활용하기

왼쪽 모터를 포트 B, 오른쪽 모터를 포트 C에 연결한다. ColorSensor 생성자에 Port.S4를 넘겨주어 ColorSensor 클래스 객체 color_sensor를 만든다. EV3 브릭 입력 포트 S4에 컬러 센서를 연결한다. color() 함수는 표면의 색상을 측정한다. color() 함수를 사용하여 컬러 센서로부터 입력한 색이 파란색이면 스피커를 통해 blue 음성을 출력하도록 한다. 컬러 센서로부터 입력한 색이 빨간색이면 스피커를 통해 red 음성을 출력하도록 한다.

코드 내역 ev3_colorsensor.py

```
from pybricks.hubs import EV3Brick
from pybricks.ev3devices import (Motor, TouchSensor, ColorSensor,
                                 InfraredSensor, UltrasonicSensor, GyroSensor)
from pybricks.parameters import Port, Stop, Direction, Button, Color
from pybricks.tools import wait, StopWatch, DataLog
from pybricks.robotics import DriveBase
from pybricks.media.ev3dev import SoundFile, ImageFile

ev3 = EV3Brick()
left_motor = Motor(Port.B)
right_motor = Motor(Port.C)
```

```
color_sensor = ColorSensor(Port.S4)

while True:
  if color_sensor.color() == Color.BLUE:
    ev3.speaker.say('blue')
  elif color_sensor.color() == Color.RED:
    ev3.speaker.say('red')
  else:
    pass
```

7 앞에 장애물이 있으면 뒤로 가기

EV3은 run() 함수를 사용하여 앞으로 직진하도록 한다. 그러다가 EV3과 장애물 사이의 거리가 20cm보다 작으면 EV3이 후진을 하도록 한다.

코드 내역 ev3_ultrasonicsensor.py

```
from pybricks.hubs import EV3Brick
from pybricks.ev3devices import (Motor, TouchSensor, ColorSensor,
                                 InfraredSensor, UltrasonicSensor, GyroSensor)
from pybricks.parameters import Port, Stop, Direction, Button, Color
from pybricks.tools import wait, StopWatch, DataLog
from pybricks.robotics import DriveBase
from pybricks.media.ev3dev import SoundFile, ImageFile

ev3 = EV3Brick()
left_motor = Motor(Port.B)
right_motor = Motor(Port.C)
sensor = UltrasonicSensor(Port.S2)

ev3 = EV3Brick()
left_motor = Motor(Port.B)
right_motor = Motor(Port.C)
sensor = UltrasonicSensor(Port.S2)


while True:
  left_motor.run(100)
  right_motor.run(100)
```

```
  if sensor.distance() > 200:
    wait(10)
  else :
    left_motor.run(-50)
    right_motor.run(-50)
    wait(10)
```

8 Beep()를 사용하여 피아노 연주하기

EV3은 beep음을 제공한다. 도미솔을 3번 연주하는 코드를 만들어 보자.

코드 내역 ev3_beep2.py

```
from pybricks.hubs import EV3Brick
from pybricks.ev3devices import (Motor, TouchSensor, ColorSensor,
                                 InfraredSensor, UltrasonicSensor, GyroSensor)
from pybricks.parameters import Port, Stop, Direction, Button, Color
from pybricks.tools import wait, StopWatch, DataLog
from pybricks.robotics import DriveBase
from pybricks.media.ev3dev import SoundFile, ImageFile

do = 523
re = 587
mi = 659
fa = 698
sol = 783

for i in range(3):
  ev3.speaker.beep(do, 500)
  wait(20)
  ev3.speaker.beep(mi, 500)
  wait(20)
  ev3.speaker.beep(sol, 500)
  wait(20)
```

9 음성 코딩하기

EV3은 영어 음성뿐만 아니라 한국어 음성도 지원한다. say() 함수를 사용하여 한국어가 재생되도록 만들어 보자.

코드 내역 ev3_say.py

```
from pybricks.hubs import EV3Brick
from pybricks.ev3devices import (Motor, TouchSensor, ColorSensor,
                    InfraredSensor, UltrasonicSensor, GyroSensor)
from pybricks.parameters import Port, Stop, Direction, Button, Color
from pybricks.tools import wait, StopWatch, DataLog
from pybricks.robotics import DriveBase
from pybricks.media.ev3dev import SoundFile, ImageFile

ev3 = EV3Brick()
ev3.speaker.say("파이팅 합시다")
ev3.speaker.say("행복한 하루 시작하세요")

ev3.speaker.beep()
```

로보틱스 모듈을 활용하여 EV3 제어하기

1 DriveBase 클래스

DriveBase 클래스를 사용하면 EV3 브릭을 제어한다. 동시에 2개의 모터를 움직일 수 있고 straight(), turn() 함수를 사용하여 직진, 회전을 쉽게 제어할 수 있다. 다음과 같이 DriveBase 클래스 객체를 만들기 위해서는 생성자에 4개의 인수를 주어야 한다.

```
robot= DriveBase(left_motor, right_motor, wheel_diameter, axle_track)
```

left_motor(Motor)	왼쪽 바퀴를 구동하는 모터
right_motor(Motor)	오른쪽 바퀴를 구동하는 모터
wheel_diameter	바퀴 직경
axle_track	두 바퀴 사이의 거리

바퀴 반지름은 약 28mm이다. 원의 둘레인 원주는 2πR로 구할 수 있다. 2 × 3.14 × 28 = 17.6cm이다. 즉 바퀴가 한 바퀴를 돌면 약 17.6cm를 움직이게 되는 셈이다.

2 DriveBase 클래스의 주요 함수들

straight(mm)	단위는 mm이며, 양수를 입력하면 전진하고 음수를 입력하면 후진한다.
turn(angle)	주어진 각도만큼 회전한다.
drive(drive_speed, turn_rate)	drive_speed = mm/s(속도) turn_rate = deg/s(회전율)

3 정사각형 모양으로 달리기

20cm를 직진하다가 오른쪽으로 90도 회전하도록 한다. turn() 함수에 양수를 넣으면 오른쪽으로 회전하고 음수를 넣으면 왼쪽으로 회전한다. for문을 사용하여 EV3이 정사각형 모양으로 움직이도록 코딩해 보자.

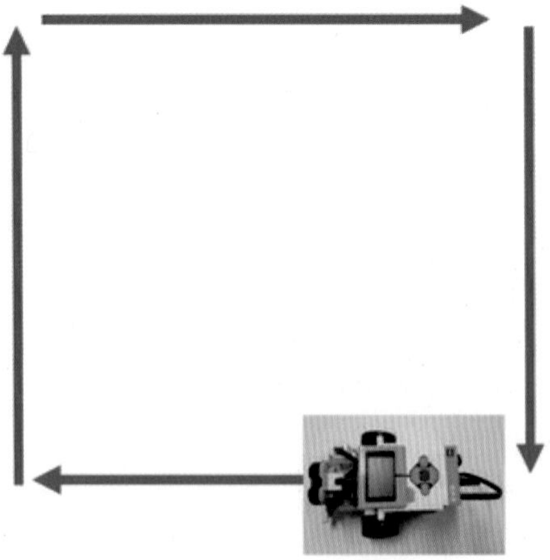

코드 내역 ev3_drivebase.py

```
from pybricks.hubs import EV3Brick
from pybricks.ev3devices import (Motor, TouchSensor, ColorSensor,
                    InfraredSensor, UltrasonicSensor, GyroSensor)
from pybricks.parameters import Port, Stop, Direction, Button, Color
from pybricks.tools import wait, StopWatch, DataLog
from pyb ricks.robotics import DriveBase
from pybricks.media.ev3dev import SoundFile, ImageFile

left_motor = Motor(Port.B)
right_motor = Motor(Port.C)
robot = DriveBase(left_motor,right_motor, 56, 114)
for i in range(4):
  robot.straight(200)
  robot.turn(90)
```

4 장애물 인식 후 멈추기

앞으로 계속 전진하다가 초음파 센서가 40cm 앞에 장애물이 있는 것을 감지하면 멈추도록 만들겠다. UltrasonicSensor 클래스의 distance() 함수를 사용하여 거리를 측정한다.

코드 내역 ev3_drivebase_ultrasonicsensor.py

```
from pybricks.hubs import EV3Brick
from pybricks.ev3devices import (Motor, TouchSensor, ColorSensor,
                    InfraredSensor, UltrasonicSensor, GyroSensor)
from pybricks.parameters import Port, Stop, Direction, Button, Color
from pybricks.tools import wait, StopWatch, DataLog
from pybricks.robotics import DriveBase
from pybricks.media.ev3dev import SoundFile, ImageFile

ev3 = EV3Brick()
sensor = UltrasonicSensor(Port.S2)

#Write your program here
left_motor = Motor(Port.B)
right_motor = Motor(Port.C)
robot = DriveBase(left_motor,right_motor, 56, 114)
```

```
robot.drive(100, 0)
while sensor.distance() > 400:
   wait(10)
robot.stop()
```

5 자율 자동차 만들기

20cm 앞에 장애물이 있는 경우 뒤로 10cm 후진을 하고 오른쪽으로 90도 회전하도록 하겠다. distance() 함수는 적외선을 사용하여 센서와 물체 사이의 상대 거리를 측정한다. 초음파 센서를 활용해서 앞에 있는 장애물과의 거리를 측정한다.

코드 내역 ev3_drivebase_ultrasonicsensor2.py

```
from pybricks.hubs import EV3Brick
from pybricks.ev3devices import (Motor, TouchSensor, ColorSensor,
                    InfraredSensor, UltrasonicSensor, GyroSensor)
from pybricks.parameters import Port, Stop, Direction, Button, Color
from pybricks.tools import wait, StopWatch, DataLog
from pybricks.robotics import DriveBase
from pybricks.media.ev3dev import SoundFile, ImageFile

ev3 = EV3Brick()
us = UltrasonicSensor(Port.S2)

left = Motor(Port.B)
right = Motor(Port.C)
robot = DriveBase(left, right, 56, 114);

while True:
  robot.drive(100, 0)   #1초당 10cm 직진을 시작한다.

  while us.distance() > 200:
    wait(10)
  robot.straight(-100)   #10cm 후진
  robot.turn(90) #90도 회전하기
```

6 라인트레이서

컬러 센서를 활용하여 빛의 반사광을 구할 수 있다. 하얀색일수록 반사광값이 커지며 100에 가깝고 검은색일수록 0에 가깝다. 예제에서는 값이 50보다 크면 흰색으로 판단했다. 흰색이면 오른쪽으로 회전하고 검은색이면 왼쪽으로 회전하도록 한다.

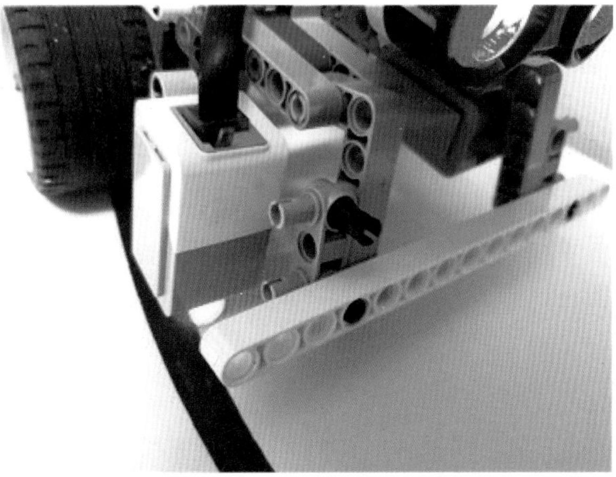

코드 내역

line_tracer.py

```
from pybricks.hubs import EV3Brick
from pybricks.ev3devices import (Motor, TouchSensor, ColorSensor,
                                 InfraredSensor, UltrasonicSensor, GyroSensor)
from pybricks.parameters import Port, Stop, Direction, Button, Color
from pybricks.tools import wait, StopWatch, DataLog
from pybricks.robotics import DriveBase
from pybricks.media.ev3dev import SoundFile, ImageFile

colorSensor = ColorSensor(Port.S4)

ev3 = EV3Brick()
us = UltrasonicSensor(Port.S2)

left = Motor(Port.B)
right = Motor(Port.C)
robot = DriveBase(left, right, 56, 114)

reflection_value =50

while True:
```

```
    if colorSensor.reflection() > reflection_value:
        robot.drive(10,30) #흰색이면 오른쪽으로 회전
    else:
        robot.drive(10,-30) #검은색이면 왼쪽으로 회전
    wait(20)
```

7 TouchSensor 활용하기

EV3이 앞으로 전진을 계속하다가 장애물과 충돌하면 뒤로 움직이도록 코딩한다. 본 예제에서는 TouchSensor를 S1 포트에 연결하였음에 주의하도록 한다. pressed() 함수는 센서가 눌리면 True를 리턴하고 눌리지 않았으면 False를 리턴한다.

코드 내역 ev3_touchsensor.py

```
from pybricks.hubs import EV3Brick
from pybricks.ev3devices import (Motor, TouchSensor, ColorSensor,
                                 InfraredSensor, UltrasonicSensor, GyroSensor)
from pybricks.parameters import Port, Stop, Direction, Button, Color
from pybricks.tools import wait, StopWatch, DataLog
from pybricks.robotics import DriveBase
from pybricks.media.ev3dev import SoundFile, ImageFile

ev3 = EV3Brick()
touch_sensor = TouchSensor(Port.S1)
left = Motor(Port.B)
right = Motor(Port.C)
robot = DriveBase(left, right, 56, 114)

while True:
    robot.drive(10,0)
    if(touch_sensor.pressed()):
        ev3.speaker.beep()
        robot.straight(-20)
    wait(20)
```

8 횡단보도 앞에서 속도 줄이기

초음파 센서를 활용하여 장애물과 남은 거리가 30cm보다 많으면 300mm/s로 직진하다가 장애물과 남은 거리가 30cm보다 적으면 속도를 100mm/s로 줄인다. 100mm/s로 직진하다가 10cm보다 적어지면 멈추도록 코딩한다.

코드 내역 ev3_drivebase_ultrasonicsensor3.py

```
from pybricks.hubs import EV3Brick
from pybricks.ev3devices import (Motor, TouchSensor, ColorSensor,
                                 InfraredSensor, UltrasonicSensor, GyroSensor)
from pybricks.parameters import Port, Stop, Direction, Button, Color
from pybricks.tools import wait, StopWatch, DataLog
from pybricks.robotics import DriveBase
from pybricks.media.ev3dev import SoundFile, ImageFile


left = Motor(Port.B)
right = Motor(Port.C)
robot = DriveBase(left, right, 56, 114)
us = UltrasonicSensor(Port.S3)

robot.drive(300,0)

while us.distance() > 300:
  wait(10)

robot.drive(40, 0)

while us.distance() > 100:
  wait(10)

robot.drive(0, 0)
```

Index

A

accept 198
accuracy 371, 375
add 282
Address Family 197
append 26
arange 258
args 65
arguments 64
array 254
as 255, 299
askinteger 137
axis 273

B

B1-Motion 123
bar 236
beep 388
binary_crossentropy 371
bind 123
blit 145
break 227
Button 116

C

Canvas 116
categorical_crossentropy 371
choice 60
circle 108
class 79
Client 195
cluster 355
colorChoice 127
ColorSensor 387
column_stack 312
command 117, 123
compile 371
configure 137
connect 199
continue 56
coroutine 77
create_oval 126
csv 270

D

data preprocessing 322
DataFrame 239
decode 200

def 64
del 34
delete 119
Dense 370
dictionary 32
dir 71
distance 392
distances 320
done 109
draw.rect 171
drive 394
DriveBase 393

E

encode 199
Entry 116
enumerate 72
Etcher 380
eval 69
evaluate 375
event 123
event.key 145
event.type 144
except 221

F

fill_color 290
finally 223
fit 306
folium 287
Font 158
for 50
format 36
forward 109
Frame 116
from 105
full 257

G

geometry 115
get_pressed 183
get_rect 181
getpixel 133
getservbyname 196
global 67
grid 118
GUI 115

Index

I

if 42
iloc 272
import 53
imshow 132
in 34
in range 38
index 234
indexing 24
inheritance 85
input 34
insert 26
install 132
int 22
ip 195
ipconfig 196
IPv4 197
IPv6 197
iter 71
iterable 70

J

json 297

K

key 32
K-means 353
KNeighborsClassifier 306

L

Label 116
lambda 74
layer 374
left 109
legend 246
len 25
LinearRegression 335
list 23
listen 111
load 145, 296
loc 246, 269
loss 371
lr.coef_ 336
lr.intercept_ 336

M

mainloop 115
map 69

matplotlib 132
maxvalue 138
mean 322
Metrics 371
MicroPython 379
minvalue 138
mixer.Sound 159
Motor 388
MSE 347
music.load 158
music.play 160

N

Nand 367
ndarray 254
ndim 267
next 70
not 47
numpy 254

O

Object 79
ones 256
onkeypress 111
open 132 289
openpyxl 233
Optimizer 371
Overriding 86

P

pack 116
pandas 233
parameter 65
pencolor 111
pendown 110
pensize 112
penup 110
PhotoImage 137
pie 251
pillow 132
pip 132
place 125
plot 242
port 196
predict 307
pressed 184
pygame 143
pyinstaller 201

Index

R

Radar 282
randint 53 263
random 53
randrange 153
range 23
read 225
read_csv 270
readline 227
readlines 226
recv 199
regression 327
relu 370
remove 27
render 158
reshape 264
RGB 133
right 110
round 134

S

save 235
savefig 238
scatter 236, 250
score 306
seed 261
self 81
send 199
Sequential 370
Series 265
Server 195
set_caption 143
set_mode 143
setheading 108
shape 110
show 242
size 134, 143
sklearn 306, 317
slicing 25
socket 195
softmax 374
sound.play 159
speaker.say 391
std 322
straight 394
subplot 252
subsample 138
sum 275

SVG 282

T

target 201
TCP 195
thread 200
time 106
time.Clock 146
to_excel 239
TouchSensor 387
train_test_split 317
try 221
tuple 30
turn 394
turtle 108
type 22

U

UDP 195
Ultrasonic Sensor 387
unique 355
Unsupervised learning 353

V

value 32
value_counts 274

W

webbrowser.open 289
where 276
while 57
with ~ as 231

X

xlrd 233
Xor 367
xticks 244

Y

yield 77
yticks 244

Z

zeros 256
zip 73

Index

한글

네임스페이스 95
딥러닝 370
람다함수 74
로지스틱 함수 363
매개변수 65
변수 21
비교 연산자 28
사이킷런 304
선형 방정식 336
스트리밍 158
오차 역전파 348
인수 64
최소제곱법 340
클러스터 353
퍼셉트론 366
학습률 348

MEMO